살아갈 날들을 위한 통찰

살아갈 날들을 위한 통찰

지은이 | 안상헌
펴낸곳 | 북포스
펴낸이 | 방현철

편집자 | 공순례
디자인 | 엔드디자인

1판 1쇄 찍은날 | 2013년 2월 27일
1판 1쇄 펴낸날 | 2013년 3월 7일

출판등록 | 2004년 02월 03일 제313-00026호
주소 | 서울시 영등포구 양평동5가 18 우림라이온스밸리 B동 512호
전화 | (02)337-9888
팩스 | (02)337-6665
전자우편 | bhcbang@hanmail.net

ISBN 978-89-91120-67-9 03300

값 15,000원

살아갈 날들을 위한

인생론의 대가
스무 명에게 길을 묻다

통찰

안
상
헌

북포스

"위험을 생각할 때 너는 길을 잃게 된다."

– 니체

위로의 계절이다. 그동안 열심히도 달려왔다. 덕분에 국민소득도 높아졌고 경제규모도 커졌다. 그럼에도 여전히 삶은 힘겹다. 그 옛날이 그립다는 이야기도 종종 들린다. 열심히 노력해도 꿈같은 세상은 오지 않았고 오히려 더 힘겨워졌다. 자기계발 잘해서 세상을 놀라게 하는 사람들 이야기도 종종 들리지만 하루하루를 사는 데 급급한 서민들에게는 뉴스 이외의 아무것도 아니다. 그래서인지 요즘은 마음을 위로해주는 책이 잘 읽힌다. 열심히 노력도 해봤으니 이제 한숨 돌리며 자기를 돌보자는 분위기다.

사실 객관적인 경제지표는 예전보다 훨씬 좋아졌다. 그럼에도 여전히 사람들은 여유가 없고, 좌절하지 않으려고 안간힘을 쓰는 듯하다. 경제가 좋아졌는데도 먹고살기는 힘겹다니 뭔가 이상하다.

경제적으로 좋아지면 사는 형편도 나아지고 마음도 풍성해져야 한다. 그런데 현실은 반대로 움직이고 있다. 더 옹졸해지고 삶이 위축된다. 이런 과정을 보면 중요한 결론 하나를 내릴 수 있다. 경제가 좋아진다고 삶 또한 좋아지는 것은 아니라는 것이다.

이제 삶에 대한 전략을 바꿀 시점이 되었다. 그러자면 남은 삶을 잘 살기 위해 필요한 인생의 진실에 눈 뜰 필요가 있다. 무작정 달린다고 잘하는 것이 아니듯 인생도 좀 알고 가면 수월해진다.

스물이나 서른 시절에는 마흔이 되면 인생을 좀 알 수 있지 않을까 싶었다. 인생을 좀 알게 되면 인생론 같은 멋진 책을 쓸 생각이었다. 지금 돌아보면 참 어린 생각이었다. 알기는 뭘 알아, 살아온 세월에서 아무것도 건져내지 못한 빈손 그대로다.

삶에 대한 절박함이 강했던 이삼십대 시절에는 자기계발책을 참 많이도 읽었다. 덕분에 목표의 중요성과 생산적인 삶의 여러 방법을 배울 수 있었다. 자기계발 전문가라는 칭호도 얻고 이런저런 강의에 불려다니며 유명세를 치르기도 했다. 문제는 지식의 양만으로는 채울 수 없는 것이 있다는 사실이었다. 가슴 한구석에서 허전함이 느껴졌다. 지식이 아니라 삶을 얻는 공부가 절실했다. 남은 인생을 어떻게 살 것인가? 이 중요한 문제에 대해 답을 찾아야 할 시점이 되었다.

이 책은 인생에 대해서 한가락 한다는 대가들의 통찰을 정리한 것이다. 여기에 지난 마흔두 번의 겨울을 지내면서 경험하고 느끼고 깨닫고 후회하고 결심했던 내 마음도 곁들였다. 삶이라는 큰 담론을 건드린다는 게 무지렁이이기에 부릴 수 있는 객기이겠지만 그런 객기가 때로는 볼거리를 제공한다는 점에서 용기를 냈다.

　1년 가까운 시간 동안 인생과 철학의 대가들이 말하는 인생의 진실을 읽었다. 톨스토이, 쇼펜하우어, 니체, 세네카, 마르쿠스 아우렐리우스, 소크라테스, 소로우, 에리히 프롬, 스캇 펙, 조셉 캠벨, 붓다, 공자, 맹자, 장자, 임어당, 정약용, 왕멍 등 동서양의 거장들을 만났다. 안개가 걷히듯 선명한 통찰을 주는 철학, 삶을 가로지르는 큰 물줄기, 세상의 원리와 진실에 찬 깨달음을 얻고 싶었다. 다행히 그들은 비슷한 목소리를 들려주었다. 통찰력 있는 인생 대가들의 메시지를 통해 우리 시대를 건너가는 현명한 철학과 방법을 확인할 수 있었다.

　삶이 힘들거나 흔들릴 때, 어떤 기준이나 원칙이 필요할 때, 무엇보다 막막할 때 읽으면 좋은 책. 이삼십대에게는 삶에 대한 통찰을, 사십대에게는 진실한 길에 대한 용기를, 이후 세대에게는 확신을 선물할 수 있는 책이 되길 바란다. 독자들에게 내놓지만 무엇보다 나 자신에게 던지는 메시지들이며 철학이다. 이 책을 통해 독자들의 삶이 진실에 더욱 가까워지기를 간절히 바란다.

2013 안상헌

차례

2부 중용과 절제 ;

문제는 항상 모자라는 것보다 넘치는 데 있었어

3부 자기 의지;

내가 중심을 잡지 않으면 삶이 나를 먹어버리지

4부 공존;

남을 사랑하는 것이 모두가 행복해지는 길이야

1부

고난;

사는 일은 짐을 잔뜩 지고
산을 오르는 것과 같아

세상은 왜
공평하지 않을까

인생에는 왜 고난과 역경이 있을까?

누구나 한 번쯤은 해보았을 법한 질문이다. 모든 사람이 편하고 안락하게 살 수 있다면 얼마나 좋을까. 하지만 인생에는 기쁨과 슬픔이 함께하고, 좋은 일에는 나쁜 일이 따라다닌다. 안타깝지만 그것이 인생이다.

거기에 인정하고 싶지 않은 문제가 하나 더 있는데, 고난과 역경을 겪는 이들이 대부분 착한 사람들이라는 점이다. 악한 사람들은 힘든 문제를 요리조리 비껴나가 교묘하게도 편안한 삶을 차지한다. 그들은 잔머리의 대가여서 힘들고 고통스러운 일은 착하고 성실한 사람에게 떠맡기고 자신들은 편하고 안락한 곳에서 떵떵거리며 살아간다. 가끔 정의감에 불타는 사람들이 항의를 해보기도 하지만, 그런 문제제기나 비난의 화살조차 슬며시 방향을 틀어버린다. 항의하는 사람들에게는 복장 터질 일이지만, 그들은 절대 손해를 보거나 상처받지 않는다.

이런 일이 반복되면 사회적으로도 문제가 될 수 있다. 고난에 시달리는 착한 사람들의 의지가 꺾여 점차 나쁜 사람들의 생각과 행동을 따라 할 수 있기 때문이다. 그렇게 되면 사회를 건강하게 지탱해주는 도덕적 기준과 성실한 기초가 무너져 사회가 위기에 처할 수밖에 없다. 그나마 다행스러운 점이라면 인간의 역사에서 이런 위기는 늘 있었지만 어떻게든 극복해왔다는 것이다.

이를 잘 들여다보면 우리 인생에서 큰 문제인 고난과 역경을 이해하는 수준을 높일 수 있고 삶의 짐을 덜 방법도 얻을 수 있다. 자신에게 주어진 고난의 의미를 이해하는 수준에 따라 삶을 대하는 태도나 의지가 달라지므로 인생의 밀착도가 높아지는 것이다.

이 문제에 대한 인생 대가들의 통찰은 무엇일까?

인간은 본래 편안함을 추구하는 존재

가장 돋보이면서도 명확한 해답을 제시해주는 사람이 있다. 바로 로마의 현자 세네카다. 그는 《인생론》에서 선한 사람은 수고

하고 땀 흘리며 고생하는 반면 악한 사람은 방탕하게 살고 쾌락을 즐기는 현실에 대해 선명한 대답을 내놓았다.

그에 의하면 선한 사람들이 고난과 역경을 경험하게 되는 이유는 이들이야말로 신의 후손이자 신을 닮은 제자이기 때문이다. 사랑하는 자식일수록 더 엄격하게 교육하듯이, 신도 자신의 의지를 실현하기 위해 선한 사람들에게 고난을 내려 스스로 훈련하게 한다. 그래야만 정의가 구현되어 이 땅이 풍요로워지기 때문이다.

인간은 편안하고 행복한 삶을 추구하는 존재다. 게으르게 살면서 풍족하게 누리기를 바란다. 이런 본성 탓에 인간은 쉽게 쾌락에 빠지고 안락에 젖는다. 하지만 이런 생활은 당장은 편하고 좋을지 몰라도 장기적으로는 해악으로 작용한다. 과식과 과음, 쾌락과 즐거움의 지나친 추구는 건강한 생각을 무너뜨리고 인생을 위기로 몰아넣는다. 반면 배고픔과 가난, 슬픔과 역경은 당장은 고통스럽지만 장기적으로는 이익이 된다. 고난을 극복하면서 자신의 태도를 건강하게 하고 미래에 대한 감각을 키워갈 수 있기 때문이다.

그래서 신은 인간에게 먼저 고난과 역경을 내려 스스로 훈련하게 한다. 훈련은 재앙과 공포를 이겨내고 위대한 존재로 거듭날 수 있는 유일한 방법이다. 인간은 아무런 준비 없이, 어떤 기술이나 능력도 없이 태어난다. 세상을 살아가려면 끊임없이 배우고 훈런해야 한다. 오직 훈련을 통해서만 앞으로 나아갈 수 있고 더 나은 존재가 될 수 있다. 그래서 위대한 사람들에게는 늘 가장 무겁고 힘겨운 시간이 기다리는 것이다. 그것을 이겨내는 것이야말로 그들이 인생에서 져야 할 중요한 의무다.

이런 훈련의 시간 동안 고난을 참고 견디며 역경을 이겨낼 때 그가 가진 위대함과 원대한 가치가 드러난다. 그가 겪은 시련은 영광의 일부이며 경험은 고스란히 자신의 것이 되어 빛을 발한다. 그리고 그 시련의 끝에서 인간은 자신이 무엇을 할 수 있는지를 알게 된다.

"나는 그대를 불행하다고 여기오. 그대는 불행해본 적이 없기 때문이오.
그대는 역경 없이 인생을 통과했소.
아무도 그대의 능력을 알 수 없을 것이오. 그대 자신조차 말이오."

그런 의미에서 불행이나 시련을 당해보지 않은 사람만큼 불행한 사람도 없다. 평생 안전한 곳만을 골라 다니며 불행을 피한 사람들에게는 자신을 시험해볼 기회가 주어지지 않는다. 당연히 자신이 무엇을 할 수 있고 어떤 존재인지를 발견할 수 없다. 고작해야 불행을 피했다며 가슴을 쓸어내리는 만족감이 그가 가질 수 있는 전부다.

 그들은 위험이 없는 곳에는 영광도 없다는 사실을 인정하지 않으며, 편안하고 안락한 것만이 전부라고 생각한다. 그러면서 작은 행복에 만족한다. 하지만 불행히도 그들의 행복은 일시적인 것이며, 장기적인 불행과 시련을 막을 수는 없다. 왜냐하면 그들의 불행은 죽음에 이르기 직전까지 미뤄진 것에 불과하기 때문이다. 자신의 진심, 가슴에 따라 살지 않으면 삶은 공허함만 남을 뿐이다.

 반면 선한 사람들은 불행이나 역경에 당당히 맞서고 오히려 그것을 즐기기까지 한다. 올 테면 오라는 식으로 당당하게 마주하면서 후회 없는 선택과 신속한 행동으로 살아간다. 가장 위험한 일은 가장 용감한 전사에게 주어진다는 사실을 명예롭게 받아들이고, 전투에서 입은 상처에 자부심을 느낀다. 그렇게 고난과 역경에 맞서 싸우면서 다른 사람들에게 삶의 문제를 이겨내는 방법을 보여준다. 인류에게 이익이 되는 중요한 일을 해나가는 것이다.

"왜 그들은 힘든 일을 참고 견디느냐고요?
다른 사람들에게 참고 견디는 법을 가르치기 위해서지요.
그들은 본보기가 되려고 태어났으니까요."

우리는 앞서 살아간 사람들의 선택과 행동에 의지하지 않고는 살아갈 수 없다. 인간은 혼자서는 절대 인간일 수 없다. 앞선 인간들의 삶을 따라 하고 배우고 이어받을 수 있기에 인간일 수 있는 것이다. 그중 가장 강력한 것이 바로 위기와 고난, 역경의 순간에 그들이 어떤 선택을 했는가, 어떤 행동을 보였는가 하는 것이다. 이순신, 잔 다르크, 마틴 루서 킹, 테레사 수녀, 퀴리 부인 등 이루 헤아릴 수 없는 이들이 인생을 살아가는 법을 가르쳐주었고 그것은 고스란히 우리 속에 남아 있다.

행복만으로는 행복을 알 수 없다
괴테는 고난의 다른 의미를 알려준다.

> "서러움에 눈물 흘리며 밥을 먹어보지 않은 자.
> 잠 못 이루는 밤, 침대에 누워 소리죽여 울어보지 않은 자.
> 그런 자는 따뜻한 행복이 주는 고마움을 알 수 없다."

우리가 사는 세상은 대립자의 쌍으로 존재한다. 하늘이 있고 땅이 있다. 남자가 있고 여자가 있다. 밝음이 있고 어둠이 있으며, 선이 있고 악이 있다. 고통이 있고 희열이 있으며, 역경이 있기에 행복도 있다. 우리가 행복을 느낄 수 있는 이유는 난관과 고통, 어려움, 역경이 있기 때문이다.

그리고 반대편의 경험이 강할수록 행복도 커진다. 생각해보면 쉽게 알 수 있다. 온갖 어려움을 이겨내고 성공한 것과 특별한 노력 없이 굴러들어온 성공은 다르다. 어려움을 이겨낸 성공은 큰 희열과 행복을 가져다주지만 노력 없이 얻은 성공은 그렇게 달지 않다. 비교할 수 있는 경험이 없기 때문이다. 어린 시절 가난하게 살았던 사람은 세끼 밥을 먹는 것만으로도 행복할 수 있다. 그런데 냉장고만 열면 먹을 것이 넘쳐나는 요즘 아이들에겐 밥의 소중함이 크지 않다. 아이들이 철이 없어서가 아니다. 굶어본 경험이 없기 때문이다. 가난을 모르면 따뜻한 밥의 행복도 모른다. 그래서 행복은 딱 고난만큼이다.

더 나은 존재로 만드는 훈련의 기회

고난과 역경은 우리에게 더 위대한 존재가 되도록 하는 훈련의 기회이며, 더 큰 행복을 주는 통로라고 정리할 수 있을 듯하다. 이런 생각은 세네카뿐만 아니라 많은 대가로부터 지지받고 있다.

맹자의 이야기를 들어보자.

"그러므로 하늘이 장차 큰 임무를 어떤 사람에게 내리려 할 때는
반드시 먼저 그의 마음을 괴롭게 하고 그의 근골을 힘들게 하며,
그의 몸을 굶주리게 하고 그의 몸을 곤궁하게 하며,
어떤 일을 행함에 그가 하는 바를 뜻대로 되지 않게 어지럽힌다.
이것은 그의 마음을 분발시키고 성질을 참을성 있게 해
그가 할 수 없었던 일을 해낼 수 있게 도와주기 위한 것이다."

맹자 또한 역경과 고난을 보다 나은 존재가 될 수 있는 훈련의 기회로 이해하였다. 사람은 새로운 자극이 없으면 나태해지고 안일해져 제자리에 눌러앉아 버리기 쉽다. 그래서 훌륭한 사람들은 쓴소리를 해주는 이들의 목소리를 깊이 새겨들었고 자신을 찾아오는 근심과 걱정을 달게 맞았다. 자신을 힘들고 괴롭게 하는 것들이 오히려 자신을 더 건강하고 강하게 만든다는 사실을 이해하고 있었다.

"그대는 사치를 피하고, 그대를 허약하게 만드는 행복을 피하시오.
행복은 사람의 마음을 해이하게 만들고, 인간의 운명을 상기시키는
어떤 일이 일어나지 않으면 취생몽사하게 만들기 때문이오."

세네카는 유리창이 외풍을 막아준 자, 잘 만들어진 온돌로 늘 따뜻하게만 살아온 자는 조금만 바람을 쐬어도 위험하다고 지적한다. 그래서 유리창과 온돌을 피하고 오히려 외풍과 불행 앞에 당당히 나설 것을 권한다. 늘 위험에 노출된 사람만이 위험을 무시할 수 있기 때문이다.

삶에 고통이 찾아오는 때는 크게 두 가지로 구분할 수 있다. 하나는 중요한 일을 해야 할 때 선택의 갈등에서 오는 고통이고, 다른 하나는 자신의 이익만을 챙기려 할 때 탐욕에서 오는 고통이다. 어떤 경우든 보다 편하고 안락하게 살 것이냐 아니면 고통스럽지만 영광스럽게 살 것이냐의 문제로 귀결될 수 있다. 그러니 지금 삶이 주는 고통으로 힘겨워하고 있다면 자신이 중요한 선택의 상황에 놓여 있음을 인지해야 한다. 편안하고 안락한 방향을 선택해서 자신을 작아지게 할 것인지, 아니면 힘들고 고통스러운 방향을 골라 고난에 당당하게 맞서는 전사가 될 것인지는 오로지 자신의 용기 있는 선택에 달려 있다.

그 용기와 선택에 맹자와 세네카의 문장이 도움이 되었으면 좋겠다.

"근심과 걱정은 사람을 살아나게 하고,
안일한 쾌락은 사람을 죽게 한다."
– 맹자 –

"용감하게 참고 견뎌라. 이 점에서 너희는 신을 능가할 수 있다.
신은 수난의 바깥에 있으나, 너희는 수난을 뛰어넘으니까 말이다.
가난을 무시해라. 태어났을 때만큼 가난하게 사는 사람은 아무도 없다.
고통을 무시해라. 고통은 사라지거나 너희와 함께 끝날 것이다.
죽음을 무시해라. 죽음은 너희를 끝내주거나 다른 곳으로
데려갈 것이다. 운명을 무시해라. 나는 운명에 너희의 영혼을
칠 수 있는 무기를 주지 않았다."
– 세네카 –

어머니 손을 붙든 채로
어른이 될 수는 없다

트로이 전쟁의 영웅 오디세우스는 전쟁을 승리로 이끌었지만 돌아오는 길은 험난했다. 전쟁에 출정해서 고향에 도착하기까지 꼬박 20년의 세월이 걸렸다. 그러는 동안 갓난아기였던 아들 텔레마코스는 콧수염이 거뭇한 스무 살 청년이 되었다.

　스무 살 텔레마코스에게 어느 날 아테나 여신이 나타나 이렇게 말한다.

"아버지를 찾아가라."

　그 말에 텔레마코스는 생사조차 알 수 없는 아버지를 찾기 위해 온갖 노력을 기울인다.

신화는 상징을 드러내는 도구다. 아테나 여신이 말한 '아버지' 또한 어떤 상징이다. 아버지 오디세우스를 찾으라는 실제적인 의미도 있지만, 더 중요한 상징적 의미가 있다. 즉, 어른이 되라는 말이기도 하다.

스무 살이면 육체적으로는 이미 어른이다. 하지만 정신적으로는 반드시 어른이라고 볼 수는 없다. 진정한 어른이 되려면 아버지라는 존재를 깨달아야 한다. 우리 주위를 둘러봐도 몸과 나이는 어른이지만 하는 짓은 아이에 지나지 않는 이들이 얼마든지 있다. 반면 나이는 어리지만 생각과 행동이 어른보다 진중한 아이도 있다. 그래서 어른아이, 애어른이라는 말을 한다.

텔레마코스가 아버지를 찾는다는 것은 자신의 근본을 찾는다는 의미와 함께 일, 모험, 시도를 통해 삶의 주체로 나서야 한다는 의미도 담겨 있다. 사람은 어른이 되기 위해 어떤 통과의례 같은 것을 거쳐야 하는데, 그 의례를 거부하거나 제대로 경험하지 못하면 애어른으로 남을 수밖에 없다. 텔레마코스는 어머니에게 구혼하는 강한 적들로부터 가족을 지키고 주체로 선다. 그것이 그가 치러야 할 통과의례였다.

 남자는 군대 가야 어른이 된다는 말

살다 보면 누구나 성장이 멈춘 특정한 시간들을 만나게 된다. 아이에서 어른이 되는 순간, 새로운 깨달음의 영역으로 들어가는 순간, 보다 나은 존재가 되거나 중요한 지위에 오를 능력을 얻는 순간. 그런 순간들 앞에는 늘 정체된 시간이 존재한다. 보통은 시험을 받거나 모험에 뛰어들거나 중요한 결정을 혼자 내리는 때다. 그럼으로써 용기를 시험받고 실행력을 검증받는 것이다. 용기 있는 선택을 하면 새로운 존재로 탈바꿈하지만 그렇지 못하면 삶의 주변부로 내몰린다.

사람은 누구나 지금보다 나은 상황을 맞이하고 싶어한다. 하지만 그런 상황으로 들어가기 위해서는 새로운 선택을 해야 하고 이런 선택은 긴장과 모험, 도전 속에서만 가능하다. 이때 실패에 대한 두려움을 무릅쓰고 그 시험을 받아들이느냐 그렇지 못하느냐가 중요해진다. 대표적인 것이 군대다.

흔히들 남자는 군대를 갔다 와야 어른이 된다고 말한다. 왜일까? 군대가 정말로 아이를 어른으로 만들어주는 걸까? 다른 건 몰라도, 군대를 갔다 오면 큰 성장을 한다는 점만큼은 분명하다. 남자는 제대를 하면 새로운 삶의 영역으로 들어서게 된다. 그때부터는 오직 자신의 힘으로만 세상을 살아야 한다는 독립심이 강해지고 그것에 따라 자기 삶을 설계하기 시작한다. 신기한 일이다. 어쩔 수 없이 끌려가다시피 한 군대에서 성장의 주체가 되어 돌아오는 것이다.

군대는 자유가 제약된 곳이다. 하고 싶어도 할 수 없는 것이 많다. 그래서 누구도 가고 싶어하지 않는다. 가고 싶지 않다는 생각, 갇혀 지내기 싫다는 생각, 낯선 곳에서 어떤 상황에 직면할지 모른다는 두려움, 그 생각을 이겨내는 곳이 군대다. 자유가 제약된 곳에서 자유의 소중함을 깨닫고 자유롭게 살 방법을 훈련한다. 아이러니한 일이지만 사실이다. 머리를 깎는 것은 가고 싶지 않은 곳으로 자신을 밀어 넣는 의식이다. 머리를 깎으면서 하고 싶지 않은 일도 해야 한다는 결심을 세운다.

이것은 내 문제다

하고 싶은 일만 하고 살 수는 없다고들 한다. 맞는 말이다. 하고 싶지 않은 일도 해야 하는 때가 적지 않은데, 그럴 때에도 두 종류의 사람이 있다. 하나는 정말 하고 싶지 않지만 생계나 규칙 때문에 어쩔 수 없이 하는 사람들이다. 이들에게는 그것이 생존을 위한 선택일 뿐 다른 의미는 없다. 언제나 탈출을 꿈꾸지만 쉽게 벗어나지 못한다. 또 다른 부류는 하고 싶지 않은 일을 하면서도 그 속에서 뭔가를 찾아내고 그것에 새로운 질서를 부여하는 사람들이다. 이들은 군대에서도 새로운 문화를 만들어낸다. 밴드를 조직하고 독서회를 만들고 동료의 삶에 귀 기울인다. 그것으로 자기 삶도 새롭게 만든다.

남자에게 가족을 부양하는 일은, 하고 싶지 않지만 해야만 하는 일이다. 어른이 된다는 것, 결혼을 한다는 것은 가족 부양의 짐을 기꺼이 떠맡는 일이다. 힘들고 고단한 세상에 제 발로 걸어 들어가는 일이다. 물론 스스로 이 길을 선택하고서도 책임을 지지 않으려는 남자들도 있다. 해야만 하는 것들을 떠맡을 준비가 되지 않은 데다, 그러고자 노력하고 싶지도 않은 것이다. 아직 어른이 되지 못한 셈이다.

다행히 대부분 남자는 가족을 부양하는, 해야만 하는 일을 기꺼이 떠맡는다. 그중 몇은 가족을 위해 새로운 질서를 만들고 원칙을 세우고 지키며 아이들이 성장할 환경을 만들어나간다. 가족이 편안한 삶을 유지할 수 있도록 분위기를 유도하고, 세상이라는 싸움터에서 돌아와 쉴 수 있도록 울타리가 되어준다. 그들은 가장으로서 고통과 역경으로 가득 찬 불평등한 세상에 과감히 뛰어들 각오가 되어 있다.

스캇 펙 박사는 명저 《아직도 가야 할 길》에서 자신의 삶에 책임을 지는 태도가 삶을 건강하게 사는 기본 조건이라고 말한다.

> "'이건 내 문제가 아니야', '다른 사람이 해결해 주겠지' 하는 생각으로는 문제 해결이 안 된다. 오로지 '이것은 내 문제이고, 이를 해결하는 것도 내게 달려 있다'고 말할 때에만 그 문제를 해결할 수 있다."

인생은 문제의 연속이고 그 문제들은 내가 주체가 될 때 해결된다. 그리고 그 문제들에 직면하는 것은 어쩔 수 없이 해야만 하는 일이다. 어쩔 수 없이 해야 하는 일에 나서는 사람은 그것이 새로운 길로 접어드는 교차로이자 시험대이며 통과의례일 수 있음을 알아야 한다. 그 일을 받아들이고 자신의 힘으로 넘어서면 새로운 삶의 단계에 도달할 수 있다. 힘겹고 고통스러운 일이지만 그럼에도 할 수밖에 없는 것, 그것이 통과의례다. 현재보다 한 걸음 더 나아가기 위해.

봉착은 새로운 단계에 도달했다는 징조다

우리가 곤경에 처하게 되는 이유는 두 가지다. 하나는 진실하게 살지 않았기 때문이고, 다른 하나는 세상의 불합리함이 진실한 삶을 위협하기 때문이다. 이런 이유로 곤경은 우리 자신을 돌아보게 하고 가슴이 이끄는 진실을 되찾게 한다. 진정한 적을 찾게 하고 그 적에 당당히 맞서 싸우는 도전과 모험의 길로 안내한다.

이 도전과 모험에는 다른 사람의 힘은 크게 도움이 되지 않는다. 다른 사람은 조력자일 뿐이다. 자기 힘으로 우뚝 서는 것은 어른이 되는 길이며, 새로운 문을 열 능력을 쌓는 일이다. 그렇게 새로운 세상으로 들어서고 나면 한동안은 그 힘으로 살아갈 수 있다. 그러다 시간이 지나 새로운 난관에 봉착하면서 또 다른 모험에 나서야 한다. 그렇게 하나씩 벽을 허물고 우리는 삶의 다양한 영역으로 나아간다.

이런 모험과 도전의 상황에서 중요한 것이 있다. 과거 혹은 현재에 발목이 잡혀서는 안 된다는 것이다. 과거에 묶이면 현재에 갇힌다. 과거는 과거일 뿐이다. 반쯤 양다리를 걸친 상태로는 불가능하다. 독립하고자 하는 아들은 어머니를 떠나야 한다. 어머니를 꼭 붙들고 있으면서 새로운 세상으로 나아간다는 것은 어림없는 일이다. 손을 놓아야 비로소 새로운 삶이 시작된다. 지금의 지위, 게으름, 연약한 자아, 사랑받는 아이로서의 나를 떠나보내야 한다.

눈을 크게 떠야 한다. 좁은 눈으로 보면 길은 보이지 않고 혼란만 가득하다. 나만 손해 본다는 느낌이 들기도 한다. 눈을 크게 뜨고 자신의 진짜 삶, 전체를 봐야 한다. 전체를 보는 방법 중 하나는 인생의 곡선을 그려보는 것이다. 지금 내 인생이 상승곡선을 그리고 있는지, 정점에 있는지, 추락하고 있는지 헤아리는 방법이다. 만약 추락 중이고 아직 밑바닥에 닿지 않았다는 생각이 들면 더 내려가 보는 것도 괜찮다. 바닥을 치면 올라가는 것밖에 남아 있지 않으니까. 그리고 그 바닥이란 게 사실은 생각보다 깊지도 않고 무섭지도 않음을 알게 될 것이다. 정말로 별것 아니다.

주변의 관계를 살펴보는 것도 필요하다. 주변 사람들이 탄탄하고 건실하다면 선택의 폭을 넓힐 수 있다. 새롭고 위험스러운 모험을 선택하기도 훨씬 수월하다. 그러면서 특권도 내려놓을 수 있다. 새로운 시대는 새로운 사람이 주도해야 하는 만큼 후배에게 주도권을 넘기는 용기도 생겨난다. 비켜줄 수 있어야 하고, 비켜줘야 다른 길도 열린다. 비키지 않으면 똥차가 된다. 인생이 지저분해진다.

곤란이나 고통, 재난, 두려움은 언제나 새로운 에너지원이 된다. 곤란은 새로운 아이디어를 찾게 하고, 고통은 문제의 원인을 찾게 하며, 재난은 현실돌파의 힘을 발생시키고, 실패에 대한 두려움은 새로운 시도를 할 수 있게 한다. 어려움에 봉착하면 사람들은 새로운 시도로 돌파구를 찾는다. 그러니 어려움을 만나도 괜찮다는 믿음을 갖자. 그런 믿음이 있을 때 눈을 크게 뜰 수 있고 주변 상황도 잘 볼 수 있다.

곤경을 피해 갈 수 없을 때, 달아날 수 없을 때, 우리는 곤경에서 긍정적인 점을 발견하고 그것을 이용하기 시작한다. 곤경이 잠들어 있는 우리의 기질을 깨운다.

대문호를 탄생시킨 유형지

왕멍은 관우와 함께 중국 사람들이 가장 존경하는 인물로 손꼽힌다. 우리에게는 익숙하지 않은 이름이지만 중국을 대표하는 지식인으로 노벨문학상 후보에 네 번이나 오른 바 있는 중국의 살아 있는 전설이다.

그는 열네 살이라는 어린 나이에 중국혁명에 뛰어들었고 스물네 살에는 우파로 낙인찍혀 위구르 자치구로 유배당했다. 유배지에서 그는 언제 끝날지 모르는 힘겨운 삶을 이어가야 했다. 그 후 복권될 때까지 무려 16년을 그곳에서 보냈으니 참담하다고밖에 할 수 없는 역경의 시간이었을 것이다.

아무것도 기약할 수 없는 유배지에서의 생활을 그는 어떻게 견뎠을까?

16년간의 유배지 생활

우리도 왕멍처럼 역경을 경험한다. 원하든 원하지 않든 인생은 곡선을 그리기 마련이고 올라갔으면 내려와야 하니까. 다행히 보통 사람인 우리에겐 역경이라 해도 왕멍처럼 유배를 당해 육체적으로 제한을 받는 일까지 벌어지지는 않는다.

현대인이 경험하는 역경은 주로 실연이나 실직, 배신, 경제적 빈곤 같은 일이 대부분이어서 육체적인 고통은 그렇게 크지 않아 보인다. 그렇다고 고통이 적다는 얘기는 아니다. 사람은 자신이 겪는 고통을 가장 크다고 느끼기 때문이다. 남자들이 군대 이야기를 끝없이 늘어놓는 이유도 자신이 가장 고생했다고 생각하기 때문이다.

왕멍이 어떻게 역경을 이겨냈는지를 살펴보는 것은 우리에게 중요한 삶의 방식을 제공해줄 수 있기에 중요하다. 그는 지하당원으로 혁명에 참여하던 시기부터 글을 쓰기 시작했다. 그동안 써온 글이 1천만 자가 넘는데, 20여 개국의 언어로 번역되어 전 세계에 널리 알려졌다. 그 글을 통해 그에게 쏟아지는 대문호라는 찬사는 모두 역경에서 피올린 결과물이다. 도대체 16년이라는 시간을 그는 어떻게 보냈을까?

"아무 일도 할 수 없는 역경에 처했을 때, 배움은 내가 파도에
휩쓸리지 않도록 매달릴 수 있는 유일한 구명부표였다.
배움은 내가 의지할 수 있는 유일한 의탁처이자 암흑 속의
횃불과 같았고, 나의 양식이자 병을 막아주는 백신과 같았다.
배움이 있었기에 비관하지 않을 수 있었고, 절망하지 않을 수
있었으며, 미치거나 의기소침해지거나 타락하지 않을 수 있었다."

역경에서 그를 구한 것은 배움이었다. 공부는 그로 하여금 분노
를 극복하게 하고 허송세월하지 않게 해주었다. 또한 삶의 중요한
기반이 되었다. 공부는 그를 고무시켰고 자존감과 신념, 즐거움과
만족을 주었다. 이런 경험을 통해 그는 역경과 배움의 관계를 이
렇게 정리한다.

"역경에 처했을 때가 가장 배우기 좋은 상황이다."

보통 사람들은 역경에 처하면 어찌할 바를 몰라 당황한다. 우물쭈물하다 시간을 보내고 아무것도 얻지 못한 채 인생의 아까운 시간을 허비해버린다. 하지만 역경이 흩뿌려놓은 안개가 걷히면 곧 자신의 상황을 파악하고 조용히 배움의 시간을 갖는 사람들이 있다. 그들이야말로 역경을 제대로 활용할 줄 아는 사람들이다. 인생에서 익힌 것을 정리하고 더 깊이 배우는 기회로 삼는다.

다산 정약용 선생은 신유사옥으로 포항과 강진에서 18년간 유배생활을 했다. 그동안 독서와 저술 활동으로 자신의 학문체계를 완성했으니 선생에게는 유배생활이 오히려 기회였다. 자신의 삶과 생각을 새롭게 정리하고 제대로 배운 것이다. 현명한 선조들은 대부분 유배생활이라는 역경을 통해 인생을 새롭게 배웠고, 자기 생각을 재정립할 기회로 활용했다. 왜 내게 이런 역경이 오느냐며 세상을 원망하기 쉬운데, 그 마음을 극복하는 방법은 배움뿐이다. 원망하는 마음을 극복하는 것 자체가 인생의 큰 배움이기도 하다.

그런 점에서 톨스토이의 고통에 대한 통찰을 경청할 필요가 있다.

"밤하늘이 별을 드러내듯이 고통은 삶의 의미를 드러내 준다.
우리는 고통을 겪어야만 진정으로 영혼 속에서 살게 된다."

인생, 배움을 실천하는 장

우리는 자주 상처받는다. 상사가 일을 못한다며 던진 핀잔 한 마디가 생채기가 되고 지나가는 사람이 눈만 흘겨도 상처받는다. 그 상처는 오랫동안 지워지지 않는다.

이런 작은 일들을 슬기롭게 이겨내는 방법이 있다. 바로 배움이다. 매 순간 자신의 상황에서 배운다면 훌륭한 삶의 원천을 얻을 수 있다. 작은 일에서 배우는 훈련에 익숙해지면 큰 역경에도 쉽게 굴하지 않게 된다. 배움의 힘으로 단련되었기 때문이다.

경제적인 문제가 인생의 가장 큰 문제인 현대 사회에서 실직이나 사업 실패만큼 큰 역경도 없을 것이다. 그런데 어떤 사람은 실직이라는 큰 역경 속에서도 의연하고, 어떤 사람은 마치 하늘이 무너지는 듯한 절망을 경험한다. 둘의 차이는 어디에서 오는 것일까? 성격의 차이일까, 아니면 준비된 정도의 차이일까? 물론 성격이나 이직 준비 정도에 따라 절망감은 많이 다를 수 있다. 하지만 더 중요한 것은 실직이라는 역경을 받아들이고 그것에서 배울 수 있는 마음의 준비가 어느 정도인가일 것이다. 작은 역경들을 받아들이고 그것에서 배워본 경험을 가진 사람들은 큰 역경도 헤쳐나갈 준비가 되어 있다. 여기에 역경을 통해 얼마나 배웠느냐도 중요하다.

왕멍은 《나는 학생이다》에서 인생과 배움에 대한 자신의 철학을 웅장하고 사실적으로 펼쳐낸다. 인생에서 가장 중요한 것은 생존이며, 생존의 문제를 넘어서면 무엇을 하며 어떻게 살았는가가 중요하다고 말한다. 그리고 자신은 '인생에서 무엇을 했는가'라는 질문에 '배움'이라는 단어로 답한다. 자신에게 어떤 일이 일어나든 배움만은 멈추지 않았고 그것이 지금의 자신을 있게 한 근거라는 것이다.

실제로 그는 정치적 탄압을 받으며 유배생활을 하는 동안 위구르어를 공부했다. 마침내 완벽하게 익혀서 위구르의 책들을 중국어로 번역하기까지 했다. 사면된 후에는 영어 공부를 시작했다. 마흔여섯 살에 미국을 방문했는데 자신을 안내해주는 중국 영사관 직원도 영어를 잘하지 못한다는 사실에 놀라 스스로 공부해야겠다고 결심했다. 그리고 하루에 단어 30개씩을 암기하면서 영어를 익히기 시작했다. 마흔여섯, 새로운 언어를 배우기엔 늦었다고 누구나 생각할 나이다. 하지만 쉬지 않고 공부하여 결국엔 영어도 정복했다.

경지에 오르면 예술이 된다

공부에 대한 그의 철학은 논리적이면서도 신념에 가득 차 있다. 그는 사람이 공부를 하는 진짜 목적은 절차탁마를 위해서라고 말한다. 자신을 갈고닦기 위해서 하는 것이라는 의미다. 물론 이런 공부에는 분명한 목적이 있어야 하는데, 그 목적이란 입신의 경지에 오르는 것이다. 깨달음의 경지에 올라 예술 같은 인생을 살아가는 것이다. 예컨대 일을 잘하는 농민들을 보면 그 동작이나 자세가 무척 아름답다. 자기 일에서 입신의 경지에 올랐기 때문이다.

그는 공부를 하려면 먼저 입신의 경지에 오르겠다는 목표를 정하라고 권한다. 공부 자체가 자신을 반성하고 탐색하는 하나의 과정이다. 그러자면 배움을 사랑해야 한다. 배움을 사랑하지 않으면 입신의 경지에 오를 수 없다. 가끔 주변에는 왜 배우는지 모르겠다며 배움에 대한 무용론을 주장하는 사람들이 있는데 이런 생각으로는 절대 입신의 경지에 오를 수 없다. 배움뿐만 아니라 세상 모든 일이 그렇다. 사랑하지 않으면 완성이란 없다.

이렇게 목표를 세우고 공부하며 지식을 키운다. 그는 지식을 외재적 지식과 내재적 지식으로 구분한다. 외재적 지식이란 텍스트화된 지식이나 기술로 연습을 통해서 완성될 수 있는 지식을 말한다. 내재적 지식은 기억력과 이해, 주의력을 모아 전력으로 투신하는 자세 같은 것으로 전체적인 능력과 의지, 이념, 인품을 길러준다. 텍스트화된 외재적 지식을 통해서 내재적 지식을 쌓아가고 강화하는 것이 공부의 과정이다.

지식을 쌓으면서 동시에 그것을 실천하는 것이 중요하다. 실천은 진리를 탐색하는 과정이다. 책만 읽어서는 아무 소용이 없다.

내재적 지식으로 축적되어 현실 문제에 대한 해결능력을 키우려면 실천을 통한 점검과 깨달음이 필수적이다.

이렇게 학습을 통해서 그가 추구하는 것은 실제적인 문제를 해결하고 사회에 더 커다란 공헌을 하는 것이다. 그러면서 더 즐겁고 더 건강한 인생을 사는 것이다. 인생은 문제를 해결하는 능력이 커지는 과정이며 그것을 통해 우리 인생이 풍성해지고 찬란해진다.

그의 이야기는 신영복 선생을 떠오르게 한다. 스물여덟이라는 젊은 나이에 무기징역형을 선고받고 20년을 감옥에서 보낸 비운의 학자, 신영복. 그는 감옥에서 인간과 세상에 대한 통찰력을 키웠고 그것들을 편지 형식으로 세상에 내보냈다. 그리고 그 편지들은 《감옥으로부터의 사색》이라는 책으로 출간되어 큰 반향을 일으켰다. 수감생활은 역경이었지만 그는 역경을 통해 더 선명해졌고 더 강해졌다.

할 일을 알려면 해선 안 되는 일을 찾아라

역경은 또한 우리에게 필요하지 않은 것들이 무엇이었는지를 선명하게 보여준다. 역경은 내가 가진 대부분을 가져가고 가냘픈 가지 하나만을 남겨놓는다. 이때 우리는 나의 눈을 흐리게 했던 것들, 허영심과 헛된 욕망이 무엇이었는지 발견한다. 그것들

없이도 얼마든지 살아갈 수 있다는 사실과 없는 것이 오히려 홀가
분하다는 사실도 깨닫는다. 예전보다 훨씬 가벼운 걸음으로 춤을
추며 걸어갈 수 있음도 알게 된다.

역경에 처했을 때는 할 수 있는 것이 거의 없다. 감옥에서 할 수
있는 일이라고는 책 읽고, 생각하고, 글 쓰는 정도가 고작인데 그
마저도 쉽지 않다. 보통 사람들에겐 갑갑해서 미칠 것 같은 환경
이겠지만, 이런 환경이기에 배움이 강력해질 수 있다. 다른 뭔가
를 할 수 없다는 조건, 그것이 놀라운 집중력과 강력한 의지를 키
워내는 것이다.

역경에 대한 깊은 깨달음을 통해 왕명은 우리에게 중요한 메시
지 하나를 전달한다.

"사람은 자기가 무엇을 할 수 있고, 마땅히 무엇을 해야 하는지를
알아야 한다. 그리고 이보다 앞서 무엇을 하지 말아야 하고,
무엇을 해서는 안 된다는 것을 알아야 한다.
사실 이것을 모르는 사람은 무슨 일을 해도 이루지 못한다."

역경은 필요하지 않은 것들을 없애주기 때문에 하나에 집중할
기회를 준다. 하지만 이때에도 자신이 무엇을 할 수 있고 해야 하

는지를 알지 못하면 집중력을 발휘할 수 없다. 그러자면 자신이 할 것은 무엇이고 해서는 안 되는 게 무엇인지 알아야 한다. 남들의 시선을 의식해서 하는 일이나 거짓되고 헛된 욕구에 휩싸여서는 자기 분야에서 획을 그을 수 없다. 핵심을 겨냥하고 높은 곳에서 아래를 조망하면서 파죽지세로 공격해서 승리해나가려면 목표와 분야가 명확해야 한다. 배움이라고 해서 예외가 될 수는 없다.

그는 배움과 분야에 대한 이야기를 이렇게 정리한다.

"천재들은 자기 전문 분야가 아니면 백치와 같았다."

생각대로 살고자 노력하지 않으면 사는 대로 생각하게 된다

공부하는 사람들에게 가장 힘든 점이 무엇이냐고 물으면 어떤 대답이 나올까? 아마도 '너무 빨리 잊어버려요'일 것이다. 공부한 것을 금방 잊어버리는 경험은 누구나 한다. 그리고 그런 경험이 반복되면 자신이 돌머리가 아닌가 의심하게 된다. 공부할 체질이 아니라고 자포자기에 빠지기도 한다.

책 읽고 공부하다 보면 이렇게 살아야겠다는 삶의 철학이나 원칙 같은 것을 얻게 되곤 한다. 예전에 《논어》를 읽고 '원칙이 있는 사람이 되자'는 생각을 한 적이 있다. 공자와 제자들의 모습에서 자기 생각을 밀고 나가는 모습이 무척 인상적이어서 하게 된 생각이었다. 그렇게 자기 원칙을 정해놓고 노력했지만, 불과 며칠을 지속하지 못했다. 어느 순간 원칙은 어디 가고 예전의 평범한 일상으로 돌아가 있는 내 모습을 발견했다.

원칙과 철학이 없으면 삶이 흔들린다

이런 경험을 하면서 도대체 공부해서 얻은 것들이 무슨 소용이 있나 하는 허망한 마음도 생겼다. 그런 일은 이후에도 반복되었다. 아마 누구라도 비슷한 경험을 해보았을 것이다. 그러다 보면 공부는 해서 뭐하나 싶은 마음에 게을러지기도 한다. 이런 마음은 수행하는 스님들도 다르지 않을 것이다.

공부를 하는 데는 누구나 나름의 이유가 있겠지만, 내가 생각하는 가장 큰 이유는 문장을 얻기 위해서다. 여기서 문장은 좋은 글귀이기도 하고 살아가는 데 중요한 철학이나 원칙이기도 하다. 내게 좋은 책이란 그런 글귀나 원칙을 발견하게 해주는 책이다. 어렵고 쉽고를 떠나서 삶에 유익한 내용을 줄 수 있느냐 없느냐가 선택의 중요한 기준이 된다.

일테면 조셉 캠벨의 《신화와 인생》을 읽다가 '여러분은 이길 수도 있고 질 수도 있지만, 어쨌든 경주를 한다. 이기느냐 지느냐가 아니라 오직 경주 자체가 중요하기 때문이다'라는 문장을 발견하고는 경탄한다. 《맹자》를 읽다가 '자신의 마음을 다한 사람은 자신의 본성을 알고, 자신의 본성을 아는 사람은 하늘을 안다'는 문장을 얻고 또 경탄한다.

《신화와 인생》이나《맹자》는 그 순간 좋은 책이 되고 '중요한' 책이 된다. 문장을 얻고 경탄하게 되면 한껏 자극을 받아 그런 삶을 살고 싶어진다. '이기든 지든 제대로 한번 살아보자' 하는 결심을 하게 되고, '모든 일에 마음을 다해보자'라는 태도를 가지려 노력하게 된다. 그러나 그 마음가짐은 얼마 가지 못하고 얻었던 문장마저 잊어버리고 만다. 어느새 예전의 좌충우돌하던 삶으로 돌아가 있다.

전체적으로 보면 공부해서 얻은 원칙으로 살아온 시간은 인생의 십 분의 일도 되지 않는 듯하고 나머지는 되는 대로, 그야말로 '막' 살아왔던 것 같다. 그런데도 왜 공부의 끈을 놓지 못하는지 스스로도 이해할 수 없다. 중독자처럼 새로운 문장을 찾아서 또 새로운 책들을 마구 뒤지고 다니니 말이다.

배운 다음에는 잊어라

그런 생각을 하던 중 우연히 몽테뉴의 책에서 중요한 메시지를 발견했다.

> "배운 것을 될 수 있으면 잊어버려라. 우둔한 사람이 되라."

몽테뉴도 나 같은 인간이었던 모양이다. 뭔가를 읽고 배우지 않으면 제정신으로 살 수 없는 문장중독자. 그런데 그는 거기서 멈추지 않고 다른 메시지를 던진다. 배운 것을 될 수 있으면 잊어버리라는 것이다. 그리고 우둔한 사람이 되란다. 젠장, 외워도 시원찮은데 잊으라니.

이것도 새 문장이다 싶어 한참을 들여다봤다. 무슨 의미가 있겠지 싶어 들여다보고 또 들여다보았더니 조금씩 느낌이 왔다. 고기가 씹을수록 맛이 느껴지듯 문장도 자꾸 들여다봐야 맛이 난다.

몽테뉴가 배운 것을 잊어버리라고 한 것은 기억에서 완전히 지우고 배우지 않은 것처럼 살라는 말이 아니었다. 그가 잊어버리라고 한 것은 문장 자체였다. 문장을 통해 배움을 얻었다면 문장은 잊어버려도 된다. 배움이 내 것으로 남았으니 문장은 이제 필요 없다, 나는 다른 사람이 되었고 그 사람으로 살아가는 데 예전의 문장은 필요하지 않다, 이런 뜻이었다. 그러면 우둔한 사람처럼 느껴질 수도 있다. 문장을 잊었으니 말을 잘하거나 멋지게 표현하는 사람은 되지 못할 것이다. 하지만 중요한 삶의 원칙과 자기 철학에 따라 살아갈 수 있다. 몽테뉴는 이런 방식의 삶을 통해 세속이 주는 온갖 유혹을 피할 수 있고, 보통 사람들이 쉽게 빠지는 함정에서 멀리 떨어질 수 있다고 생각했으리라.

그의 말을 되새기다 보니 잊어버리고 사는 것이 사람의 운명이 아닌가 하는 생각이 들었다. 공부한 것뿐만 아니라 지난날 대부분을 잊고 사는 것이 사람이 살아가는 방식 아닌가. 그런데도 공부가 필요한 것은 공부하는 그 순간과 문장을 얻은 후 얼마 동안은 원칙과 철학을 가지고 살 수 있기 때문이다. 혹은 원칙과 철학으로 살려고 애를 쓰기 때문이다.

폴 발레리는 말했다. 자신이 가진 생각대로 살려고 노력하지 않으면 사는 대로 생각하게 된다고. 자기 생각대로 살아가려는 노력은 무척 중요하다. 하지만 그러기 전에 먼저 자기 생각을 가져야 한다. 생각을 가지려면 읽는 것이 도움이 되고, 좋은 문장을 얻어 그 방식으로 살고자 결심해야 한다. 그래서 읽고 공부하는 것이 중요하다. 여기까지가 공부에 대한 나의 원칙이자 철학이다. 살아가는 방법에 대한 원칙과 철학은 바뀌었지만 그중에서도 변하지 않는 것이 있다면 이런 철학 정도일 것이다.

이제는 이런 잊어버림을 자연스럽게 받아들일 때가 된 듯하다. 공부를 해서 문장을 얻고 문장대로 살려고 애를 쓴 후에는 문장을 잊는 것이 당연하다. 그러다 다시 새로운 문장을 만날 것이고 그 에너지로 얼마간 살게 될 것이고….

이런 반복이 중요한 것은 배움이 멈추면 주변 환경과 사람들이 던지는 자극에 쉽게 흔들리고 자신의 본성과 개성에 맞지 않는 흐름에 던져질 수 있기 때문이다. 중심 없이 이리저리 흔들리는 삶이 행복할 리 없고, 자신이 어떤 존재인지 깨달을 기회가 없는 삶이 유쾌할 리 없다. 그러니 공부를 통해서 삶의 방식이나 철학들을 얻어야 한다. 그것들은 자신의 것으로 흡수될 것이고 이 일이 반복되면 언젠가 자신만의 독특한 철학, 삶의 방식으로 드러날 것이다.

■ 깨닫기 전과 후가 다를 것이 없다

《갈매기의 꿈》으로 유명한 리처드 바크는 "학습이란 이미 알고 있던 것을 재발견하는 것이고, 행동은 아는 것을 실천에 옮기는 것"이라고 말했다. 새롭게 공부해서 얻은 문장들을 가만히 들여다보면 예전에 얻었던 문장을 다르게 표현한 것인 때가 많다. 비슷한 내용인데 읽는 순간의 상황과 문장의 구조에 따라 다르게 느껴졌을 뿐이다. 어쩌면 우리가 배워 얻는 모든 문장은 이미 내 마음속에 존재하는 것들인지도 모른다. 읽어서 배웠든 유전자 속에 간직된 것이든 재발견하는 내가 그것을 좋아하지 않았다면 지금 그것을 어떻게 좋아할 수 있겠는가.

스님들은 매일 수행을 한다. 하루라도 수행하지 않으면 마음에 때가 끼기 때문이라 한다. 때를 씻어내듯 마음을 씻어내는 것이 수행이다. 그래서 불교에서는 깨달음은 새로운 무엇을 얻는 것이 아니라 기존에 알던 것을 다시 발견하는 것이라고 말한다. 무엇을 얻는 것이 아니라 숨겨져 있던 자신의 본성을 재발견하고 그 중요성을 인식하는 것이다. 그렇다고 보면 깨달음을 통해 얻은 것이라고는 예전에 알던 것뿐이라는 얘기가 된다. 깨닫기 전과 후가 다를 것이 없다는 말이 이런 뜻이다.

바람에 흔들리던 나무가 다시 일어설 수 있는 것은 뿌리의 힘 때문이고, 이런저런 자극과 스트레스에 시달리던 사람이 중심을 잡고 살아갈 수 있는 것은 멈추지 않는 공부의 힘 때문이라고 믿는다. 이것이 나의 공부 철학이다. 물론 시간이 가면 이런 철학도 잊힐지 모른다. 그러면 또 다른 문장이 들어올 것이고, 그러면 새로운 원칙과 철학으로 살아갈 수 있다. 확신할 수 있는 것 하나는 늘 새로운 문장을 위해 읽기를 멈추지 않을 것이고, 잊어버리면서 새로운 문장이 들어올 자리를 만들어줄 것이라는 사실이다.

세상이라는
수레바퀴

헤르만 헤세의 명작 《수레바퀴 아래서》는 한 소년의 완성되지 못한 삶을 다루고 있다.

주인공 한스 기벤라트는 뛰어난 재능으로 가족과 지역사람들의 기대를 한몸에 받으며 신학교에 입학한다. 하지만 그 학교는 사회적 출세에 집착하고 전통만을 고집하는 곳이었다. 문학적 재능을 타고난 자유로운 영혼에게는 감옥 같은 곳이었다. 결국 한스는 신경쇠약에 걸려 학교에서 쫓겨나게 되고 빈손으로 고향에 돌아온다. 그 후 공장에서 견습공으로 새로운 길을 찾아보지만 자신의 재능과는 상관도 없는 무미건조한 일과 삶에 서서히 지쳐간다. 어느 날 밤 한스는 동료들과 이웃 마을로 놀러 갔다가 술에 취해 강물 속으로 들어간다.

그걸 사랑이라 말하지 마세요

그를 죽음으로 내몬 것은 역설적이게도 그가 사랑하는 사람들이었다. 부모님, 선생님, 이웃들이 그의 재능과는 상관도 없는 사회적 성공이라는 정해진 길로 그를 몰아친 것이다. 언뜻 훌륭해 보이는 길일지라도 어떤 사람에게는 위험천만한 길이 될 수 있음을 그들은 인정하지 않았다. 그런 면에서 한스는 운이 없었다. 고뇌와 고통의 강을 건너는 일에 도움을 줄 만한 존재를 만나지 못했다. 사랑하는 친구들이 있었지만 모두 떠났고, 처음 사랑이라는 것을 발견했지만 이용만 당했을 뿐이다.

한스는 토끼풀을 베고, 낚시를 하고, 자두를 따는 일들을 좋아했다. 사람들과 동물들을 사랑했고 무엇보다 자신의 삶을 사랑했다. 결코 수레바퀴에 깔려 고통스러워할 존재가 아니었다. 하지만 그 수레바퀴는 거부할 수 없는 운명으로 다가왔다. 새로운 선택을 하기에는 기회가 부족했고 세상을 알지도 못했다. 세상이라는 거대한 수레바퀴를 피할 수 없었다.

"학교와 아버지, 그리고 몇몇 선생들의 아비스러운 명예심이
연약한 어린 생명을 이처럼 무참하게 짓밟고 말았다는 사실을
생각한 사람은 하나도 없었다. 왜 그는 가장 감수성이 예민하고
상처받기 쉬운 소년 시절에 매일 밤늦게까지 공부를 해야만 했는가?
왜 그에게서 토끼를 빼앗아버리고, 라틴어 학교에서 같이
공부하던 동료들로부터 멀어지게 만들었는가? 왜 낚시하러 가거나
시내를 거닐어보는 것조차 금지했는가? 왜 심신을 피곤하게
만들 뿐인 하찮은 명예심을 부추겨 그에게 저속하고 공허한
이상을 심어주었는가? 이제 지칠 대로 지친 나머지 길가에 쓰러진
이 망아지는 아무 쓸모도 없는 존재가 되어버린 것이다."

초·중등학생들과 함께 독서캠프를 할 때의 일이다. 이야기를
나누다가 꿈이라는 주제가 나왔다. 각자 꿈을 말해보라고 했더니
대답들이 간단했다. 치과의사, 검사, CEO, 선생님…. 열 명이나
되는 학생 중 여기에서 벗어나는 답을 한 아이는 없었다.

이건 누구의 꿈일까? 겨우 열두 살에서 열다섯 살 사이 아이들의
꿈이라는 게 이래도 되는 걸까? 이건 부모들의 욕망과 바람이 전
이된 것일 뿐이다. 부모는 자신의 욕망을 자녀에게 전가한다. 이
런 비뚤어진 욕망이 아이들을 수레바퀴에 깔리게 할 수 있다는 사
실을 부모들은 모른다. 아이들이 항의하면 '사랑'이라고 말한다.

그래, 사랑이라 치자. 하지만 방법이 틀렸다.

신화학자 조셉 캠벨은 "인간은 불완전하기 때문에 아름답다"고 말한다. 완전한 것은 매력이 없다. 비인간적이기까지 하다. 완전함은 너무나 완벽하기 때문에 우리가 어찌할 수 없고 감당할 수도 없는 것이다. 뭔가 부족하고 아쉬워야 매력을 느낀다. 그것이 인간이다. 인간 존재의 불완전함이 인간의 매력이다.

비극적인 한스의 삶은 불완전함을 넘어 슬프다. 그를 죽음으로 몰고 간 슬픈 현실은 마치 우리의 자화상을 보는 듯하다. 학원과 과외로 내몰리는 아이들의 하루가 그렇고, 돈벌이에만 눈을 크게 뜨는 어른들의 일상이 그렇다. 자신의 재능에 따라 자기 길을 가고자 하는 이들을 수용하고 응원해주는 일이 그렇게 힘들단 말인가. 세상은 불완전하고 그 세상을 사는 우리는 더 불완전하다.

이런 불완전한 인간들이 살아가는 세상에서 우리가 무엇을 어떻게 할 수 있을지 탐색하는 것이 공부다. 자기를 알고 자신의 길을 선택하고 고집스럽게 밀고 나가려면 충분히 탐색해야 한다. 그리고 어느 날 갑자기 찾아오는 몰입의 상황, 황홀의 순간을 놓치지 말고 붙잡아야 한다. 그것이 수레바퀴에 깔린 삶에서 빠져나오는 길이다.

우리 주변의 수많은 한스 기벤라트

도서관에서 독서 강의를 하던 날, 앞자리에서 열심히 강의를 듣는 사십대 여성이 있었다. 눈빛이 여느 사람과 달랐다. 눈은 거짓말을 하지 않는다. 그녀는 강의를 들을 때만큼은 삼매의 경지에 도달해 있었다. 강의가 끝나고 잠시 이야기를 나눌 기회가 있었다.

"책 읽을 때 가장 행복해요. 공부할 때 가장 기뻐요."

그녀의 말을 들으며 돌아오는 길에 그녀와 같은 환희를 느꼈다.

다른 사람이 환희에 빠져 있는 모습을 보는 것만으로도 충분히 황홀해지는 것이 사람이다. 힘든 시기를 살아가면서 새로운 삶의 가능성이 열리는 것은 이런 순간들이다. 불완전하기 때문에 배우고, 배우면서 깨닫고 조금씩 나아가는 것. 그것이 이 불완전한 세상을 살아가는 방법임을 그녀는 알고 있었다.

마흔이 넘으면 실천하지 못하고 늘 생각만으로 살아온 지난 시절에 대해 후회하는 마음이 생긴다. 뭐든 할 수 있을 것 같았던 이삼십대의 황금 시절을 아무런 성과도 없이 흘려보냈다는 아쉬움이다. 그렇다면 이제부터라도 생각만 하거나 주저하지 말고 뭔가를 시도해야 한다. 그것이 서른과 마흔의 차이이고, 이것이야말로 이후의 삶을 제대로 사는 최고의 방법이다.

"참을성 없는 젊은이들은 정확하게 목표를 겨냥하고 언제나 곧장 문제의 핵심에 이르려고 한다. 그들은 장애물을 없애고, 잡초들을 베어내며, 문제점들을 분류하고, 목표 달성에 유용하다고 생각되는 도구들로 무장을 한다. 확실한 몇 가지 명제들을 잡았다 싶으면, 그때부터는 지식의 지도 위를 사방으로 누빈다. 그러니 그 정확한 지도를 가지고서 길이라도 잃게 된다면 절대로 용서받지 못할 것이다. 하지만 그들이 계획한 대로 되는 경우는 거의 없다."

　　피에르 쌍소는 목표를 겨냥하고 문제를 분석하고 실행에 매진하는 젊은이들의 미래에 대해 이야기한다. 거의 완벽한 지도와 계획이지만 그대로 되는 경우는 거의 없음을 그는 경험으로 알았을 것이다. 계획대로 되지 않는 것, 이것이 인생의 아이러니다.

　　내 젊은 날이 그랬다. 이십대의 삶은 수레바퀴 아래에 있었다. 수레바퀴를 탈출하기 위한 방황과 지도를 찾기 위한 몸부림이 이십대의 전부였다. 무작정 책을 읽었고 고민에 휩싸여 글을 썼다. 삼십대는 지도를 들고 길을 찾아 나선 나그네였다. 오랫동안 걸었지만 계획대로 되는 일은 거의 없었다. 다행히 무엇을 하고 싶고, 해야겠다는 큰 방향은 얻을 수 있었다. 글을 쓰고 강의하며 사는 삶이 그것이다. 마흔이 훌쩍 넘은 지금, 그 길 위에 서 있다.

한 중학교에서 인문학 수업을 할 때의 일이다. 서른 명 정도의 학생들과 두 시간 동안 책과 공부에 관해 이야기를 나누었다. 변두리 아이들이어서인지 책에 대한 지식은 많지 않았다. 하지만 태도는 진지했다. 초등학생 같은 맑은 영혼에 대학생 같은 진지함이 보였다. 매번 그렇지만 이런 상황에서도 유독 눈빛이 빛나는 아이들이 있다. 놀라운 것을 발견한 사람의 표정으로, 하나도 놓치지 않으려는 간절한 심정으로 앉아 있는 아이들에게서 희망의 빛을 발견한다.

수업이 끝나자 빛나는 눈을 가진 한 아이가 물었다.

"저는 꿈이 없어요. 부모님이나 선생님은 꿈을 가지라고 하는데 어떤 꿈을 가져야 할지 모르겠어요."

의외의 질문이었다. 이렇게 적극적인 아이가 꿈이 없다니. 하기야 중학생이 확고한 꿈을 가졌다면 그것도 이상한 일일 것이다. 이 시기에는 꿈이 없는 것이 당연하고, 있다고 해도 이리저리 바뀌기 마련 아닌가.

"네가 가장 행복한 때가 언제인지 생각해봐. 그걸 할 때는 다른 생각이 들지 않고 오직 그것 자체가 좋아서 몰입하게 되는 때. 그때가 언제지?"

아이가 얼른 대답했다.

"책 읽을 때요."

"그래? 그럼 그걸 계속하렴."

"하지만 그건 꿈이 아니잖아요."

"그래, 그건 꿈이 아니지. 하지만 그게 꿈을 만들어줄 거야."

▌ 수레바퀴 아래에서 환희의 세상으로 가는 문

수레바퀴에 깔린 우리의 삶이 구원받는 것은 하루아침에 일어나는 기적에 의해서가 아니다. 기적이라 부를 수는 있겠지만 한 번에 일어나진 않는다. 시간이 많이 걸리고 고통의 강을 여러 번 건너야만 한다. 그리고 그 시작은 행복과 환희를 주는 작은 경험을 붙잡는 것이다. 그것을 붙잡고 매달리는 것이 우리가 겨우 할 수 있는 일이다.

사람들이 수레바퀴를 벗어나지 못하는 것은 행복과 환희의 경험을 우연한 일로 여기고 그냥 넘겨버리기 때문인지도 모른다. 노력해도 대단한 존재가 되지는 못할 것이라는 연약한 자아도 한몫할 것이다. 지금보다 자신을 좀 더 사랑하자. 그 사랑이 자신만의 길로 이끌 것이다. 남들이 뭐라든 좋아하는 걸 계속하는 일, 미래에 대한 걱정이나 두려움 속에서도 행복의 끈을 놓지 않는 일, 남들의 이상한 눈초리 속에서도 황홀한 경험에 집중하는 일 그리고 그것을 10년이고 20년이고 계속해나가는 일, 그것이 수레바퀴에서 우리를 빼내준다.

이렇게 말하면 10년도 넘게 걸릴 수 있다는 사실 때문에 질려버릴지도 모른다. 불가능하다 생각하고 지레 겁을 먹기 때문이다. 그렇다면 번지수를 잘못 찾은 것이다. 다시 말해 그 일이 자신이 좋아하는 일이 아니라는 것이다. 혹은 세속적인 영달에 지나치게 안달하고 있거나.

열 살짜리 딸아이가 《해리 포터》를 읽고 있다. 7부까지 스물세 권이고, 초등학교 3학년이 읽기에는 버거운 책이기도 하다. 그런데도 벌써 네 번째 완독하고 있다.

첫 번째는 시간이 많이 걸렸다. 두 달 정도 걸린 듯하다. 두 번째는 한 달 정도 걸렸다. 세 번째부터 속도가 붙었다. 하루에 거의 두 권을 읽는다. 아침에 일어나면 베개 밑에서 《해리 포터》를 찾아들고 나온다. 밥을 먹으면서 책을 본다. 학교에서 돌아와 《해리 포터》를 잡으면 씻을 때 외에는 잠들 때까지 놓지 않는다. 늦잠꾸러기 녀석이 책을 읽으려고 아침 일찍 일어나기도 한다. 새벽 식탁에 앉아 글을 쓰고 있으면 슬며시 와서 앞자리에 앉아 책을 펼친다.

노트북 너머로 아이의 표정이 보인다. 자주 보아서 익숙한 눈빛이다. 독서 강의에서 만난 여성의 눈빛, 인문학 수업에서 만난 중학생의 눈빛과 같다. 아이는 모른다. 자기가 뭘 하고 있는지. 그것이 수레바퀴로부터 아이를 구원할 수도 있을 것이다.

내가 할 수 있는 일은 하나뿐이다. 아이가 잡은 그것을 놓지 않도록 돕는 일. 살아가다 잠시 놓칠 수도 있을 것이다. 하지만 이내 다시 돌아와 잡을 것이다. 혹은 새로운 무엇인가를 발견할 것이다. 그것이 무엇이든 놓쳐서는 안 된다. 돈이나 명예, 심지어 미래보다 더 중요하다. 그것을 통해 환희의 세상으로 나아갈 수 있기 때문에. 아이에게 책은 수레바퀴에 깔린 세상에서 환희의 세상으로 가는 문이다.

진실은
아름답기만한 것이 아니다

> "레지스탕스의 기본 동기는 분노였다.
> 레지스탕스 운동의 백전노장이며 '자유 프랑스'의
> 투쟁 동력이었던 우리는 젊은 세대들에게 호소한다.
> 레지스탕스의 유산과 그 이상들을 부디 되살려달라고,
> 전파하라고. 그대들에게 이렇게 말한다.
> '이제 총대를 넘겨받으라. 분노하라!'고."

어떤 책은 책장을 더 넘길 수 없게 한다. 편하게 앉아 책을 읽고 있다는 것이 부끄럽게 느껴지기 때문이다. 스테판 에셀의 《분노하

라》가 그런 책이다.

스테판 에셀은 제2차 세계대전 때 군에 입대하여 드골이 이끄는 '자유 프랑스'에 합류해 레지스탕스 활동을 했던 인물이다. 전쟁 중 나치에 체포되어 사형선고까지 받았지만 극적으로 탈출했다. 그 후 전쟁이 끝나자 외교관이 되어 세계인권선언의 초안을 작성하는 데 참여하는 등 사회운동가로서 열정적으로 활동했다. 한마디로 전선의 선두에서 나를 따르라고 외친 인물이다. 그를 보면 가두시위의 선두에서 시위대를 지휘하는 나이 든 대장의 모습이 떠오른다.

■ 보편적 복지는 국민에 부담 지우는 일이라고?

그는 왜 총대를 넘겨받아 분노하라고 외치는 걸까? 책 좀 읽고 공부 좀 했다는 사람치고 지금 세상이 제대로 돌아간다고 생각하는 사람은 없을 것이다. 공부는 세상의 진실을 찾아가는 일이다. 그 진실은 명료하고 아름다울 때도 있지만, 부조리하고 불합리한 것들의 연속일 수도 있다. 특히 역사나 사회는 공부를 할수록 세상에 대한 불만을 증폭시킨다. 자신이 살아가는 사회가 비정상적인 상황임을 발견하게 되면 공부는 불만이나 비판으로 나아가게 마련이다. 레지스탕스가 만들고 지켜내려 했던 자유와 평등의 세상, 그 세상에 대한 기대가 무너져가는 현실을 보면 분노를

참을 수가 없어진다.

"우리가 몸담고 사는 사회가 자랑스러운 사회일 수 있도록
그 원칙과 가치들을 다 같이 지켜나가는 것이 우리가 할 일이다.
이른바 '불법체류자'들을 차별하는 사회, 이민자들을 의심하고
추방하는 사회, 퇴직연금제도와 사회보장제도의 기존 성과를
새삼 문제 삼는 사회, 언론 매체가 부자들에게 장악된 사회,
결코 이런 사회가 되지 않도록(⋯)"

그가 크게 지적하는 현실의 문제는 두 가지다. 첫째가 극빈층과
부유층 사이의 커지는 격차이고, 둘째가 인권이다.

우리 사회는 역사상 가장 큰 빈부 차를 겪고 있다. 부자는 더 부
자가 되고, 가난한 자는 끝없이 추락한다. 추락을 막고 싶어도 방
법이 없어 보인다. 추락의 원인은 돈이다. 돈이 돈을 만드는 사회,
그래서 부자들만 살기 좋은 세상이 우리 사회의 현주소다. 중산층
은 무너지고 빈곤층은 늘어만 가는데 정부와 세상은 여전히 재벌
위주의 정책, 돈을 가진 사람들이 더 많은 돈을 벌 수 있는 정책들
만을 쏟아내고 있다.

이런 격차는 대물림된다. 공교육의 부실을 사교육으로 충당하

는 사회에서 높은 사교육비를 감당할 수 없는 가정의 아이들은 좋은 교육의 기회를 얻을 수 없다. 그래서 가난한 집 아이들은 부모가 그러하듯이 사회적 약자라는 위치에서 벗어나기 어렵다. 비정규직은 늘어만 가고, 사회안전망은 느슨하다. 그 뚫린 구멍으로 사람들이 뛰어내린다. 이런 사회 현실은 인권과 그대로 연관되어 있다.

빈부의 문제를 해소하는 것은 이상으로나 가능할 뿐 현실에서는 꿈도 꿀 수 없을 정도로 복잡하다고 말하는 사람들도 있다. 사회보장제도를 강화하기 위해서는 돈이 들고, 불법취업자나 노인 문제를 해결하는 데에도 엄청난 예산과 시간이 필요하다는 것이다. 더 많은 세금을 거두어야 하는데 그것은 곧 국민에게 부담을 지우는 일이라고 이유를 대기도 한다.

이 점에 대해 스테판 에셀은 제2차 세계대전이 끝난 시점을 떠올려보라고 말한다. 프랑스 해방 당시 유럽 전역은 파산 상태였지만, 이후 프랑스는 경제적으로 괄목할 만한 성장을 이뤘다. 그런데 이제 와서 당시 투쟁으로 얻은 성과를 유지하고 이어나갈 돈이 부족하다는 것은 말도 안 된다는 얘기다. 만약 그럴 돈이 부족하다고 강변한다면 이는 국가의 최고 영역까지 금권에 장악됐다는 것이며, 레지스탕스가 투쟁 대상으로 삼았던 금권이 전에 없이 이기적이고 거대하고 오만방자해졌다는 것이다. 한마디로 돈이 세상을 장악했다는 말이다.

정부에서는 자동차나 반도체 같은 국가중추산업에 세금혜택을 주지 않으면 산업의 성공과 고용을 보장할 수 없다고 말한다. 아직도 이 수준이다. 세금혜택을 받아 살아남은 기업이 과연 국제사회에서 경쟁력을 지닐 수 있을까? 기술과 장인정신으로 무장하고 기업가정신으로 일으킨 것이 아니면 아무 소용이 없다. 더욱이 기업가들이 부패사건에 연루되면 '경제에 기여한 공로가 크다'는 이유로 면죄부를 준다. 생계를 위해 어쩔 수 없이 빵조각을 훔친 서민에겐 '재범의 가능성이 크다'는 이유로 실형을 선고하는 똑같은 법정에서 말이다. 법망을 빠져 나온 기업가들은 경제 현장으로 돌아가 다시금 불법을 동원해 재산을 늘린다. 이런 어처구니없는 일이 반복되는 곳이 바로 지금 우리 사회다.

더욱 문제가 되는 것은 돈을 쫓아다니는 사람들의 경쟁을 부추기는 풍토다. 몇십 년 전에는 '하면 된다'는 구호로 우리 형제들의 손무덤을 만들더니 이제는 주식, 부동산, 로또 신드롬을 일으켜 객장에, 모델하우스에, 복권 판매점에 줄을 서게 하고 있다. 이는 로버트 기요사키가 《부자 아빠 가난한 아빠》에서 말한 부의 확대재생산이라는 메커니즘과 그대로 이어져 있다.

그는 같은 대학을 나온 두 사람을 비교해서 부자 아빠가 되는 논리를 보여준다. 한 사람은 좋은 회사에 들어가서 보통 직장인이 그러하듯 월급을 받아 은행에 저축한다. 다른 사람은 다소 위험이 있더라도 사업을 벌이거나 투자를 해서 돈을 계속 굴려나간다. 후자는 시간이 지나면서 재산이 폭발적으로 늘어나 큰 부자가 된다. 물론 말도 안 되는 논리다. 한 예로 주식투자를 해본 개미들은 절감할 것이다. 개미들은 부자들과 기관, 외국계 투자가들의 봉에 불과하다. 자본은 물론이거니와 정보도 없고 시장에 개입하거나 주도할 힘도 없다. 오직 감 하나로 사고팔기를 반복하지만 그건 투자가 아니라 산출 없는 투입일 뿐이다. 기요사키의 주장은 백 명 중 한두 명이 이룰까 말까 하는 우연한 성공을 중요한 성공의 통로인 양 과대포장한 것이다. 그리고 그것 역시 그의 돈벌이 수단 중 하나일 뿐이다.

자기라는 벽에 갇힌 현대인

1948년 유엔총회에서 결의된 세계인권선언 제1조에는 이렇게 적혀 있다.

> "모든 인간은 태어날 때부터 자유롭고,
> 존엄성과 권리에 있어서 평등하다. 인간은 이성과 양심을
> 부여받았으므로 서로 형제애의 정신으로 대해야 한다."

인간은 자유롭다. 따라서 국경을 넘을 자유도 있다. 자신이 살고 싶은 곳에서 살 수 있으며 인간으로서 모두 평등하다. 우리는 나 외의 다른 사람들을 형제애의 정신으로 도와야 한다. 그럴 때 인간 사회는 살 만한 곳이 된다.

스테판 에셀이 강조하는 것이 바로 형제애다. 이 정신을 잃어버린다면 우리는 제대로 사는 것이 아니다. 그의 저항은 독일의 강제점령과 프랑스의 패배를 받아들이지 않는 것에서 시작되었다. 어찌 보면 단순한 일이었다. 그는 자신의 권리가 짓밟히는 모습을 생생하게 목격했고 싸워야 할 대상이 누구인지도 분명히 알 수 있었다. 당시 사람들은 누구나 전체주의에 저항해야 한다고 생각했다. 하지만 지금은 싸워야 할 적이 선명하게 보이지 않는다. 언뜻 보였다가도 금방 사라진다. 게다가 먹고살아야 한다는 경제적인 압박 때문에 적에게 시선을 고정하기가 어렵다.

우리 사회도 이와 다를 것이 없다. 흔히 말하는 386세대에게는 싸워야 할 적이 명확했고 단순했다. 그들에게 필요한 것이라고는 용기뿐이었다. 군부독재와 부패정권, 부정한 금권에 대한 저항이 큰 힘을 발휘한 것은 적이 선명했기 때문이다. 하지만 지금은 누가 적이고 누가 아군인지 구분하기가 쉽지 않다. 정책은 헷갈리고 사회는 복잡해져서 어디에 기준을 두고 판단해야 할지 알 수가 없다. 심지어는 가두시위의 선두에 섰던 386주자들이 금권 세력의 대변인 노릇을 하는 일까지 일어나고 있다. 이제 사람들은 무엇에 분노해야 할지 혼란스럽다.

스테판 에셀의 대안은 무엇일까? 바로 자신이다.

"최악의 태도는 무관심이다. '내가 뭘 어떻게 할 수 있겠어? 내 앞가림이나 잘할 수밖에……' 이런 식으로 말하는 태도다. 이렇게 행동하면 당신들은 인간을 이루는 기본 요소 하나를 잃어버리게 된다. 분노할 수 있는 힘, 그리고 그 결과인 참여의 기회를 영영 잃어버리는 것이다."

어디서 많이 듣던 말이다. 우리 마음속에 늘 자리 잡고 있는 자기 위로의 메아리다. '내가 뭘 어떻게 할 수 있겠어?'라는 말은 우리 안에서 우리를 가로막는 거대한 벽이다. 이 벽에 한번 갇히면 세상을 무관심하게 대하는 습관이 생긴다. 결국 그렇게 자기라는 작은 울타리에 갇힌다.

마음의 벽을 허무는 것은 새로운 눈을 갖는 것이다. 자신을 괴롭히는 문제는 대부분 그 문제를 다른 관점에서 볼 수 있는 눈을 얻으면 해결된다. 상사와 갈등이 있을 때 '저 사람도 사람이구나', '내가 이렇게 화가 나는 것은 저 사람이 나에게 맞춰주지 않는다는 생각, 나의 욕심이구나'라는 것을 깨달으면 풀린다.

아쉽게도 우리 현실에 존재하는 사회적 문제들은 관점을 바꾼다고 해결되지 않는다. 빈익빈 부익부라는 사회구조의 문제는 '가난한 사람이 행복했으면 하는 것이 내 욕심이구나' 하는 생각으로는 해결되지 않는다. 문제를 회피할 수는 있지만 해결되지 않은 문제는 그대로 남는다. 그래서 필요한 것이 참여와 노력이다. 참여와 노력은 그 과정에서 새로운 눈을 얻게 해주기도 한다. 참여를 통해 삶의 가치를 발견하게 되는 일도 많다.

■ 제발 분노하시오

아인슈타인은 세상은 위험한 곳이라고 말하면서 그 이유가 사악한 사람들 때문이 아니라 악을 보고도 아무런 행동을 취하지 않는 사람들 때문이라고 했다. 선이 있으면 악이 있기 마련이고 좋은 일이 있으면 힘든 일도 생기기 마련이다. 이때 악과 힘든 일에 맞서 어떤 행동을 취하느냐가 세상의 모습을 결정한다. 우리에게 필요한 것은 참여를 위한 행동이다.

"만약 여러분들이 어느 누구라도 세계인권선언이 구체적인
실천방안까지 명시한 이 권리를 제대로 누리지 못하고 있는

사람을 만나거든, 부디 그의 편을 들어주고, 그가 그 권리를 찾을 수 있도록 도움을 주라."

이것이 참여를 위한 행동의 시작이다. 우리 주위에는 기본적인 인권조차 지켜내지 못하는 사람들이 많다. 우리가 눈여겨보지 않아서 모르는 것일 뿐 조금만 관심을 기울여도 금세 눈에 띌 것이다. 귀찮다는 이유로, 손해 볼 것 같다는 생각 때문에 흘려 넘겼던 수많은 아픔이 넘쳐흐른다. 주변의 아픔과 고통을 직시하는 것, 그것이 참여의 시작이다. 그들이 왜 그렇게 아프고 힘든지 이유를 찾아보고 그것에 분노하는 것이야말로 다시 인간으로 돌아갈 수 있는 시작점인지도 모른다.

그는 분노하지 못하는 현대인에게 이렇게 부탁한다.

"제발 좀 찾아보시오. 그러면 찾아질 것이오."

역사는 늘 인간의 땀과 피를 요구해왔고 이것을 통해 제자리로 돌아왔다. 우리가 참여하지 않고 분노하지 않을 때 수많은 사람의 고통은 커질 것이고, 그것은 곧 증오의 힘을 키우는 일이 된다. 증오가 너무 많이 쌓이고 깊어지면 큰일이 닥친다. 인류의 이성으로 세운 토대가 무너지고 그곳에 테러리즘이 자리를 잡는다. 테러리즘은 억압된 증오의 에너지가 만든 죽음의 씨앗이다.

신자유주의가 주창하는 반인간적이고 반역사적인 흐름에 제동을 거는 일은 누군가 반드시 해야 할 일이다. 시대가 요구하는 것은 흐름을 따라가며 부를 쌓는 것이 아니다. 시대가 원하는 것은 인간의 삶이 따뜻하고 건강해지도록 각자가 힘을 발휘하라는 것이다. 자본과 권력이 그들이 원하는 시대를 만들도록 내버려둔다면, 결코 인간의 미래는 없다. 미래를 위해 새 시대를 창조하는 것이 참여와 분노의 목적이다.

우리 청춘의 역할이 여기에 있다. 흔히들 방황이 청춘의 특권이라고 한다. 사실은 그게 아니다. 방황은 청춘의 특권이 아니라 청춘 그 자체다. 방황하기 때문에 청춘인 것이다. 방황은 안일한 현실에 대한 저항이자 새로운 것에 대한 모색이다. 방황이 없는 청춘은 자신의 작은 이익에만 매몰된 초라한 몰골의 기성세대와 다를 바가 없다. 눈앞의 이익을 넘어 삶 전체, 사회적 정의, 인간의 미래를 생각해야 한다. 청춘은 물들지 않았다. 그렇기에 힘이 세다. 그 힘이 세상에 윤활유가 되고 생명력을 불어넣는다.

올바른 인식을 갖추고 자신을 역경으로 몰아넣은 그 세상에 참여하는 것, 그것이 훌륭한 삶의 대안이다. 사람은 참여할 때 힘을 얻는다. 자기 안에 갇힌 삶이 아니라 자유로운 삶을 발견한다. 과거 민주화를 위해 싸웠던 이들의 힘이 어디에서 나왔는지를 생각해보면 알 수 있다. 그들이 역경 속에서도 꿋꿋하고 당당할 수 있었던 것은 옳은 일을 하고 있다는 신념과 스스로 선택한 삶에 책임을 지겠다는 주도성 때문이었다.

스테판 에셀은 저항과 창조를 이렇게 말한다.

> "창조, 그것은 저항이며
> 저항, 그것은 창조다."

새로운 삶을 창조하고 싶다면 저항하라. 저항은 새것을 창조하는 일이다.

저항하지않으면
자신을 잃어버린다

"법에 대한 지나친 존경심이 빚는 일반적이고 자연적인 결과를
일단의 병사들에게서 볼 수 있다. 놀라울 만큼 질서정연한 대오를
이루며 언덕과 골짜기를 넘어 싸움터로 행군해가는 대령, 대위,
하사, 사병, 탄약 운반 소년병 등의 행렬이 그것이다. 그러나
그들은 자신의 뜻뿐만 아니라 자신의 상식과 양심에도 어긋난 짓을
하고 있기 때문에 행군은 무척 힘들고 가슴은 마구 뛴다. 그들은
자신들이 하는 일이 저주받을 일임을 안다. 그들은 모두 원래는
평화를 사랑하는 사람들이었기 때문이다. 이제 그들은 무엇인가?
정말 사람들이라고 할 수 있을까?"

헨리 데이빗 소로우는 《시민의 불복종》에서 법에 의한 복종심으로 움직이는 병사들의 모습을 통해 인간에 대한 의문을 던진다. 이런 의문을 던지게 된 배경은 당시 미국과 멕시코 간에 있었던 전쟁이다. 미국은 영토확장을 노리고 멕시코 땅인 텍사스를 강제로 합병했고, 그것은 전쟁으로 이어졌다. 강력한 군사력을 앞세운 미국이 멕시코 수도를 점령하자 멕시코는 많은 땅을 잃은 데다 보상금까지 지불해야 했다. 미국 병사들은 이 전쟁이 어떤 의미가 있는지 생각해보지도 못하고 오직 국가와 법이 시키는 대로 따르며 전쟁을 수행했다. 소로우는 그들의 모습에서 인간이 어떻게 자신을 잃어버릴 수 있는지를 선명하게 보았다.

인간임을 망각한 사람들

현대인의 삶 또한 당시 군인들의 그것과 전혀 다를 것이 없다. 자기 의지나 본성과는 다르게 이끌려 살아간다. 당시 군인들에게 국가와 법이라는 강제적인 장치가 가장 큰 이유였다면 지금은 사회적 규범이나 다른 사람들의 눈, 유행 같은 보이지 않는 강제장치들이 더 강하게 작용한다는 차이가 있을 뿐이다.

그는 왜 이런 모습에 분노하는 것일까? 간단히 말하자면 그것이 인간다운 삶과 직접 연관이 있기 때문이다. '이건 아닌데'라는 생각이 드는 선택은 인간을 자유의 길로 이끌지 못한다. 소로우는

'이건 아닌데'라는 생각을 하면서도 어쩔 수 없이 그런 행동을 하는 것이 인류에게 어떤 문제를 가져오는지 선명하게 보았다.

"부자는 언제나 그를 부자로 만들어준 기관에게 영합하게 마련이다.
돈이 많으면 많을수록 덕은 적다. 왜냐하면 돈이 사람과 그의
목적물 사이에 끼어들어 그를 위해 그것들을 획득해주기 때문이다.
돈이 없었더라면 그가 대답을 찾기 위해 고심해야 할 많은 문제들을
돈은 유보시켜 준다. 이른바 '수단'이라는 것이 늘어갈수록
삶의 기회는 줄어든다."

우리 삶에는 수단이 필요하다. 집도 필요하고, 친구도 필요하고, 무엇보다 돈이 필요하다. 그런데 필요한 이상으로 수단이 많아지면 삶의 기회는 줄어들고 우리는 그곳에 갇힌다. 새로운 삶의 길은 사라지고 꽉 막힌 갑갑한 삶만 남는다.

때로는 언제까지 돈을 벌면서 살아야 하는가 하는 갑갑함과 불안감에 젖는다. 이런 미래에 대한 불안감은 삶을 갉아먹는다. 돈을 벌 수 없을지도 모른다는 두려움 때문에 돈에 더욱 집착하게 되고 이 때문에 결국 수단에 종속되고 만다. 돈을 주는 기관, 매체, 일에 영합하며 자신을 속이고 살게 된다. 그러면서 늘 이건 진

짜 삶이 아니라며 공허한 불만들만 토해낸다. 자신이 종속을 선택했다는 사실을 알지 못하고, 안다고 해도 인정하고 싶지 않은 것이다.

> "양심이 상처를 입을 때에도 일종의 피가 흐르지 않을까?
> 그 상처를 통해서 사람의 진정한 인간다움과 불멸성이 흘러나가
> 버리며, 그의 영원한 죽음의 피를 흘리는 것이다.
> 나는 지금 그 피가 흐르는 것을 본다."

소로우의 '자신을 속인다'는 말은 좁은 의미의 양심을 넘어선다. 이때의 양심은 자신이 마땅히 살아야 한다고 생각하는 삶과 그 선택에 대한 이야기와 관련이 있다. 자신이 살아야 한다고 생각하는 방식으로 살지 못하면 양심에 상처를 입는다. 인간으로서 가진 진정한 아름다움을 잃어버린다. 세상과 영합하고 삶에 짓눌린 이를 보고 아름답다고 생각하는 사람은 없다. 살아가는 것이 아니라 죽어가는 삶을 산다. 양심에서 피가 흐르는 것을 본다는 말은 현대인이 모두 마땅히 그래야 한다고 하는 삶을 살지 못하고 있다는 말이다.

현자라고 불리는 사람들은 자신이 살아야 하는 올바른 삶이 무엇인가를 늘 고민했고 그런 삶에 대한 감각을 가지고 있었다. 그

것은 진리라는 이름으로 불리기도 하고, 도덕 혹은 정의, 인(仁)이라 불리기도 한다. 명칭은 다르지만 그들이 옳다고 생각했고 마땅히 그렇게 살아야 한다고 믿었던 진리는 대개 비슷하다. 인간은 자유로워야 하고 그 자유는 자기답게 살며 세상을 아름답게 만드는 데 기여하는 방향이어야 한다는 것이었다. 그것을 방해하고 억압하기까지 하는 것들은 어떤 경우에도 악이며 저항해야 할 대상이었다. 그것이 비록 국가나 민족이라 하더라도 말이다.

> "정부의 성격과 처사에 대해서는 찬성하지 않으면서도 충성과 지지를 보내는 사람들은 의심할 나위 없이 정부의 가장 성실한 후원자들이고, 따라서 개혁에 가장 심각한 장애가 되는 경우가 많다."

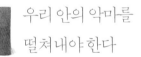

우리 안의 악마를 떨쳐내야 한다

> "원칙을 따르는 행동, 정의를 알고 실천하는 것은 사물을 변화시키고 관계를 변화시킨다. 그것은 본질적으로 혁명적이며,

과거에 있던 것들과는 완전히 다른 것이다. 그것은 한 개인 속에 있는
'악마적인 요소'와 '신적인 요소'를 분리시킨다."

소로우는 자신이 옳다고 믿는 삶의 원칙을 따르고 행동하는 것
이 진정한 변화를 불러온다고 말한다. 그럴 때 우리는 자기 안에
있는 악마적인 것들과 신적인 것들을 구분할 수 있게 되고, 악마
적인 것들로 이어지는 의무화된 관습을 거부할 수 있다. 악마적
인 것은 우리의 자유를 억압하고 개인이 가진 자발성을 억제하여
삶을 구속하고 종속시켜 획일적인 어떤 것으로 끌고 들어간다. 그
탓에 삶은 꽃피지 못하고 말라비틀어진다.

"우리는 먼저 인간이어야 하고, 그 다음에 국민이어야 한다.
법에 대한 존경심보다는 먼저 정의에 대한 존경심을
기르는 것이 좋다. 내가 떠맡을 권리가 있는 나의 유일한 책무는,
어떤 때이고 간에 내가 옳다고 생각하는 일을 행하는 일이다."

이런 삶에서 벗어나려면 나부터 시작해야 한다. 개인이 스스로

삶의 주체가 되어 자기 삶을 살아야 한다. 그는 노예제도를 예로 들어 선이 어떤 힘을 가지며 어떻게 신적일 수 있는지 보여준다.

"단 한 명의 정직한 사람이라도 노예 소유하기를 그만두고 실제로 노예제도의 방조자에서 물러나며 그로 인해 감옥에 갇힌다면 미국에서 노예제도가 폐지되리라 믿는다. 시작이 아무리 작은 듯이 보여도 그것은 문제가 되지 않는다. 왜냐하면 한번 행해진 옳은 일은 영원히 행해지기 때문이다."

영웅, 전체를 발효시킬 효모

"많은 사람들이 당신처럼 선하게 되는 것이 중요한 일은 아니다. 그보다 단 몇 사람이라도 '절대적으로 선한 사람'이 어디엔가 있는 것이 더 중요한 일이다. 왜냐하면 그 사람들이 전체를 발효시킬 효모이기 때문이다."

영웅이라 불리는 사람들이 있다. 아킬레우스, 헤라클레스, 오디세우스 같은 신화의 영웅들을 우리는 알고 있다. 간디, 아인슈타인, 킹 목사 등 역사적 영웅들의 이야기도 친숙하다. 이런 영웅들은 전체를 발효시키는 효모와 같다. 한 사람이 전 지구인을 감동케 하고 올바른 삶의 길로 인도한다. 영웅들은 보통 사람과는 다른 삶을 산다. 그들은 보통 사람들과는 다른 선택을 함으로써 사람들이 원하는 결과를 만들어낸다. 보통 사람들이 그렇게 해야 한다고 생각만 하는 것을 몸으로 실행하는 이들이 영웅이다. 그들을 영웅이라 부르고 따르는 이유는 사람들이 옳다고 생각하지만 행동하지 못하는 일을 그들이 해냈기 때문이다. 미래에 대한 두려움, 비난에 대한 염려, 추락에 대한 공포로 머뭇거리고 회피했던 일을 해낸 모든 이들이 영웅이다.

지하철역에서 철로로 추락한 노인을 구하기 위해 몸을 던지는 스무 살 청년 또한 영웅이다. 보통 사람들이 해야 한다고 생각만 하고 있을 때 자신을 던졌다. 라면과 김밥을 팔며 평생 모은 재산을 학교에 장학금으로 내놓는 분식집 아줌마도 영웅이고, 외톨이가 될 수 있다는 사실을 알면서도 사회부정을 폭로한 이들도 영웅이다. 자신이 옳다고 생각하는 것을 지켜내는 사람들, 자신보다 더 큰 문제에 자신을 던지며 해야 할 일을 하는 모든 이들은 영웅이다.

그런 점에서 영웅은 먼저 '내가 뭘 어떻게 하겠어'라는 자기제한적 생각을 뛰어넘는다. 그 제한을 넘어 행동하는 것이 영웅의 길이고 자기극복의 방향이다. 보잘것없어 보이는 삶도 '아니오'라고 말하면서 분노하고 저항하다 보면 의미 있는 삶이 될 수 있다. '내가 뭘 하겠어. 어쩔 수 없잖아'라는 생각은 우리 안의 악마적인 것들이다. 반면 '아니, 해야만 해' 하는 생각은 신적인 것에 가깝다. 인간은 자신을 찾기 전에 '아니오'라고 말할 수 있어야 한다.

■ 나는 내 방식대로 살아가겠다

왜 모든 현자는 저항하고 반항하고 거부할까? 그들은 기존의 것들을 강하게 거부하고 반발하며 자기 길을 가려 했다. 그들이 그토록 강하게 거부하고 저항한 것은 그것이 자신을 주체로 세우는 길이었기 때문이다. 저항할 때 주체가 되고 새것이 창조된다. 기존의 것을 순순히 받아들이고 적응하면 결코 자신의 길을 열 수 없다.

주어진 것, 기존의 것에 대해 강하게 저항하는 경험은 누구나 한다. 모든 아들에게는 아버지를 거부하는 시점이 온다. 모든 딸에게 역시 어머니의 삶에 회의를 품는 순간이 온다. 이때 아버지, 어머니는 하나의 상징이다. 이들은 아들과 딸에게 자신만의 길을 찾는 데 방해가 되는 기존의 어떤 것이다.

저항은 창조의 시작을 알리는 총성이다. 우리 삶에 저항이 없다면 이미 늙은 것이거나 세상에 잡아먹혔음이다. 저항할 때 자기 길이 열리고, 저항할 때 새 길이 보인다.

소로우는 이렇게 결심한다.

"나는 누구에게 강요받기 위해서 세상에 태어난 것이 아니다.
나는 내 방식대로 숨을 쉬고 내 방식대로 살아갈 것이다.
누가 더 강한지는 두고 보도록 하자."

저항이란 내 방식을 발견하고 그 방식을 지켜내며 살아가는 것, 그리하여 자기만의 꽃을 피우는 것이다.

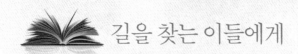

얼마 전 승진 발표가 있었습니다. 아쉽게도 제 이름은 없더군요. 대신 제 직속 후배가 저보다 먼저 승진을 했습니다. 근무도 제가 많이 했고, 실력도 제가 더 낫다는 평가를 받고 있었습니다. 무엇 때문에 이런 일이 벌어졌는지 모르겠습니다. 화도 나고, 동료들 얼굴 보기도 민망해서 회사생활할 맛이 안 납니다.

조직생활에서 자기 마음대로 되는 일은 별로 없습니다. 승진은 특히 그렇죠. 이번만 승진하면 소원이 없을 것 같은데 그게 잘 안 됩니다. 저도 조직생활을 했기 때문에 직장인에게 승진이 얼마나 중요한 일인지 잘 알고 있습니다. 자세히는 모르지만 승진에서 탈락할 수밖에 없었던 이유가 있을 겁니다. 그걸 찾아내시면 더 큰 성장을 하실 수 있을 겁니다. 인정하고 싶지 않은 어떤 이유들이 있을 거예요. 그걸 찾아보시기 바랍니다.

찾을 수 없다면 스타일대로 밀어붙일 수밖에 없겠지요. 스타일이란 자기 삶을 말하는 겁니다. 자기 방식으로 사는 것이지요. 나이가 들면 승진을 할 것인지 자기 삶을 살 것인지 결정해야 하는 시기가 옵니다. 둘 다 하겠다는 것은 욕심입니다. 자기 마음대로 살면서 인정도 받고 승진도 하는 것은 불가능합니다.

저는 직장생활을 하면서 5년쯤 지난 후부터 아예 승진을 포기했습니다.

제 입으로 안 하겠다고 했죠. 물론 하고 싶은 일이 있어서 그랬습니다만, 그래도 그런 결정을 하기가 쉽지는 않았습니다. 그런데 그렇게 결정하고 나니 아주 편해졌습니다. 오히려 주변 사람들로부터 좋은 평판도 얻게 되었고, 상사들도 미안해하는 눈치더군요. 덕분에 마음 편하게 일하고 제 방식대로 생활할 수 있게 되었습니다. 실적이나 인사고과에 연연하지 않으니 일을 제 방식대로 할 수 있게 되었고 인간관계가 더 좋아지면서 사람들과도 더 즐겁게 지낼 수 있었습니다.

이걸 이용해보시면 좋을 듯합니다. 잠시 승진 문제를 내려놓는 것이지요. 지금부터 아예 나는 승진과 상관없다고 생각하고 자신이 좋아하는 방식과 스타일대로 일하는 겁니다. 그게 오히려 더 좋은 결과를 낳을 수 있다고 봅니다. 지금은 얼굴 보는 것도 싫겠지만, 그렇다고 다른 방법도 없으니 아예 그렇게 생각해버리세요. 나는 승진 대신 내 삶을 선택하겠다고 결심하고 더 자기답게 살아보는 것입니다. 평판도 좋아지고 삶도 괜찮아지실 걸로 믿습니다.

자신에게 불리한 순간에 대범할 수 있는 사람은 더 큰 것을 얻은 사람입니다. 사람은 커져야 합니다. 작은 것에 매몰되면 세상에 잡아먹힙니다. 승진쯤은 우리 인생에 비하면 아무것도 아닙니다. 제대로 사는 것에 비하면 콧방귀를 뀔 만큼 작은 일이죠. 승진이니 칭찬이니 하는 것쯤은 소심한 사람들에게 맡겨버리면 어떨까요. 대신 우리는 우리의 길을 갑시다. 왜냐하면 우리는 그러기 위해 태어났으니까요.

2부

중용과 절제;

문제는 항상 모자라는 것보다 넘치는 데 있었어

환상이 없으면
환멸도 없다

지금부터 만나볼 사람은 이성적인 삶의 최고봉에 있다고 할 수 있는 인물이다. 석가모니의 삶은 구원의 길을 보여주기는 했지만 평범한 사람들에게는 너무나 멀게 보였다. 그에 비해 이 사람의 방법은 석가모니보다 현실적이고 자연스러우며 실행 가능성이 훨씬 높다는 점에서 주목할 만하다.

그 주인공은 바로 로마의 황제 마르쿠스 아우렐리우스다.

"하루를 시작하기 전에 우선 해야 할 일이 있다. 오늘 하루도
남의 일에 참견하기 좋아하는 사람, 은혜를 모르는 사람,

거만한 사람, 사기꾼, 시기심 많은 사람, 비사회적인 사람을 만나게
될 것이라고 스스로에게 타이르는 것이다. 그들은 선과 악이
무엇인지 모르기 때문에 그리 하는 것이다."

그는 황제였지만 스스로 평범한 인간이라고 생각했다. 직분에는
충실했지만 황제로서 누릴 수 있는 권력은 사양했다. 간소하고 절
제된 생활 속에 참다운 삶이 있다고 믿었기 때문이다. 그가 남긴
《명상록》은 주어진 삶에 충실하며 절제된 생활을 지켜나가려고
했던 한 인간의 깨달음과 철학, 배움에 대한 의지로 가득 차 있다.

학생으로서 살다 간 황제

황제였지만 철학자였고 올바른 삶을 살고 싶어하는 학생이
었다. 그는 우주와 사물의 원리, 본성을 이해하기 위해 노력했다.
그것을 알고 따를 때 참다운 삶이 가능하다고 생각했기 때문이다.
로마의 황제, 그 화려함에 눈멀 수도 있었지만 그는 본성이 정직
했다. 황제는 허울일 뿐 벌거벗으면 초라한 한 인간에 불과하다는
사실을 한시도 잊지 않았다. 그것을 잊지 않기 위해서 글을 썼고
공부를 멈추지 않았다.

먼저 그가 통찰한 우주의 본성을 보자.

"소멸은 곧 변화다. 우주의 본성은 변화를 기뻐한다.
우주가 생긴 이래 모든 것은 자연의 섭리에 따라 변화하여
왔으며 앞으로도 영원히 그럴 것이다."

"이성을 가진 인간에게 이성에 따르는 행동은
곧 자연에 따르는 행동이다."

그는 세상 만물은 변한다는 것, 다시 말해 생성하고 발전하고 소멸한다는 사실을 이해했다. 당연히 인간의 삶도 그러하다. 인간의 삶은 우주의 본성과 다르지 않으며 당연히 우주의 본성을 따를 때 제대로 된 삶을 살 수 있다. 인간은 유일하게 이성을 가진 존재이며 그 이성을 따르는 것이 우주의 본성에 맞게 살아가는 방법이라는 결론에 도달한다.

"죽음의 문턱에 서 있는 사람처럼 육신을 경멸하라.
(…) 이성이야말로 가장 중요하다. (…) 무슨 일을 하든

그것이 마지막 기회인 것처럼 행동하고, 이성의 명령에 어긋나는
변덕스러운 생각, 격정, 자만심 그리고 운명에 대한 불만을
떨쳐버리면 스스로 안식을 찾을 수 있다."

이성에 따르는 삶이란 무엇일까? 육체적인 욕구나 수시로 변하는 마음에 사로잡히지 않고 합리적인 생각과 절제된 행동으로 살아가는 것을 말한다. 그 절제된 삶을 위해서 공부하고 깨닫고 매일 글을 쓰고 자신을 돌아보았다. 그런 점에서 그의 《명상록》은 공부에 대한 기록인 셈이다.

"행복한 삶이란 올바른 이성에 따라 진지하고 침착하게
마음을 흐트러뜨리지 말고, 자기 마음속의 신성을 순수하게
간직하며 주어진 일을 하는 것이다. 당장이라도
삶을 되돌려 줄 수 있다는 마음으로 아무런 기대나
두려움 없이 자연의 이치에 따라 말하고 행동하는 것이 바로
행복이다. 그리고 아무도 나의 행복을 방해하지 못한다."

그는 마음을 정갈하게 하고 주어진 일에 집중하며 삶 자체에 만

족하는 삶을 추구했다. 이런 삶은 임어당이 전하는 중국 철인들의
삶의 방식을 떠올리게 한다.

"환상이 없기에 환멸을 느끼는 일이 없고, 큰 소망을 간직하고
있지 않기에 실망하는 일도 거의 없다. (…) 이러한 고매한 정신을
지닐 수 있기에 사람들은 너그럽게 세상을 비아냥거리며 살아갈 수
있고, 명성이나 부귀나 공명을 얻고자 하는 유혹에서 벗어날 수도
있을뿐더러, 중국에 가서는 죽음의 운명까지도 기꺼이
받아들이는 것이 아닌가 한다."

황제 철학자는 여기에 머물지 않는다. 그의 철학은 좀 더 현실적
이다. 인생의 주인공은 자신이라는 사실을 끊임없이 강조하며 주
인으로 살아가고자 했다.

"남들이 말하고 행동하고 생각하는 것에 관심을 두지 말라.
스스로 정의롭고 순수하다고 믿는 것에만 관심을 쏟으면 많은
수고를 덜 수 있다. 다른 사람의 타락한 모습을 돌아보지 말고,
자신의 목표를 향해 곧바로 나아가라."

> *"옳지 못한 행동을 하면 나 자신에게 해가 되므로
> 스스로 죄를 짓는 것이 된다."*

그의 철학은 직설적이다. 합리적인 이성에 기초하여 생각하고 판단하며 올바른 것을 행하면 그것이 곧 올바른 삶이 된다고 믿었다. 이때 남들이 살아가는 모습을 보면서 흔들려서는 안 된다. 남들의 말이나 평가에 연연해서도 안 된다. 다른 사람에겐 그들의 삶이 있고 내게는 나의 삶이 있을 뿐이다. 내가 해야 할 것에만 집중하면 많은 에너지를 절약할 수 있고 한곳에 힘을 집중할 수 있다. 각자의 가치는 각자가 추구하는 목표에 따라 결정된다.

돈을 못 벌게 되면 어떻게 살지?

남들의 이목이나 살아가는 모습에 신경 쓰지 않을 수는 있겠지만 자신의 미래에 대한 두려움은 어찌할 수 없는 경우가 많다. '돈을 벌 수 없게 되면 어떻게 되지?', '큰 병이라도 생기면 어쩌지?', '실직하면 어쩌지?' 이런 두려움이 늘 우리를 따라다니기 때문이다.

특히 마흔을 넘기면 새로운 길에 대한 도전보다는 기존의 삶을

이어가는 데 집중하게 된다. 회사 일에 죽으라고 매달리게 되고 남다른 능력을 보여줘야 한다는 부담감도 높아진다. 이렇게 회사 일에 매달리는 것은 미래에 대한 두려움의 다른 모습이기도 히다. 미래가 두렵기 때문에 지금의 회사에 집착하는 것이다. 나이가 들수록 여유가 생겨야 하지만 이런 상황 탓에 선택의 폭과 마음의 여유는 오히려 줄어든다.

이런 두려움에 대한 그의 철학은 대범하다.

"지금 하고 있는 일이 옳다면 춥든 덥든, 눈이 감기든 숙면을 취해 정신이 맑든, 칭찬을 받든 또 죽음이 다가오든, 다른 어떤 일이 닥쳐오든 개의치 말라. 모든 것은 삶의 과정이며, 죽음 또한 삶의 한 과정이다. 지금 눈앞에 닥친 일에 최선을 다한다면 그것으로 충분하다."

아무리 미래가 어둡다고 해도 '죽기밖에 더 하겠냐'는 것이 그의 철학이다. 어차피 삶은 죽음을 향해 가는 것이다. 언제 죽느냐는 크게 중요하지 않다. 중요한 것은 눈앞에 닥친 일에 최선을 다할 수 있느냐 하는 것이다. 실제로 눈앞의 일에 최선을 다하면 미래의 문제는 저절로 해결되기도 한다. 여기서 일이란 자신의 마음이 해야 한다고 믿는 일이다. 회사 일일 수도 있지만 자기만의 어떤 것일 수도 있다. 회사에서라면 회사 일 열심히 하고, 새로운 일을 해야 하는 상황이면 그 일에 또 최선을 다하면 된다. 이런 마음이면 마흔이 넘어도 새롭게 시작하는 일이 두렵지만은 않다.

회사를 그만두면서 글쓰기로 먹고사는 건 어려울지도 모른다는 생각을 한 적이 있다. 새로운 세상으로 접어든다는 것은 무척이나 두려운 일이었다. 하지만 곧 글만으로 먹고살기 힘들면 아르바이트라도 하면 된다는 생각이 들었다. 신문배달도 하고 편의점이나 식당에서 아르바이트도 하고 대리운전이라도 하자 싶었다. 훨씬 마음이 편해지고 글 쓰는 일에 더 집중할 수 있겠다는 생각도 들었다. 진짜 삶을 살 수 있을 것 같다는 생각에 가슴이 부풀어 올랐다.

"미래의 일로 걱정하지 말라. 지금 내 눈앞의 일을 처리하고 있는 바로 그 이성이 미래의 일도 훌륭히 처리할 것이다."

지금까지 우리는 힘들었지만 잘 살아왔다. 지금까지 그랬듯이 앞으로도 잘 살아갈 것이다. 그걸 받아들여야 한다. 그렇지 못할 때 작아지고 왜소해진다. 자기 안에 갇혀 작은 이익만 추구하는 흉측한 모습의 벌레가 된다.

그의 처방은 단순하다. 지금까지 잘 살아왔으니 굳이 미래를 걱정하는 마음을 불러일으킬 이유가 없다는 것이다.

> "자신의 생애를 미리 생각함으로써 스스로를 괴롭히지 말라.
> 앞으로 닥칠지도 모르는 여러 가지 고난을 한꺼번에
> 걱정할 필요는 없다. 난관에 부딪칠 때마다 그 일에서
> 내가 감당할 수 있는 것이 무엇인지 자문하라."

생기지도 않은 일로 걱정하는 것은 바보나 하는 짓이라는 메시지는 인생 대가들의 공통된 통찰이다. 세네카는 "가벼운 걱정은 말로 표현하고 엄청난 걱정은 침묵하라"고 했다. 벤자민 프랭클린은 걱정거리는 게으름에서 오는 것이라며 스스로 근면할 것을 권했다. 또한 처칠은 자신이 만난 한 노인의 말을 빌려 "평생 수많은 걱정을 하며 지냈지만 대부분의 일은 일어나지 않았다"며 미리 걱정하지 말라고 조언한다. 쓸데없이 걱정하기보다 해야 할 일에 충실하라는 것이 현자들의 한결같은 조언이다.

욕망이 아니라 철학이 필요하다
세상을 제대로 살려면 무엇을 해야 하는가에 관해 현자들이

한목소리로 말하는 것이 있다. 바로 공부다. 우주의 원리에 대한 공부, 삶의 이치에 대한 공부, 인간 본성에 대한 공부를 해야 한다. 원리와 이치를 알아야 자유롭게 살 수 있다. 세상의 이치를 알 때 자유는 확대된다. 공부를 통해 이치를 얻고 진리를 배웠다면 그것을 실천하기 위해 노력해야 한다.

그리고 잊지 않기 위해 늘 반복해서 생각하고 말하며 자신의 철학을 만들어야 한다. 이성의 능력을 발휘해서 올바른 철학을 가지는 것이야말로 인생을 제대로 살 수 있는 중요한 기반이다.

"왕이 되어 세상을 호령하던 알렉산드로스, 가이우스, 폼페이우스도 철학자인 디오게네스, 헤라클레이토스, 소크라테스와 비교하면 초라하기 그지없다. 철학자는 사물의 본질을 꿰뚫고 동일한 삶의 원리를 가졌으나 왕은 얼마나 많은 것을 갈구하고 얼마나 많은 것에 사로잡혀 있었던가?"

아우렐리우스는 눈에 보이는 것에 사로잡혀 헛된 욕망의 노예로 살 것이 아니라 사물과 삶의 본질을 아는 철학을 가져야 한다고 말한다. 그리고 절제와 배움을 통해서 철학을 유지하고 실천해나갈 것을 강조한다. 그것이 올바른 삶이다. 철학에 대한 그의 애정은

"나에게 소크라테스와 한 끼 식사할 기회가 주어진다면 애플이 가진 모든 기술을 그 식사와 바꾸겠다"고 말한 스티브 잡스의 그것과 연결된다. 철학이 굳건하면 어떤 일이 있어도 살아갈 수 있지만 철학이 무너지면 저절로 몰락한다.

인간 마르쿠스 아우렐리우스는 삶에 불평하는 사람들에게 이렇게 권고한다.

"내게 이미 그런 능력이 있으니 내 능력 밖의 것을 노예같이
구걸하지 말고 내가 가진 능력을 자유로이 활용할 일이다.
신은 인간이 할 수 있는 일에 대해서는 도와주지 않는다."

스마트 기기의 홍수로
세상은 더 스마트해졌을까

"요즘 같은 스마트 시대에 종이책을 읽는 것은 시대착오적이라는 생각이 들 때가 있습니다. 그렇다고 스마트폰이나 태블릿PC 같은 걸로 보려니 영 낯설고 몰입도 잘 안 되는 것 같습니다. 정말 종이책의 시대는 끝난 걸까요?"

애플의 아이패드 광고를 보면 책도 스마트하게 읽을 수 있을 것 같다. 책갈피 기능도 있고 줄도 그을 수 있다. 매력적인 기기를 사용하면서 남들보다 앞서 있다는 느낌을 받는 뿌듯함도 있다. 그래서인지 종이책으로 읽는 것이 좋은지 전자책으로 읽는 것이 좋은지 고민하는 사람들이 부쩍 많아졌다.

답은 명확하지 않다. 사람마다 종이책이 적합할 수도 있고 전자책이 좋을 수도 있다. 특히 책을 잘 읽지 않는 사람들에게 전자책은 좋은 수단이 될 수 있을 것이다. 가지고 다니기 좋고, 다 읽지 않아도 되고, 소일거리로 책을 읽기에는 적당하다는 생각이다. 하지만 책을 좋아하는 사람들에게 전자책은 그렇게 달가운 수단만은 아닐 것이다. 책이란 단순히 글자를 읽는 활동으로 끝나는 것이 아님을 알기 때문이다.

▌독서는 문자를 읽는 것이 전부가 아니다

독서는 문자를 읽는 활동을 기본으로 한다. 문자를 읽으면서 이해하려고 노력하고, 책을 만지며 촉감을 느끼고, 디자인이 주는 느낌을 고스란히 받아들이는 것 등이 독서에서 얻을 수 있는 체험들이다. 여기에 책을 가지고 다니는 고충도 독서의 한 부분일 수 있다. 무게가 나가는 책을 가방에 넣어 다닌다는 것 자체가 어떤 목적의식성을 담고 있다. 다 읽은 후 꽂아두는 것, 꽂아둔 책들을 훑어보는 것도 독서에서 빼놓을 수 없는 영역이다.

이처럼 독서는 문자를 읽고 이해하고 생각하는 것을 넘어선다. 책을 좋아한다는 말은 단순히 읽는 것을 좋아한다는 것을 의미하지 않음을 우리는 이미 알고 있다.

그런 점에서 전자책은 책을 좋아하는, 독서 자체를 즐기는 사람에게 적합한 매체는 아니다. 종이가 주는 질감도 느낄 수 없고, 다 읽고 꽂아두며 훑어보는 재미도 얻을 수 없다. 기계 속에 편하게 저장되어 언제든 쉽게 찾아볼 수 있다는 편의성이 장점일 뿐 종이책이 주는 총괄적 체험을 제공하기에는 한계가 있다.

물론 정보성을 중요시하는 사람에게는 전자책이 유용할 수 있을 것이다. 정보나 지식 중에는 통계에 가까운, 개념 중심의 텍스트로 이루어진 것들이 있다. 이런 텍스트들을 모으고 정리하는 데는 분명 유용하다. 그래서 전자책은 자기계발서나 경제경영서, 단편적인 정보를 제공하는 책을 읽는 데 도움이 된다. 검색하고 관리하기도 용이할 것이다. 인터넷 뉴스가 신문을 대신하게 된 이유도 정보적 성격이 강한 매체이기 때문이다. 읽고 또 읽으며 행간의 의미를 찾아낼 필요가 없다.

결론을 말하자면, 종이책은 여전히 유용하며 필요하다. 독서를 단순한 정보의 취득으로 보는 사람이 아니라면, 종이책은 읽는다는 것이 주는 총체적인 경험을 얻을 수 있는 가장 좋은 수단이다. 전자책은 그 유용성 면에서 활용할 가능성이 있을 뿐 종이책을 대신할 정도의 기능을 하기는 어렵다. 물론 우리 사회가 스마트함만을 추구하는 비인간적인 상황을 계속 펼쳐간다면 모를 일이긴 하지만.

하이퍼 커넥티드 시대

지금 세상을 스마트 세상이라고들 한다. 너나없이 스마트 물결이다. 초등학교 입학선물로 스마트폰이 오가는 시대, 지하철에서 뭔가 들여다보고 있지 않으면 소외된 듯한 느낌마저 주는 시대다.

그런데 스마트 기기들이 우리를 정말 말 그대로 스마트하게 만들어주고 있는 것일까? 스마트폰으로 책을 읽는다고 해서 더 많이 알고 더 잘 배우고 있다고 할 수 있을까?

스마트한 기계들을 뉴턴이나 아인슈타인 혹은 세네카나 톨스토이가 사용해보았다면 어떤 생각을 할까? 아마도 이렇게 말할지도 모르겠다.

"없는 게 낫겠군. 너무 복잡해."

추측일 뿐이지만 그들에게 스마트폰은 너무 번잡하고 복잡해서 이용할 가치가 없다고 느껴질 게 뻔하다.

누구나 그렇지만 해야 할 일이 너무 많으면 무엇부터 해야 할지 몰라 갈팡질팡하게 된다. 배워야 할 것이 너무 많으면 겁을 먹고 포기해버릴 수도 있다. 스마트한 기기들은 손쉽게 무엇인가를 하게 해주지만 그 때문에 우리는 훨씬 바빠졌다. 해야 할 것이 혹은 해야만 한다고 생각되는 것들이 너무 많아졌다.

하이퍼 커넥티드(Hyper-Connected)라는 말이 유행이다. 과잉연

결, 즉 사람과 기계, 사람과 사람이 지나치게 연결되어 복잡하고 어지러운 현상을 말한다. 내가 가입한 페이스북에는 수백 명의 친구가 있다. 그중에서 실제로 만나본 친구는 열 명 남짓이다. 나머지는 페이스북을 통해서 만난, 낯선 사람들이다.

이런 현상을 기회로 보는 사람들도 있다. 불특정 다수에게 자신이 어떤 사람이며 어떤 일을 할 수 있는지 알릴 기회로 생각하는 이들이다. 페이스북에 들어가면 이런 생각으로 올린 글과 사진들로 도배가 되어 있다. 그 때문에 진짜 친구들의 소중한 일상이나 중요한 장면들은 어디에 있는지 찾지도 못하고 지나가 버린다.

페이스북으로 어떤 이익을 얻을 수 있을지 혼란스러워 접속하지 않은 지 오래다. 접속을 하지 않아도 이메일로 누가 친구 신청을 했느니, 누구의 생일이라느니, 누가 새로운 글을 올렸느니 하는 소식이 수시로 도착한다. 그래서 언제부턴가 새 소식이 도착하면 나도 모르게 이런 말이 나온다.

"누가 알려달라고 했냐고!"

스마트 기기들의 문제는 나에게 필요하지 않은 기능, 정보, 지식을 너무 많이 제공한다는 점이다. 그 탓에 무엇이 중요한지 알기 어렵게 되었고 무엇이 필요한지 구분하는 눈을 갖기도 힘들어졌다.

그런데도 사람들은 스마트해지기 위해 쉬지 않고 기기들을 들여다본다. 인류 역사상 사람들이 이처럼 소모적인 때가 또 있었을까? 소모적이고 중독성이 강하다는 이유로 아이들에게 게임을 하지 말라고 말하면서, 그 순간에도 부모들은 스마트폰을 보고 있다. 이런 상황을 어떻게 이해해야 할까?

다시 생각해보는 스마트한 삶

우리 스스로 스마트한 삶에 대한 정의를 다시 세우고 기준을 정할 필요가 있다. '스마트' 기기가 우리를 우둔하게 만들기 전에 말이다. 제대로 된 생각으로 살고자 하는 사람이라면 꼭 정리할 필요가 있는 문제가 이것이다.

스마트한 삶을 생각해보기 전에 먼저 고민해야 할 것은 왜 스마트하게 살아야 하는가 하는 점이다. 간단한 대답은 스마트한 생활이 인생에 도움을 주기 때문이라는 이유일 것이다. 편리한 검색과 쉬운 사용, 휴대의 용이성 등 스마트 기기들의 장점은 여러 가지다. 문제는 이것을 어떻게 활용하여 어떤 결과를 낼 수 있느냐 하는 점이다. 아쉽게도 이 문제는 평범한 일상을 살아가는 사람들에게는 극히 무용한 질문이다. 스마트 기기로 놀라운 결과를 냈다는 사람들은 거의 없으니 말이다. 평범한 사람들에게 스마트 기기는 유희 수단일 뿐이다.

스마트 기기를 잘못 사용하는 대표적인 예는 그것 때문에 더욱 바빠지기만 한다는 것이다. 생활을 편리하게 해주고 무엇인가를 쉽게 할 수 있도록 해주는 기기들이 오히려 사람을 바쁘게 만든다. 생활의 속도가 빨라지면서 해야 할 일도 많아졌다고 느끼게 한다.

내가 하는 일은 이메일을 많이 사용한다. 원고를 주고받고, 강의 자료를 제출하고, 강의 신청도 받고, 독서 관련 상담들도 대부분 이메일로 이루어진다. 사용하던 휴대폰이 고장 나서 얼마 전 스마트폰으로 바꾸었다. 처음에는 편리하고 좋았다. 어디서든 이메일을 확인할 수 있고 간단한 답도 즉시 보낼 수 있었다. 그런데 그것이 오히려 문제를 만들었다. 이메일에 금방 답을 할 수 있게 되자 언젠가부터는 빨리 답해야 한다는 압박을 느끼기 시작했다. 그래서 수시로 인터넷에 접속해야 했고 접속 횟수가 많아지면서 나도 모르게 스마트폰에 손이 가는 습관까지 생겼다.

대부분 사람이 이런 경험을 하고 있다. 자신도 모르게 그것에 빠져 시간을 사용하게 되면서 점점 더 바빠지고 쫓기는 듯한 느낌을 받는다. 조금의 틈만 나도 휴대폰을 만지고 인터넷에 접속한다. 그만큼 자아를 돌보고 삶의 길을 돌아볼 기회는 사라진다. 이런 생활이 계속되면 자신이 무엇을 잃어버렸는지조차 모르는 상황에 이르기도 쉽다. 혼자 고독해보지 않은 사람은 혼자 시간을 보내는 방법을 연습해볼 기회도 없고, 자아를 탐색하거나 독서에 몰입하는 남다른 경험도 얻을 수 없다. 그들은 자신들이 무엇을 잃었는지 모른다. 잃은 것이 없다고 느끼는 것, 그래서 그 상황에 점차 적응해버리는 것이 스마트 기기 중독이 가져온 결과다.

지금은 역사상 가장 변화가 빠른 시기다. 어떻게 살 것인가, 어떤 삶이 유익한가에 대한 기준과 방법들은 변화가 빠르다고 해서 달라지지 않는다. 오히려 변화의 속도가 빠를수록 삶에 대한 가치관과 기준, 방법에 대해 명확한 원칙이 있어야 한다. 스마트한 삶이 아닌 제대로 된 삶을 살고 싶다면 그래야 한다.

이런 시대적 분위기는 '지식강박증'을 낳는다. 더 많은 지식을 얻어야만 한다는, 지식에 대한 욕구가 강박적으로 높아진다. 그래서 대학원도 다니고, 검색해서 많은 자료도 모으고, 이런저런 책들도 읽어본다. 하지만 정작 그 지식을 통해서 느끼고 깨닫는 것은 없다. 자료는 가지면 가질수록 더 많이 가져야 한다. 남들에게 뒤처지지 않기 위해서 더 많은 자료가 필요해진다. 지식의 딜레마다. 더 많은 지식을 얻으려 할수록 제대로 아는 것은 없는 이상한 현실에 직면한다. 새로운 것을 얻는 데는 능숙해서 컴퓨터에 자료만 잔뜩 가진 사람들이 주위에 넘쳐난다. 그래서 하나를 들으면 열을 헷갈리는 일이 실제로 일어나고 있다.

 일이관지
스마트한 삶을 추구하지 않는 것, 그것이 새로운 대안이 될 수 있을 것이다. 많이 모으기보다는 하나만 보고 그것에 천착하는 시간을 가져야 한다. 용기가 있어야 하고 자기만의 감각도 필요하다. 당연히 정보와 지식, 자신에게 필요한 것을 가려낼 수 있는 훈련이 필수적이다. 이런 훈련은 하나에 집중해보는 경험을 가지는 것이 최고다.

세네카는 루킬리우스에게 보낸 편지에 이렇게 썼다.

"여러 가지 다양한 생각을 접한 후 하나를 골라 그날 하루 동안 충분히 생각하도록 해보게. 나 역시 그 방법을 사용하고 있다네. 책에서 얻은 많은 생각거리들 중에서 하나를 골라 그 문제에 집중하는 방법이라네."

읽은 것 중에서 하나를 골라 그것만 생각하는 시간을 가져보는 것은 빨리만 달리는 삶, 스마트해지기 위해 정보만 찾아다니고 축적하려는 우리에게 멈출 기회를 준다. 멈추면 생각하게 되고 생각하는 동안 우리는 자기다워진다. 하나에 대해 집중할 힘이 생기고 최소한 하나에 대해서는 잘 알게 되며 이것을 통해 다른 것을 유추해내는 힘도 길러진다. 지식을 많이 쌓는다고 통찰력이 생기는 것은 아니다. 하나를 제대로 알아야 한다. 포털 사이트의 뉴스와 정보는 쓰레기들이다. 시간 때우기용일 뿐이다.

공자가 자공에게 물었다.
"너는 내가 많은 것을 배워서 그것들을 기억하고 있는
사람이라고 생각하느냐?"
"그렇습니다. 아닙니까?"
"그렇지 않다. 나는 하나의 이치로 다른 것을 꿰뚫고 있다."

일이관지(一以貫之)라는 말이 여기서 나왔다. 하나로 꿰뚫는다는 말은 하나를 제대로 알고 그 원리를 습득하면 다른 사물과 세상의 이치를 알게 됨을 의미한다. 일이관지가 되려면 하나를 제대로 알아야 한다. 그러자면 읽는 것이 있어야 하고 생각할 시간도 있어야 한다. 별로 어렵지 않은 일이다. 버스 타고 가면서 책을 읽다가 좋은 구절을 만나면 그것에 대해 한참 생각해보는 것, 누구나 할 수 있는 일이다. 더 많이 읽기보다 더 깊이 생각하는 시간을 가지는 것이야말로 지금 우리게 필요한 일이관지의 태도다.

스마트하게 사는 것이 스마트 기기를 이용하는 것을 의미하지는 않는다. 오히려 그 반대일 가능성이 더 많다. 기기와 멀어지거나 떨어져 있는 기회를 갖는 것이 더 스마트해지는 비결일 수 있다.

진정한 스마트함이란 필요한 지식이 무엇인지 알고 일이관지로 활용하며, 그것을 자신의 삶 전반에 관철하는 것이다. 일관성 있는 삶, 그것이 스마트함이다.

부자는 아니지만
밥 굶을 정도는 아닌 삶

우리에게 《생활의 발견》이라는 책으로 잘 알려진 임어당은 철학을 천상에서 지상으로 끌어내린 사람이다. 그는 중국인의 삶과 역사를 통해 행복한 삶에 필요한 철학이 무엇인지 밝히려고 했다. 철학자들은 유달리 인간 존재를 분석하는 데 관심을 가지는 경향이 있는데 그도 예외는 아니었다.

그가 제시하는 인간 존재의 통찰을 정리해보면 다음과 같다.

1. 인간에게는 유희적인 호기심과 지식을 탐구하는 재능이 있다.
2. 여러 가지 꿈과 높은 이상주의가 있다.

3. 유머감각으로 꿈을 수정하고 건강한 현실주의로 이상주의를 억제할 수 있다.

4. 자신의 의지로 환경을 변화시킬 수 있는 능력과 자율성이 있다.

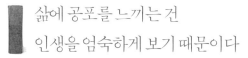 삶에 공포를 느끼는 건
인생을 엄숙하게 보기 때문이다

그가 생각한 인간은 호기심으로 세상을 탐구하고 배우며 꿈과 이상을 추구하면서도, 힘겨운 현실에 맞게 자신을 조절하며 행복을 추구해나가는 존재였다. 이런 점에서 다른 철학자들의 생각과 크게 다를 것이 없어 보이지만, 서양의 철학자들과는 확연히 다른 데가 있다. 그것은 인생이나 철학을 심각하게 생각하지 않는다는 것에서 시작된다.

"현대인들은 인생을 너무나 엄숙하게 대한다.
그러므로 이 세계는 골치 아픈 일투성이가 된다."

그는 인간을 기묘하고 꿈이 많고 유머러스하고 변덕스러운 동물이라고 말한다. 이런 특성으로 인간은 삶을 재미있게 살아갈 수 있는데, 요즘 사람들은 인생을 너무 엄숙하게 대하기 때문에 그것이 문제를 일으킨다고 한다. 인생은 심각하게 생각하면 힘들고 어려워지고, 가볍게 생각하면 재미있고 즐거운 것이 된다. 그는 지금 우리에게 필요한 철학도 고차원적이고 형이상학적인 어떤 것이 아니라 현실 중심의 쉬운 철학이어야 한다고 말한다.

> "철학이 지닌 유일한 기능은 세상의 일반 실업가들이 생각하고 있는 것보다도 인생을 더 가볍고 명랑하게 이해하도록 가르치는 데 있다."

평범한 사람들은 먹고사는 것을 중요시한다. 경제가 어려운 시기이니 당연한 일이다. 문제는 그것에 매몰될 때 생긴다. 경제적 문제가 전면에 등장하면 다른 문제들은 뒤로 밀린다. 먹고살지 못하게 될까 봐 두려워지고 실패하게 될까 봐 쫄게 된다. 이런 생각은 더 큰 부와 명예, 지위를 추구하는 극단으로 치닫게 한다. 많이 벌고 준비해둬야 든든하다고 느끼기 때문이다.

하나는 명성이요, 다른 하나는 부귀
임어당은 이런 삶에 다음과 같은 치유책을 내놓는다.

그가 말하는 어리석은 야심이란 명성과 부귀, 다른 사람들에게 인정받고 싶은 욕망 같은 것이다. 명성, 부귀, 인정욕은 허전한 마음을 채우기 위해 인간이 스스로 만들어낸 망상에 불과하다. 채울 수도 없고, 채울 수 있다고 해도 더 큰 욕망이 기다리고 있기 때문에 망상이 될 수밖에 없다.

이와 관련하여 임어당은 건륭 황제의 이야기를 들려준다.

옛날에 건륭 황제가 중국 남쪽을 여행하다가 바다가 내려다보이는 언덕에 올랐다. 그는 부지런히 바다를 오가는 수많은 배를 보며 곁에 있는 신하에게 물었다.

"저 수백 척의 배에 타고 있는 사람들은 도대체 무엇을 하고 있는 것이냐?"

그중 한 신하가 이렇게 대답했다.

"소신에게는 두 척의 배가 보일 따름입니다. 한 배의 이름은 명성이고, 다른 하나는 부귀라고 하옵니다."

예나 지금이나 인간은 명성과 부귀에 집착하며 아등바등 살아가고 있다. 임어당은 명성과 부귀에 대한 욕망의 바탕에는 삶에 대한 두려움이 자리 잡고 있다고 지적한다. 성공이나 명성, 부귀에 대한 욕망은 실패와 가난과 무명(無名)에 대한 공포에서 비롯된다는 것이다. 인간은 생존하고자 하는 강한 욕망을 가졌고 그 생존을 넘어 자신만의 꿈을 이루고자 하는데, 그것이 좌절될까 봐 두려워한다. 이런 두려움이 오히려 더 강한 욕망과 집착을 만들어내고 인간은 자신도 모르게 그것에 끌려다니게 된다.

현명한 사람들은 이런 마음의 작용을 발견하고 자신의 철학을 세워 그 마음을 내려놓는다.

"간소하게 지내는 것이 늘 진실로 위대한 사람의 표지가 되는
이유는 그들이 앞서 말한 여러 가지 환각을
받아들이지 않기 때문이다."

너무나 쉬운 임어당의 중용

임어당이 말하는 진정한 행복은 어디에 있을까? 부귀와 명예, 인정욕 같은 헛된 욕망을 내려놓는다면 머리를 깎고 절로 들

어가거나 첩첩산중에서 칡뿌리를 캐 먹고 혼자 살아가야 하는 것 아닐까? 그렇지 않다. 임어당은 말하길, 그것은 이류 은자에 불과할 뿐 진정한 현자의 태도가 아니라고 했다.

"최고의 이상은 자기가 타고난 행복한 천성을 간직하기 위해서 인간 사회와 인간 생활에서 도피할 필요가 없는 그런 인간이 되는 것이다."

인간은 인간을 벗어날 수 없고 그래서도 안 된다. 인간인 이상 사회에서 살아가야 하며 그 속에서 행복을 찾아야 한다. 그래서 중요한 것이 균형이고 중용이다. 동서양을 막론하고 중용은 늘 행복한 삶의 기준으로 인정되어왔다.

니체의 이야기를 들어보자.

"평지에 머물지 말라!
너무 높이 오르지도 말라!
세상이 가장 아름답게 보이는 곳은
중간 높이에서니까."

그는 너무 높지도 않고 낮지도 않은 삶이 아름답다고 말했다. 높은 곳은 외롭고 위험하다. 낮은 곳은 처참하고 힘겹다. 니체뿐만이 아니다. 세네카는 "거창한 것을 멸시하고 지나친 것보다는 중용을 더 좋아하는 것이 위인의 특징"이라고 했고, 공자는 "지나친 것은 도달하지 못한 것과 같다", 즉 과유불급을 강조하며 중용을 가장 큰 미덕으로 삼았다. 히포크라테스와 장자는 "지나친 것은 모두 자연을 거스르는 것"이라며 도를 넘지 않고 자연스러운 삶을 강조했다.

여기에 임어당의 중용은 한 걸음 더 나아간다.

"행복한 사람은 간신히 경제적으로 독립하게 되었고, 인류를 위해서 대단한 공헌은 하지 않았지만 그런대로 다소의 일은 했고, 사회에서 어느 정도 이름은 알려져 있지만 그다지 유명한 인물은 아닌 그런 정도의 중산층에 속한 사람들이다."

그가 말하는 중용은 세상 사람들과 함께 살아가면서 자신을 드러내지 않고, 그러면서도 자신의 삶을 지켜나가는 것이다. 크게 부자도 아니고 밥을 굶을 정도도 아닌 삶, 이름이 널리 알려지지도 않았지만 사람들로부터 무시당하지 않는 정도의 삶, 일이 너무 많지도 않고 없지도 않은 삶이 그런 삶이다.

그가 생각한 중용의 삶을 구체적으로 살펴보자.

"적당히 게으름을 피우면서 적당히 일하고 쉴 수 있을 정도
집세를 내지 못할 만큼 가난하지도 않고 일할 필요가 없을
만큼 부자도 아닌 정도
피아노는 있으나 그저 아주 가까운 벗들에게 들려주거나
주로 자기 혼자 즐길 수 있을 정도
골동품을 수집은 하지만 난로 선반 위에 늘어놓을 만한 정도
책은 읽지만 지나치게 몰두하지는 않고
상당히 공부했지만 전문가는 되지 않는 정도
글은 쓰지만 신문에 기고가 실리기도 하고 실리지 않기도 할 정도"

그의 생각은 삶에 지친 우리에게 위로를 준다. 지금 이대로도 충분히 행복할 수 있다는 확신을 주기 때문이다. 잘하는 것은 없지만 그렇다고 못하는 것도 없는 삶이 바로 우리 삶 아니던가. 먹고살 것을 걱정하면서도 어떻게든 먹고는 살아지는 것이 우리 삶 아니던가. 임어당은 이런 삶이 가장 이상적이고 행복한 삶이라고 말한다. 그 이상의 것들은 삶의 균형을 무너뜨려 오히려 우리를 힘겹게 할 수 있다. 그런 점에서 임어당의 철학은 서민을 위한 철학

이요, 생활의 철학이라고 할 수 있을 것이다.

우리에게 철학이 필요한 이유를 그는 너무도 잘 알려주고 있다. 삶에는 균형이 중요한데 언제가 그 균형점인지를 판단할 수 있게 하는 것이 철학이다. 사람은 자신의 철학이 있을 때 삶을 크게 바라볼 수 있고 생활에 균형을 잡아나갈 수 있다. 나이가 들어갈수록 이런 철학이 간절해진다. 철학한다는 것, 이것 또한 인간의 본성임이 분명하다.

현실과 이상의 차이를
좁혀주는 연결고리

"책 읽기를 좋아하는 독자입니다. 나름의 꿈도 가지고 있습니다. 크지 않은 꿈이지만 저한테는 소중합니다. 궁금한 점이 있습니다. 소중한 꿈을 이루려면 시간을 들이고 노력을 해야 하잖아요? 그런데 그것이 쉽지가 않습니다. 특히 집에서 책을 좀 보려고 하면 아이들이 방해를 합니다. 아직 어린데다 집안일까지 도와야 하는 상황이어서 쉽지가 않습니다. 저와 비슷한 상황이셨을 것으로 믿습니다. 자신의 꿈을 위해 현실을 어떻게 극복해오셨는지 궁금합니다."

언젠가 독자로부터 받은 이메일이다. 꿈을 위해 노력하고 싶어
도 현실이 발목을 잡고 있어서 쉽지 않다고 말하고 있다. 업무시
간에는 여유가 없고, 퇴근해서라도 책을 좀 보려고 하면 아이들이
방해하고 집안일도 거들어야 해서 시간을 내기가 어렵다. 하고 싶
은 것이 있는데 가족이 방해가 된다는 생각이 들기도 한다. 그렇
다고 가족을 돌보지 않을 수도 없고, 가족을 돌보자니 책 읽을 여
유가 없다. 그러다 슬그머니 책을 놓고 만다.

꿈과 현실의 갈등

이런 문제는 우리 삶의 전반에 걸쳐 있는 듯하다. 꼭 해야만
하는 일들과 꿈꾸는 일들 사이의 갈등이다. 현실적으로 해야 하는
일에 집중하다 보면 꿈을 위해 노력할 여유를 낼 수가 없고, 꿈을
위해 노력하다 보면 현실을 무시하게 되어 갈등이 커지기 쉽다.
아내에게만 집안일을 떠맡기면 원망을 들을 수밖에 없다. 아이들
도 아빠와의 교류가 부족해져 정서적인 안정감이 떨어질 수 있다.
현실에 눌러앉자니 내 인생이 너무 소중하고, 이상에 뛰어들자니
너무 비인간적이다.

일상에는 꼭 해야만 하는 일들이 있다. 아침에 일어나면 씻고, 밥
먹고, 아이들을 학교에 보내야 한다. 그러고 나면 출근해서 회사
일을 하고 다시 집에 돌아와 청소하고, 아이들 공부도 봐주고 밥

도 먹어야 한다. 이렇듯 꼭 해야만 하는 의무적인 활동들로 하루를 채우다 보면 개인적으로 활용할 수 있는 시간은 거의 없어 보인다. 가까운 지인은 토요일 오후 네 시간만 자기 시간으로 만들겠다고 아내에게 선언했다가 차라리 집을 나가라는 대답을 들었다고 한다.

요즘엔 평생고용의 틀이 무너지고 생존의 문제가 개인의 책임으로 전가되었다. 이런 상황에서 통신비를 비롯하여 생계비가 증가하는 고비용사회를 살아갈 수밖에 없기에 일상에서 의무적인 활동시간이 더욱 요구되고 있다. 회사를 위한, 가족을 위한 그리고 돈을 위한 활동으로 일상을 채우지 않으면 생존에 대한 두려움을 느낄 수밖에 없다.

찰스 핸디의 도넛 모형

이런 문제에 대한 해답을 찾기는 쉽지 않아 보인다. 다행인 것은 현실과 이상 사이의 갈등은 늘 있었고 어떻게든 이 문제의 해법을 찾아내 현실을 돌파한 사람들이 있었다는 것이다.

영국의 경영컨설턴트인 찰스 핸디는 현실과 이상에 대한 재미있는 그림 하나를 제시한다. 참고로 찰스 핸디는 기존의 경영학자나 컨설턴트들과는 달리 인문학에 기초한 인간적인 해법을 제시하는 것으로 유명하다. 더 많은 수익을 올리기보다는 더 인간답게 살아가는 자본주의의 해법을 모색한다. 그가 내놓은 재미있는 모형은 의무와 권리, 현실과 이상에 대한 것이다. 생긴 것이 도넛을 연상시킨다.

이 도넛은 특이하게도 안이 채워져 있고 바깥 원은 비어 있다. 우리가 생각하는 일반적인 도넛과는 반대다. 안쪽의 원이 나타내는 것은 의무와 책임, 현실 등이다. 꼭 해야만 하는 일과 책임져야 하는 활동들로 직분이나 업무, 사회적 역할 등을 나타낸다. 누구에게나 이런 영역이 있기에 이 영역은 꽉 차 있다. 반면 바깥쪽 원은 가능성, 꿈, 여유로운 삶, 이상 등을 나타낸다. 꼭 이루고 싶어하는 영역이지만 아직 이루지 못한 부분이기에 비워져 있다.

만약 안쪽의 원이 지나치게 크면 어떤 일이 벌어질까? 바깥쪽 원에 투자할 여유가 사라질 것이다. 현실에 질식당할 것이고 삶에 지쳐 꿈과 미래를 위해 시간을 사용할 수 없을 것이다. 안쪽 원이 지나치게 크면 바깥쪽 원은 제약당한다. 반면 안쪽 원이 작으면 어떻게 될까? 현실적으로 해야 하는 일들이 적으면 꿈과 이상을 위해 노력할 수 있는 시간이 많아진다. 꿈에 대한 열망이 강한 사람이 아주 좋아할 만한 상황이다. 그런데 안쪽의 원이 너무 작으면 문제가 생기기도 한다. 의무나 책임의 영역이 적어 사회적 위치가 불안해지므로 자신의 정체성에 대한 확신이 부족할 가능성이 있다.

결혼을 하지 않은 사람은 자신의 생활만 챙기면 된다. 결혼해서 아이를 둔 사람에 비해 훨씬 유리하다. 하지만 미혼생활은 가정이 주는 따뜻함과 책임감에서 오는 안정된 에너지를 얻기 어렵다. 친구들을 만나느라 밤늦게 들어오고, 아침에도 늦게 일어나기 십상이다. 꿈과 이상에 대한 열정이 웬만큼 강하지 않으면 일상의 틀을 생산적으로 구성하고 그 틀을 채워나가기가 쉽지 않다. 남자는 군대를 갔다 와야 정신을 차리고, 결혼을 해야 어른이 된다는 말에는 책임감이 생활의 틀을 세워준다는 의미가 담겨 있다.

여기서 우리는 재미있는 역설을 만나게 된다. 의무와 책임의 영역이 크다고 해서 꿈과 이상의 영역이 좁아지는 것은 아니며, 오히려 의무와 책임의 영역에 대한 부담이 클수록 꿈이나 이상에 대한 갈망과 열정이 더 힘을 발휘할 수 있다는 사실이다. 이것은 시간이 없기 때문에 시간을 더 소중하게 생각하게 되는 것과 같다. 무엇인가가 충분하다면 그것에 대해 소중한 마음을 품기 어렵다. 부족하기 때문에 간절해진다. 결혼하고 아이가 생긴 사람들이 밤잠을 줄여가며 뭔가를 해보려고 하는 배경에도 이런 역설이 자리 잡고 있다. 분명 그들도 처녀 총각 시절에는 그렇지 않았을 것이다.

안쪽 원과 바깥쪽 원의 황금비를 찾아라

이 역설은 현실과 이상의 갈등 속에 살아가는 우리에게 중요한 해법 하나를 던져준다. 현실이 힘들고 고단하기 때문에 이상을 위해 더 노력할 수 있다는 것이다. 나도 직장생활을 할 때 밤늦게까지 책을 읽고 공부한 때가 많았다. 책 읽는 양으로만 따져도 직장에 매여 있지 않은 지금보다 더 많았다. 시간이 부족하기 때문에 소중하게 여겨지고 더 잘 활용하게 된다. 그런 점에서 현실의 의무와 책임을 바라보는 관점을 바꿀 필요가 있다. 내가 해야 할 일이 있고 마쳐야 할 업무가 있기 때문에 이상을 위해 더 노력하게 된다는 것을 받아들이자는 말이다. 그렇게 되면 현실 또한 소중하다는 것을 깨닫게 된다.

이는 다시 말해 안쪽의 원이 상징하는 의무와 책임을 다해놓지 않으면 꿈과 이상을 위해 집중할 에너지를 얻지 못할 수 있다는 얘기다. 집안일을 잘 마무리해놓지 않으면 직장에서의 일에 집중하기 어렵다. 부부 사이에 갈등이 있는 사람은 직장에서 자기 역할을 하기 어렵고, 가정에서 따뜻함과 포근함을 경험하지 못한 아이들은 학업에 집중하지 못한다. 의무와 책임의 영역에 시간과 노력을 충분히 사용하지 못하면 그 영역에서 먼저 삐걱거리기 시작한다. 그러다 보면 꿈과 이상의 영역에 집중하기는커녕 그 영역으로 눈을 돌릴 수도 없게 된다. 이것이 안쪽 원에 충실해야 하는 이유다.

그러나 안쪽 원이 너무 커지면 안 된다. 하루를 의무로만 채울 수는 없는 일이다. 그런 삶은 영혼을 질식시킨다. 인류가 자유를 위해 싸워온 이유를 기억해야 한다. 중요한 것은 원을 줄이면서도 그 원이 지나치게 줄어들지 않도록 하는 것이다. 안쪽 원이 텅 비게 되면 중대한 정체성의 혼란을 겪어야 할지도 모른다.

다행인 것은 두 영역의 경계가 정해져 있는 것은 아니라는 것이다. 실제로 두 영역의 구분이 모호한 때도 많다. 특히 회사에서 하는 일과 자신의 꿈이 일치하는 경우가 그렇다. 이런 환상적인 예가 많지는 않더라도 그 가능성은 언제든지 열려 있다. 또 그런 가능성을 현실화하는 사람들도 있다. 자기 일에서 꿈과의 연결고리를 찾아내거나 만들어낸 사람들이 그런 경우다.

가끔 아이들에게 책을 읽어주다가 중요한 글쓰기 소재를 발견하는 때가 있다. 잠들기 전 아이들에게 책을 읽어주는 일은 안쪽 원에 해당하는 일이다. 반면 책을 쓰는 일은 바깥쪽 원, 즉 내가 원하고 바라는 일이다. 그렇게 두 영역이 만나기도 한다. 이런 경험을 한두 번만 하게 되면 경계에 대한 구분이 모호해진다. 안쪽 원에 대한 활동에서 꿈과 관련된 부분들을 의도적으로 찾으려는 시도도 이루어진다. 그렇게 경계를 허물어가면 어느 곳에서든 중요한 의미를 발견해낼 가능성이 높아진다.

　자신의 미래를 위해 책을 읽고 공부를 하고 싶은데 집안일이나 아이 돌보는 일로 시간을 많이 빼앗긴다면 몇 가지를 정리해볼 필요가 있다. 먼저 아이 돌보는 일의 구조를 잘 만들어서 효율성을 높이도록 해야 한다. 부부가 잘 협력하면 안쪽 원을 충분히 줄일 수 있다. 거기에 일상을 짜임새 있게 운영할 필요도 있다. 허투루 쓰이는 시간을 잘 모으면 꿈을 이루는 요소들로 채워갈 수 있다. 중요한 것에 충실할 수 있다면 꿈에 다가가는 것이 불가능한 일은 아니다.

정신이 빈곤하면
천만금으로도 행복할 수 없다

쇼펜하우어는 인간의 운명에 영향을 미치고 행복을 좌우하는 근본적인 요소에는 세 가지가 있다고 말했다. 먼저 인격이나 인품과 같은 인간의 내면적인 모습이다. 타고난 기질이나 지성, 아름다움과 건강 같은 것들이 여기에 포함된다. 두 번째 요소는 그 사람의 소유물이다. 재산이나 집, 자동차, 입고 있는 옷 등이 포함될 것이다. 마지막 세 번째 요소는 다른 사람에게 주는 인상이나 느낌이다. 다른 사람에게 자신이 어떻게 보이느냐 하는 것으로 평판과 관련이 있으며 명예, 명성, 지위로 세분화된다.

 이 세 가지가 인간의 삶을 좌우하는 중요하고도 근본적인 요소라고 보았다. 아리스토텔레스 이후 '행복'이라는 것이 강조되어왔는데, 쇼펜하우어 역시 행복이 삶의 목적이라는 점에 동의하고 있다. 인간은 행복을 위해서 살아가며 그 행복에 영향을 미칠 수 있는 요소를 정리한 것이다.

1. 인격, 인품(도덕성, 지성, 건강 등) – 본질적 요소, 내적 요소, 절대적 가치
2. 소유물(재산 등)
3. 인상(명예, 명성, 지위 등) ┐ 인간관계적 요소, 외적 요소, 상대적 가치

무엇이 근본인가

인격, 소유물, 인상 중에서 가장 중요한 것은 무엇인가? 이 질문에 대한 답은 시대에 따라, 사람에 따라 차이가 있을 것이다. 요즘처럼 인간관계가 복잡하게 얽혀 있고 만나는 사람이 중요해진 시대, 특히 다른 사람의 시선에 신경을 써야 하는 전문직 종사자나 여성들에게는 인상이 가장 중요한 요소일 것이다. 반면 돈이 많으면 뭐든 할 수 있는 시대라는 점에서 돈 같은 소유물을 행복의 기본이라 여길 수도 있다. 공부를 좀 했다거나 수행을 한 사람들은 인격이나 인품을 꼽을 것이다.

"인간이 직접적으로 영향을 받는 것은 자신이 품고 있는
관념이나 감정, 자신이 행하는 의사 활동과 같은 것들뿐이며
외계의 사물은 단지 이러한 관념과 감정, 의사 활동을
불러일으키는 동기로 각자에게 영향을 미치는 데 불과하다."

쇼펜하우어는 인간에게 근본이 되는 것은 자신이 가진 품격 그
리고 기준을 제공하는 생각이라고 봤다. 그 외의 것은 그런 감정
을 불러일으키는 외적인 자극에 불과하다고 했다. 인격이 가장 중
요하고 근본적이라는 것이다. 절대적이고 내면적인 요소인 인격
과 인품은 자기 생각과 가치관, 세상을 보는 태도와 관련되어 있기
에 이것이 튼튼하면 소유물이나 평판과 관계없이 행복감이 높아
진다. 반면 인격이 형편없을 때는 행복이 오래가지 않는다. 재산이
아무리 많아도 금세 탕진할 수 있고, 남들로부터 높은 평판을 얻는
다 해도 더 높은 평판을 얻으려고 발버둥치다가 추락해버린다.

그러한 때 누군가 나를 도와준다 해도 그런 도움은 미봉책일 뿐
이며 이를 통해 인생 자체를 구원할 수는 없다. 다른 사람의 도움
은 외적인 요소일 뿐이며 그 사람의 인생을 구원하는 것은 인격과
품성의 고양을 통해서만 가능하기 때문이다. 인생의 행복과 성공
은 타고난 기질과 그것을 잘 고양하는 노력에 달려 있다.

중년이 되면 부모로서의 역할이 애매해진다. 적극 돌봐주면 싫어하고, 뒷짐 지고 있자니 불안하다. 요즘엔 다 큰 자식을 끼고 사는 부모가 많아졌다. 대학 진학이나 취업 문제에 부모가 적극 개입해서 진로를 결정지어주는 모습도 흔하다. 하지만 조심해야 한다. 시대가 달라졌고 앞으로는 더 빠른 속도로 달라질 것이다. 우리 자식들이 살아갈 세상이 어떠할지를 우리는 절대 예상할 수 없다. 예를 들어 취업 잘되는 학과라 해서 강요했지만, 그 유행이 몇 년짜리 생명력을 가질지는 아무도 모른다. 그 아이가 졸업할 때쯤, 아니면 용케 취직했다 해도 몇 년 안 가 한물가버릴 가능성도 있다. 적성과는 상관도 없이 취업 잘된다는 학과를 고집하는 건 어리석은 짓이라는 얘기다. 스스로 선택하고 좋아하는 공부를 할 수 있게 도와주는 것이 훨씬 나을 것이다. 부모는 정보를 제공해주고 재능을 발굴할 수 있도록 기회를 주는 정도면 족하다. 그편이 아이들에게 좋은 인성을 심어주는 데도 도움이 될 것이다.

내면이 공허하면
외부에서 찾게 된다

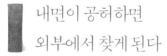

"선량하고 중용을 지키는 온화한 성격을 가진 사람은 환경이
빈약해도 만족을 하지만, 탐욕스럽고 질투심 많고 사악한

쇼펜하우어에게 인격은 가장 중요하고도 본질적인 요소였다. 정신적인 능력에 따라서 평범함과 비범함, 행복과 불행이 결정되기 때문이다. 정신적인 능력이 뛰어나면 주위 사람들이나 환경과 관계없이 스스로 행복을 경험할 수 있다. 하지만 정신적인 능력이 부족하면 주변 사람이나 신이 아무리 힘을 쏟아부어 주어도 동물적인 행복과 즐거움 이상의 수준으로 끌어올려지지 않는다. 여기서 쇼펜하우어 또한 톨스토이처럼 이성의 능력을 중요시한다는 것을 알 수 있다. 동물적인 감각에 의존하는 삶은 인생을 더욱 불행하게 만들 뿐이며 이성을 올바르게 활용하여 정신적 능력을 높이는 것이 행복에 이르는 길이라는 것이다.

관능적인 환락을 추구하고 저급한 사교와 쾌락에 의존하는 삶으로는 인생의 참된 행복을 맛볼 수 없다. 오히려 인생을 불행 속으로 몰고 간다. 이런 생활 뒤에는 늘 후회와 아쉬움, 불쾌감이 남는다. 행복이란 어떤 행동을 할 때는 알 수 없지만 그 활동이 끝나고 난 이후에 명확해지는 특성이 있다. 몰입의 순간에는 알지 못하지만 몰입에서 벗어난 후에 느끼는 뿌듯한 자부심이나 긍정적 감정들이 행복의 징표다. 쾌락이나 게임, 유흥에 젖는 것과는 전혀 다른 감정이다.

강의를 할 때마다 학생들에게 좋아하고 몰입할 수 있는 것을 찾으라고 말한다. 그리고 그것이 무엇인지 기록을 해보라고 한다. 대부분 게임, 친구와의 수다, TV 보기 같은 쉽고 편하게 시간을 보내는 것을 꼽는다. 물론 이것들은 좋아하는 활동일 수 있다. 하지만 활동 후에는 늘 아쉬움, 불쾌감, 후회 같은 감정이 남는다. 이것이 소모적인 활동과 적극적인 활동의 차이점이다. 소모적인 활동은 쉽게 활동에 몰입할 수 있지만 후회가 남는다. 적극적인 활동은 노력과 에너지를 투입해야 하기에 힘이 들지만 끝난 후 긍정적인 감정이 남는다. 행복이란 적극적 활동과 더 깊은 연관이 있다. 그러자면 이성의 힘을 사용할 수 있어야 한다.

보통 사람들은 이성의 힘이 미약하기 때문에 자신의 생각과 행동을 통제하기 어려워하고 그 결과 유흥이나 게으름에 쉽게 빠진다. 쉽게 돈을 벌고 쉽게 만족하며 쉽게 행복해지려는 마음만 강해진다. 자신의 정신, 내면의 상태만으로는 행복할 수 없고 적극적인 활동을 통한 충만감이 없기에 외적인 자극과 행복만을 바라게 된다.

보통 사람들에게 행복의 조건에서 가장 중요한 것은 돈이다. 쇼펜하우어는 사람들이 돈을 추구하는 이유는 자신의 정신 기반이 취약해서 생기는 현상이라고 했다. 사람이 태어나서 독립할 때 대부분은 경제적으로 아주 취약한 상태다. 먹고살기 위해서 능력도 훈련해야 하고, 가진 자들에게 굽실거려야 하는 경험도 하게 된다. 게다가 떵떵거리며 살아가는 돈 많은 사람들과 자신의 모습을 비교하면서 스스로 불행하다고 느끼기도 한다.

내면이 공허하고 정신이 빈곤한 상황에서는 이런 상황에 대한 불만이 더욱 커진다. 그래서 자신과 비슷한 사람들과 만나기 위해 인간관계를 맺어보기도 하지만 결국 이런 활동 역시 향락과 유흥으로 끝나버리고 만다. 그런 일을 반복하면서도 내 인생은 언제 좋아지나 하는 바람만 간절하다.

이 모두가 정신적 빈곤에서 오는 문제다. 이를 근본적으로 치유하려면 자신의 인격과 품성에 신경을 써야 한다. 그렇지 못한 상황에서 찾아오는 돈이나 명성, 지위 등은 오히려 자신을 망치는 위험 요소가 될 뿐이다. 정신이 빈곤한 사람들에게 맡겨지는 돈은 유흥비로 탕진될 뿐 긍정적이고 적극적인 만족감을 불러일으키지 못한다.

자신의 인격에 책임을 져야 한다

"우리는 주어진 인격을 최대한 활용해야 할 뿐이다.
성격에 맞는 계획에만 노력을 집중하고, 성격에 맞는 수행에
힘을 쓰며, 다른 모든 길은 피하고 성격에 일치하는 지위와 일,
삶의 방법을 선택해야 한다."

　쇼펜하우어는 인격은 기본적으로 불변하는 것이라고 보았다. 하지만 사람의 노력과 주변의 상황에 따라 개선될 수 있다. 자신의 인격을 최대한 활용하다 보면 인격의 성장도 기대할 수 있다. 말초적인 감각으로 원칙 없는 삶을 살 것이 아니라 이성의 힘을 십분 발휘해서 원칙과 기준을 만들고 결심하여 자신의 삶에 활용해야 한다. 그러자면 먼저 자신의 본성, 성격, 개성을 잘 파악하는 것이 중요하다. 자신을 알지 못하면 인격을 활용하는 것도 불가능하다. 그런 점에서 소크라테스의 "너 자신을 알라"는 명제를 구체적으로 풀어내려는 노력이 중요하다.

　돈을 벌고 생계를 유지하는 일도 무척 중요하다. 생계유지가 어려울 정도의 상황은 누구도 바라지 않는다. 기본적인 생존을 위

해 돈을 버는 일은 필요하다. 대부분의 철학자, 선각자, 종교 지도자들이 돈에 대해 같은 목소리를 낸다. 많은 부가 아니라 먹고살 수 있는 정도의 돈이면 충분하다는 것이다. 먹고살 수 있는 정도의 돈을 벌면서 나머지 에너지는 교양과 인격을 높이고 자신이 좋아하는 일을 하는 데 집중해야 한다는 것이 대가들의 일관된 통찰이다. 먹고사는 일과 관련된 인생의 비밀을 아무리 캐내려고 노력해도 이 이상의 비밀은 없었다. 깨달은 사람들의 목소리는 한결같았다. 필요한 만큼만 가지고 정신을 고양하는 삶을 살라는 메시지 말이다.

인격을 다지려면 자기 원칙이 중요하다. 스스로 판단해서 삶의 중심을 잡아주는 원칙을 정하고, 그 원칙에 기반해서 세상을 보고 판단하고 선택하는 것이야말로 인격을 고양하는 방법이다. 돈은 어느 정도가 적당하고, 어떤 일을 할 때 행복하고, 어떤 일은 하면 안 되는 것인지 원칙을 가져야 한다. 이런 원칙은 하루아침에 만들어지지 않으며 살아가면서 이루어지는 다양한 경험을 정리하면서 얻을 수 있다. 원칙을 만들고 수정하고 더 적합한 것으로 만들어가는 것이야말로 정신을 고양하는 작업이다. 그리고 이 작업이 삶의 과정일 때 이성을 최대한 활용하고, 인간다운 삶을 살 수 있다.

이런 원칙 중 기본이 되는 것이 필요한 만큼 벌고 나머지는 정신을 고양하는 데 투자하는 것이 아닐까 싶다. 인생이 아무리 험난하다 해도, 미래가 아무리 혼란스럽다 해도 필요한 만큼만 있으면 되는 법이다.

같은 공간에서 일하고 있는 민도식 선생은 삶에 필요한 것을 이렇게 정리한다.

"인생에는 인격과 실력과 인간관계, 세 가지가 필요합니다. 그런데 그 기본은 인격입니다. 인격이 갖추어져 있지 않으면 실력과 인간관계는 아무런 소용이 없지요. 그러니 시간을 아껴서 인격을 위해서 투자하세요. 공부하고 좋은 사람도 만나고 건강한 생각을 만들고 원칙을 지켜나가세요. 그것 외에는 특별한 답이 없습니다."

역경에 처했을 때 사람의 본성이 드러나는 법이다. 특히 그가 얼마나 선하고 강하며 현명한지가 고스란히 나타난다. 평소에는 그럴 기회가 없지만 역경의 순간에는 본능이 드러나게 되어 있다. 사람들은 같은 환경에서 살아가지만 서로 다른 행동을 보인다. 먹고살기 힘들다는 이유로 다른 사람의 것을 훔치거나 속이는 사람이 있는가 하면 소박한 삶을 살며 적은 것으로 풍성해지는 사람도 있다. 이것은 환경의 탓이 아니라 인격의 차이 때문에 생기는 현상이다.

　역경에도 건강한 삶을 유지할 수 있는 비결은 건강한 인격을 갖추는 것이다. 건강한 인격을 갖추는 것은 삶에서 배운 것을 원칙으로 만들고 그것을 지켜나가려고 끊임없이 노력하는 방법밖에 없다. 그 과정이 곧 삶이고, 결과가 곧 인격이다. 우리는 자신의 인격에 책임을 져야 한다.

고통은 넘치는데
즐거움은 없다면

"사는 게 고통이에요. 즐거움이라고는 눈곱만큼도 찾기 어려워요. 간혹 즐거울 때가 있긴 한데 금방 지나가죠. 이런 게 삶이라면 왜 살아야 하는 걸까요?"

실제 우리 사회의 빈익빈 부익부는 점점 심화되고 있다. 가난을 돌파할 방법도 딱히 없어 보인다. 부는 대물림되고 당연히 가난 또한 대물림된다. 독자의 메일처럼 사는 게 고통이다. 직업 면에 서도 마찬가지다. 지식사회의 가능성이 어떻고 직업의 자유가 어떻고 떠들지만 현실적으로 그런 공론은 무의미하다. 낙타에게 바늘구멍에 들어가라고 하는 것은 폭력에 가깝다.

"삶을 다시 준다고 해도 사양하겠다"

이런 현실에 대해 철학자들은 뭐라고 답할까? 가난과 질병, 고뇌, 고통, 근심, 치욕 같은 비참한 상황에 대해 현실적인 이야기를 해줄 수 있을까? 이런 문제에 대한 해답은 누구에게 듣느냐가 중요할 듯하다. 철학자들도 성공한 철학자가 있고 실패한 철학자가 있다. 그들의 세계에도 빈익빈 부익부가 있었으며 이런 상황은 그들의 철학에 큰 영향을 미쳤다. 아픈 사람 마음은 아파본 사람이 아는 법, 이런 이야기는 실패한 철학자에게 들어보는 것이 현명할 것이다.

그중에서 나는 쇼펜하우어를 먼저 꼽겠다. 이름만 들어도 뭔가 모르게 암울한 기운이 흐르는 철학자다. 그의 삶은 이 한마디가 잘 요약해준다.

"이게 나의 운명인가? 당신의 운명은 아닌가?
정말 이것이 인생이라면 삶은 재앙일 뿐이다.
나는 누가 다시 내게 삶을 준다고 해도 사양할 것이다."

아무리 힘든 삶을 살고 있는 이들이라도 다시 새 삶이 주어진다면 제대로 한번 해보겠다고 말하는 것이 보통인데 그는 새 삶을 준다고 해도 사양하겠다고 했다. 인생 자체가 재앙이었기에. 그만큼 그가 경험하고 사색한 인생은 고뇌와 고통, 근심으로 가득 찬 것이었음이다. 그래서 그의 말에는 아수라 백작의 저택에나 어울릴 것 같은 음산한 그림자가 드리워져 있다.

하지만 그는 자신을 둘러싼 어둠 속에서 인생에 대한 중요한 통찰을 발견해냈다. 그리고 그것을 자신만의 철학으로 만들어 그에 따라 삶을 다녀갔다.

"인간의 육체는 압력이 없어지면 파열된다. 이와 같이 인간의 정신도 고뇌라는 압력이 없어지면 파괴된다. 배가 항해하려면 압력을 가하는 물체가 필요한 것처럼 인간에게도 육체나 정신에 고뇌라는 압력이 반드시 필요하다. 따라서 인간에게는 노동과 가난, 정신적 가책이나 고뇌 같은 압력을 주는 장치들이 따라다녀야 한다. 우리가 그토록 벗어던지고 싶은 것들을 짊어지고 살아야 한다는 결론에 이를 수 있다. 우리가 원하는 것마다 얻을 수 있고, 소원하는 것마다 성취할 수 있다면 땀은 왜 존재하는 것이며 도대체 뭘 하고 살아야 한단 말인가."

인간은 노동과 고뇌 없이 존재하기 어렵다. 노동을 통해 건강한 육체를 유지하고 고뇌를 통해 정신적으로 단련된다. 우리 삶에 어려움이 없다면 인간으로서 존재하는 것 자체가 불가능하다. 우리 몸의 땀은 노력하기 위한 것이며, 흐르는 눈물은 고통받기 위한 것이다. 땀과 눈물이 존재한다는 것은 힘들게 노력을 기울여야 하는 존재임을 의미한다.

사는 게 고통이고 즐거움은 적지만 그래도 살아야 한다. 고통 자체가 우리의 존재 근거이기 때문이다. 일단 이 점을 분명히 해두자. 고통을 부정할 것이 아니라 존재를 인정하는 것, 그것이 건강한 인생의 시작이다.

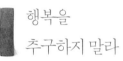
행복을
추구하지 말라

"인간은 행복할 때는 자신이 행복하다는 것을 느끼지 못하지만
불행해지면 그때서야 행복했다는 것을 깨닫는다.
그렇다면 내게 현재의 행복이란 없고,
행복은 과거의 기억으로만 존재한다는 얘기다."

인생에서 고통의 존재를 인정하면 마음이 편해질 수 있다. 피할 수 없는 것은, 즐기기 전에 먼저 받아들여야 한다. 수용하지 못하면 즐길 수 없다. 인생이 고통이라고 괴로워하는 사람들이 가장 먼저 할 일은 고통의 존재를 받아들이는 일이다. 수용을 거부하면 고통이 가중된다. 고통은 그것을 거부하는 사람들을 끈질기게 물고 늘어진다.

이런 고통과 불행은 자신의 행복을 확인할 수 있게 해준다는 점에서도 꼭 필요하다.

"우리가 지금까지 그토록 싫어하고 피해왔던 불행들이란 행복을 느끼기 위해 반드시 필요한 필수조건이라는 것이다. 죽음 직전에 살아나야만 삶의 기쁨을 가장 크게 맛볼 수 있다면 우리는 모든 불행과 고통을 어찌 마다할 수가 있겠는가."

그가 염세주의적 색채를 띠는 것은 불행과 고통을 인정하기 때문이다. 인생이 불행과 고통으로 이루어져 있음을 수용하는 것은 세상을 어둡게 만들지만 동시에 그 어둠 속에서 살아갈 힘을 준다. 어둠을 피하기만 하는 사람과 어둠 속에서도 살아갈 수 있는 사람, 누가 더 용감하며 또한 행복할까?

여기서 한발 더 나아가면 선현들이 말하는 행복의 원리와 연결되는 메시지를 얻을 수 있다.

"남의 좋은 집을 보고 '나도 저런 집에서 살았으면' 하고
생각할 것이 아니라 먼저 '내가 이런 집도 없다면 어디서 살았을까.
이런 집에 사는 것은 정말 고마운 일이다'라고 상실을
가정해보라는 것이다. 그 순간 아까 본 멋진 집보다 내가
살고 있는 초라한 집이 소중하게 느껴질 것이다."

우리는 좋은 것을 보면 갖고 싶다는 생각과 함께 그것을 가진 사람은 행복할 것이라고 생각한다. 그 순간 갖지 못한 자신에게 불만이 생기고 불행해진다. 하지만 좋은 것을 보고도 현재 자신이 가진 것을 확인하고 자신보다 못한 사람들과 비교할 수 있다면 오히려 행복해질 수 있다. 비교의 방향을 바꾸면 행복해진다. 크게 어렵지 않은 일이다. 약간의 훈련이 필요할 뿐. 생각은 방향을 가지고 있다. 그 방향은 일상의 훈련을 통해 조절할 수 있다.

밤새 아이가 아파 새벽에 병원 중환자실을 찾아간 적이 있다. 환자들은 저마다 고통스러워 얼굴을 찡그리고 있었고 중환자실을 지키는 의사들 또한 지치고 피곤한 표정이었다. 순간 아프지 않다

는 것이 얼마나 행복한지 깨달았다. 다행히 병원에 가는 동안 아이가 나아져 접수 직전 차를 돌려 올 수 있었다. 아프지 않다는 사실만으로도 행복할 수 있다는 것은 놀라운 경험이었다.

지금 스스로 불행하다고 느끼는 사람이라면 자기보다 더 불행한 사람들을 생각해보는 것이 어떨까. 더 많은 일을 하지 못해 안달이 날 때 지금 내가 아파서 누워 있다면 어떻게 될까 생각해보는 것은 어떨까. 행복을 느끼려면 지금보다 못한 상황, 나보다 힘들게 살아가는 사람들을 생각해보면 된다. 즉시 행복이 찾아온다.

다시 태어나고 싶지 않다고 말했던 쇼펜하우어는 부조리한 삶을 이겨나가기 위해 나름의 철학을 정리해두었다. 고통에 몸부림치면서 삶의 밑바닥에서 퍼 올린 현실적인 것들이다. 그는 "현명한 사람이 원하는 것은 쾌락이 아니라 고통이 없는 상태이다. 현명한 사람은 고통이 없기를 바랄 뿐이지 쾌락을 원하지 않는다"고 했던 아리스토텔레스의 말을 빌려 행복을 추구하지 말라고 말한다. 행복을 추구하는 순간 불행해질 수 있기 때문이다. 인생은 고통이 없는 것만으로도 충분히 행복할 수 있다고 생각한 그는 더 좋은 것을 추구하는 것이 좋지 못한 상황을 만들 수 있다고 지적한다. 큰 불행을 피하는 가장 확실한 방법은 행복을 추구하지 않는 것이다.

쾌락 대신 지혜를, 행복 대신 깨달음을

사람은 나이가 젊을수록 인생에 뭔가 놀라운 것이 있다고 생각하는 경향이 있다. 놀라운 인생을 만들기 위해, 더 많은 행복을 얻기 위해 쾌락을 추구한다. 하지만 쾌락은 일시적인 것이기 때문에 인생의 행복을 증진해주지 못한다. 고통을 견디기 위해 쾌락을 추구하는 것도 잘못이다. 실재를 버리고 환상을 사는 꼴이어서 환상에서 벗어나면 고통은 더욱 커진다.

쇼펜하우어는 "우리가 행복하게 산다는 것은 가능한 한 괴롭지 않게, 간신히 견디며 사는 것"이라고 말한다. 쾌락이나 행복을 추구하지 않으면 자연스럽게 고통도 사라진다. 얻으려고 하지 않으니 실패나 좌절, 근심과 걱정도 없다. 삶이 단순해진다. 이렇게 단순해진 삶을 통해 그가 추구하고자 한 것이 있다. 바로 정신적 소양을 갖추는 일이다.

"예술가들은 단조로움과 단순함이 행복의 기본적인 조건이라는 것을 잘 알고 있다. 단순하고 단조로운 삶, 그것만이 행복을 누리는 길이다. 단순하고 단조로움을 견딜 수 있는 사람은 지적인 생활을 감당할 수 있는 정신적 소양을 갖추어야 한다. 그래야만 권태라는 그늘에서 벗어날 수 있다."

정신적인 충만을 추구하지 않으면 사람은 마음의 빈곤과 권태에 시달릴 수밖에 없다. 자신의 마음을 채워줄 수 있는 공부가 없으면 텅 빈 자신이 부끄러워지고 인생을 자신 있게 살아갈 수 없다. 혼자 있는 시간을 보면 알 수 있다. 혼자 있을 때 마음의 그릇이 작은 사람은 자신의 무능에서 오는 초라함에 괴로워한다. 그렇지만 그릇이 큰 사람은 자신의 위대성을 더욱 뚜렷이 느낀다. 혼자 있을 때 참된 자신을 느낄 수 있도록 정신을 충만하게 하는 지혜를 얻고자 노력해야 한다.

생각이 깊은 사람들이 왜 공부를 칭송하는지 그 이유가 분명해진다. 공부는 깨달음을 통해 지혜를 선물하고, 영혼을 고양시키며 마음을 채워준다. 그래서 공부하는 사람들은 단순한 삶을 살면서도 심심할 겨를이 없고 쓸데없는 일에 고통받는 일이 드물다. 그만큼 인생이 충만하고 행복하다. 그 과정이 곧 정신적 소양을 얻는 것이다.

이런 과정을 쇼펜하우어는 다음과 같은 말로 정리해준다.

"우리는 쾌락 대신 지혜를, 행복 대신 깨달음을 추구해야 한다."

일상에서 행복하고
충만해지기 위하여

인생의 행복을 결정하는 중요한 순간은 언제일까? 바로 지금이다. 사람들에게 행복하냐고 물어보면 지금을 기준으로 판단한다. 과거나 미래는 크게 고려되지 않는다. 사람은 현재를 산다.

그런데 그 현재란 대부분 일상적인 순간들이다. 우리의 삶은 사소한 일상들의 집합에 지나지 않기 때문이다. 승진을 했거나, 큰돈을 벌었거나, 바라는 것을 이룬 날은 일 년에 몇 번 되지 않는다. 그런 날들은 당연히 행복하다. 그런데 사람은 곧 쾌락에 적응하기에 승진의 기쁨은 며칠 내로 사라진다. 그리고 다시 일상으로 돌아온다.

일상

피에르 쌍소는 일상의 중요성을 이렇게 이야기한다.

"우리는 평범한 일들은 무의미한 것이라고 생각하는 버릇이 있는데,
절대로 그렇지 않다. 평범한 일들은 지속성을 지닌다. 영속적인
삶의 기반이 되는 그런 일들을 할 수 없다면, 우리의 삶은
중단되고 말 것이다. 그런 일들은 우리의 하루하루, 때맞추어
맞이하는 계절들과 조화를 이룬다. 이것부터가 결코 작은 일,
하찮은 일일 수가 없다. 그런 일들은 우리를 변하게 하고,
또 스스로 변해 가는 이 세상 속에서 우리의 위치가
어딘지를 알게 해 준다."

괴테는 우리 일상에 좋은 노래와 시, 그림, 아름다운 대화가 필
요하다고 했다. 이런 운치 있는 요소들이 삶의 행복도를 높여주고
더 나은 상태로 끌어올려 주기 때문이다.

"사람은 모름지기 매일매일 몇 곡의 노래를 듣고, 좋은 시를 읽고,
아름다운 그림을 봐야 한다. 그리고 좋은 말을 나눠야 한다."

하지만 실제로는 일상이 이렇게 아름다운 것들로만 구성되어 있지는 않다. 아이들을 챙겨야 하는 아침, 지옥철을 타고 졸아야 하는 출근길, 산더미처럼 밀려오는 고객들의 전화상담, 엮이고 싶지 않은 상사와의 미팅, 자신 없는 프레젠테이션, 아무런 의미 없는 복사물들, 압력 이상의 가치가 없는 아내의 잔소리 등도 함께 엮여 있다.

피에르 쌍소는 이런 일상을 이렇게 객관적으로 묘사한다.

"밥을 먹는 것, 옷 입는 것, 꿈꾸는 것, 직장에 가는 것, 산책하는 것, 신체를 움직이는 것, 그리고 다른 사람들을 관찰하기 위해서 시선을 돌리는 것, 우리에게 친숙한 여러 풍경들을 겹쳐 보는 것 등의 아주 평범한 신호들! 말하자면 한 사람이 특정한 사회 그룹 속에서 살아갈 때 필요한 가장 기본적인 것들로 구성되어 있는 영역이다."

중요한 것은 이렇게 매일 반복되다시피 하는 활동들이 우리에게 엄청난 영향을 미친다는 사실이다. 일상 활동이 삶 자체이면서 그 방향에 따라 각자 다른 길을 가도록 만드는 요소들이기 때문이다. 우리의 일상은 기본 생활을 유지하는 활동과 삶의 방향을 조절하는 활동들로 이루어져 있다. 밥 먹고, 친구 만나고, 잠자는 것은 생활을 유지하는 활동이다. 반면 회사에서의 업무, 책을 읽는 것, 새로운 분야를 알아보는 일, 자신의 활동에 의문을 가지는 일 등은 삶의 방향을 조절하는 활동과 관련이 깊다.

그런데 자기 삶의 방향을 조절하는 활동들을 바라보는 현자들의 시선은 그다지 호의적이지 않다. 특히 그 방향이 돈, 권력, 인기 등으로 향해 있으면 싸늘하기까지 하다.

"오늘날의 학자들은 사람들이 흔히 말하는 세속적인 기쁨과 유희에 빠져 있다. 권력 주변을 기웃거리거나 돈의 유혹에 빠지거나 명성을 좇기에 바빠서 명상적인 생활을 거의 하지 않는다. 그런 학자들은 자신들만의 이득과 즐거움을 찾는 일이 본래 자신의 본분인 것처럼 여기고 명상적이거나 한가한 일을 외면한다."

니체는 세속적인 기쁨을 추구하는 일상을 비난했다. 대신 명상적이거나 한가한 일에 관심을 가져볼 것을 권했다. 괴테와 톨스토이, 임어당, 쇼펜하우어도 한목소리였다. 왜 그랬을까? 사소하게 보이는 일상에서 인생의 아름다움을 느끼고 스스로 충만해지는 경험을 하는 것이 곧 정신적 완성의 증거이기 때문이다.

▌일상에서 행복해지는 조건

사실 일상이 행복하다고 느끼려면 두 가지 요건이 충족되어야 한다. 하나는 니체와 괴테 등의 말을 통해 확인할 수 있다. 사소한 일상에서 의미를 발견하고 가치를 느낄 수 있어야 한다는 것이다. 아침에 마시는 한잔의 차, 청소를 하면서 깨달은 노동의 가치, 진솔한 사람과의 만남에서 얻은 삶에 대한 확신, 짧은 문장에서 얻은 한 줄의 깨달음은 작지만 가치 있다는 느낌을 준다. 덕분에 자신이 커졌다는 생각이 들고 주변과 세상이 아름답게 보인다. 그 순간 행복이 곁에 머문다.

하지만 그것만으로는 부족할 때가 있다. 순간이 아름답고 좋아 보여도 전체적인 삶이 자신이 원하는 것이 아니라면 문제가 생긴다. 하고 싶지 않은 일을 하는 사람들이 여기 속한다. 원하지 않는 일은 인생과 자신에 대한 긍정성을 약화시키고 뭔가 잘못되고 있다는 부정적인 생각을 만들어낸다. 전체적으로 불만이 크고 갈등도 많아진다. 이런 상황이 어쩔 수 없다는 생각이 들 때면 자신을 스스로 파괴하고 싶은 욕구마저 느끼게 된다. 소소한 일상에서 얻는 작은 행복들이 위로가 되긴 하지만, 그것이 삶 자체를 구원해주지는 못한다.

중요한 것은 일상이 자신이 원하는 삶의 방향으로 나아가고 있다는 느낌이다. 자신이 원하는 삶을 살고 있다는 생각은 긍정적 감정을 불러일으키는 원천이 된다. 꿈을 가진 사람은 그 꿈을 이루는 길에서 만나는 어려움을 당연한 것으로 받아들인다. 고통도 참을 수 있고 인내심도 높아진다. 보통 사람은 견디기 힘든 한계 상황에서도 굳건히 버티면서 행복을 발견하기도 한다. 그래서 현자들이 자신이 원하는 삶을 살라고 말하는 것이다. 자신이 원하는 길을 갈 때 삶의 긍정성이 높아지고 일상에서 의미와 가치를 발견해낼 가능성도 높아진다.

 ## 적은 것에 만족하는 기술, 절제
우리가 짚어보아야 할 점은 두 가지다.

1. 자신이 원하는 삶의 방향으로 살아갈 것
2. 사소한 일상에서 의미를 느낄 것

둘 다 얻었다면 참으로 행복한 사람이다. 자신이 원하는 삶의 방향은 알지만 일상에서 의미를 발견하지 못하는 사람은 이상주의자일 가능성이 높다. 욕구가 욕심이 되고 갈망이 그를 괴롭힐 것이다. 마흔이 넘으면 주변의 소소한 것들도 돌아볼 수 있어야 한다. 우연히 발견한 사소한 일상의 의미들이 삶을 충만하게 해줄 것이다. 그 반대의 경우라면 적은 것에서 만족을 얻는 소박한 삶의 주인공일 가능성이 많다. 소소한 것을 아끼면서 사는 것은 아름답다. 그렇다 해도 장기적으로 만족스러운 삶을 살려면 자기 삶의 방향을 찾아내야 한다. 당연히 삶에 만족하는 정도는 후자가 높다.

피에르 쌍소는 적은 것에 만족할 줄 아는 사람들은 가진 것이 없는 경우가 많다고 지적한다.

"소박함에서 나오는 일련의 태도들, 곧 거만하게 보이지 않는 것, 과도한 주장을 하지 않는 것, 다른 사람들에 대해 난폭한 경쟁심을 갖지 않는 것, 삶의 소박한 것들을 기뻐하는 것 등은 근본적으로 말하자면 '자신을 잊어버리는 태도', 흔적을 남기지 않는 태도이다. 중요한 것은 이런 미덕이 가난한 사람들에게서 발견된다는 점이다."

이런 이유로 그는 가진 것 없는 사람들의 삶을 찬양했다. 적게 가지고도 만족스러운 삶을 살고 있기 때문이다. 많이 가지고서도 늘 불만인 사람들과는 비교도 할 수 없는 미덕을 그들은 가졌다.

"적은 것으로 만족하며 살아가는 기술은 결코 보잘것없는 것이 아니다. 그것은 아주 능란한 솜씨를 필요로 한다. 적은 것으로 살아가는 기술은 살아가는 방법, 곧 지혜를 의미한다. 예를 들면, 함부로 비판하지 말 것, 무리한 요구를 하지 말 것, 상황이 제공해 준 것들을 최대한 이용할 것, 사회 계층의 꼭대기에 있는 사람들을 비통한 질투의 시선으로 바라보지 말 것, 시도해 봤다는 자긍심을 갖기 전에 자신의 취향과 운명에 따라서 착실히 차근차근 앞으로 나아갈 것 등이 그것이다."

자신이 원하는 삶의 방향을 얻으려면 용기를 발휘해야 한다. 반면 적은 것으로 살아가는 지혜를 얻으려면 절제를 통해 만족하는 법을 배워야 한다. 절제는 아무리 강조해도 지나치지 않은 최고의 지혜다. 통찰력을 갖춘 삶의 대가들은 모두 절제를 평생의 원칙으로 생각하고 자기를 돌아보는 기준으로 삼았다. 절제하지 못하는 삶은 자만과 만용을 낳고 그것은 곧 위기와 파멸로 이어진다. 변화의 힘은 결핍에서 나온다. 하지만 결핍을 채우고 넘치게 되면, 그 변화는 추악해진다.

"나는 끊임없이 더 많이 소유하고, 더 많은 능력을 지니고,

더 나은 가치를 지니고 싶었다. 그런데 알고 보면, 이 같은 욕망은 인간이 존재하기 위한 가장 기본적인 요소라고 할 수 있는 애정이 결핍되었을 때 나타나는 결과이다. 우리를 이 같은 광기와 상스러운 무지로부터 벗어나게 해줄 수 있는 것은 오직 하나, 곧 절제라는 태도이다."

절제라는 미덕은 속도와 돈의 가치가 최고점에 달한 지금 더욱 중요해진 듯하다. 더 많이 벌 수 있을 때 멈추는 지혜는 자신의 내면과 공동체의 행복 그리고 진실에 접근하도록 돕는다. 그것은 돈이 줄 수 없는 것이다. 남들보다 많은 돈을 벌고 높은 지위에 오르기 위해서는 내면에 충실할 수 있는 시간, 아이들의 눈동자를 바라보며 웃을 수 있는 시간을 희생해야만 한다. 이런 희생은 삶을 메마르게 하고 행복이 자랄 수 있는 땅을 황폐화시킨다. 사소한 일상의 의미를 발견할 시간과 기회를 놓치게 되고 세상이 만든 헛된 욕구에만 매달리는 거짓된 삶의 주인공이 되게 한다.

이 지경에 이르는 가장 큰 문제는 사회적 지위를 얻고 많은 돈을 모으는 일이 자신이 원하는 삶의 방향이라고 믿어버리는 것이다. 물론 삶에는 그런 요소들이 필요하다. 하지만 그것은 필요한 요소일 뿐 목적 자체가 될 수는 없다. 돈을 버는 이유는 행복하고 좋은 삶을 살기 위해서지 돈 그 자체가 아니다. 그 점에서 우리는 보다 신중해야 한다. 세상의 목소리, 주변 환경 때문에 자신의 참된 방향을 잃어버리지 않도록 주의해야 하고 자신의 진솔한 목소리에 귀를 기울일 수 있어야 한다.

그래서 삶이 어렵다. 이거다 싶은데 아니고, 아니다 싶은데 그것인 경우가 많다. 우리가 공부를 하는 이유도 이 때문이다. 이 책 또한 삶의 방향에 대한 갈망에서 나왔다. 인생에 답은 없다지만 자기만의 답을 얻을 수 있는 길은 있을 것이다. 그 길을 발견할 수 있다면 진실한 삶에 다가갈 수 있을 것이다.

또 하나, 절제된 권태

피에르 쌍소는 권태를 권했다. 그에게 권태란 한적한 시골 길을 느리게 걷는 것, 포도주 한잔의 여유를 누리는 것, 하루 일을 글로 써보는 것, 시장에서 사람들의 활기를 느껴보는 것, 진솔한 옛 친구를 만나는 것, 한 사람의 말을 집중해서 들어주는 것 등이다. 빠름이 미덕인 사회에서 이런 활동은 '권태'일 수밖에 없을지도 모른다. 하지만 이런 권태야말로 우리를 더욱 행복하게 만들어주고 다시 세상으로 깊이 들어갈 수 있게 해준다.

그래서 권태에도 절제가 필요하다.

"내게 있어서 권태란 세상에 가까이 다가가고,
그 세상을 성실하게 누리고, 다시 세상으로부터 벗어나고,
그랬다가 다시 돌아가 세상의 새로운 맛을 더 잘 느끼기 위해
선택한 삶의 방식이다. 하지만 그것은 언제나
절제된 권태여야만 한다."

없어도 될 것을 찾지 말고
꼭 필요한 것만을 소유하라

우리는 살아가기 위해 먹어야 한다. 먹고살기 위해서는 노동이 필요하고 노동에는 노력이 요구된다. 살기 위해서 노력해야 하는 것이 인간의 운명이다. 이것이 삶의 기본적인 조건이자 질서다. 그런데 인간은 다른 동물과는 달리 먹고사는 데 모든 것을 걸지는 않는다. 이성의 힘을 사용해 영혼을 살찌우는 일은 인간만이 할 수 있고 해야만 하는 중요한 일이다. 그렇지 않다면 왜 인간에게 생각하는 힘이 주어졌겠는가? 무엇이 올바르고 그른지 판단하고, 올바른 길로 나아가는 것이 이성을 가진 인간의 의무다.

삶의 기본 조건을 제공하는 육체는 동물적인 생활을 보장하는 활동에 익숙하기 때문에 만족을 모른다. 이 때문에 어떤 사람들은 이성의 힘을 진리를 얻는 데 사용하지 않고 동물적인 생활, 삶을 더 호화롭게 영위하는 일에 사용하고자 잔머리를 굴린다. 이런 삶에는 답이 없다. 톨스토이의 말처럼 육체는 충족시킬 수 없기 때문이다.

> "육체가 생존하기 위해 꼭 필요한 것이 무엇인지는 분명하다.
> 걸칠 옷과 먹을 빵조각이다. 하지만 육체는 끝없이 더 많은 것을
> 열망하고 이것을 충족시킬 길도 없다."

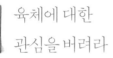 육체에 대한
관심을 버려라

> "자기 육체에 대한 관심을 버릴수록 영적인 삶은 충만해진다.
> 무엇이 더 중요한지는 스스로 선택해야 한다."
> - 톨스토이 -

> "우리는 왜 사느냐는 질문에 먹기 위해서 산다는 대답을
> 가볍게 한다. 그러나 그것은 인간에 대한 모독이다.

인생의 달인들은 육체적 욕구에 정신을 빼앗기지 말라고 한목소리로 충고한다. 육체적 욕구에 종속되면 영혼이 약해지고 인생이 황폐해지기 때문이다. 육체적 욕구에 매달려서는 평생 먹고사는 문제로 고민하게 된다. 먹고사는 문제는 어떻게든 해결될 수 있는 것이다. 그럼에도 그것에만 집중하면 삶에서 가장 크고 중요한 문제가 되어버린다. 그 결과 평생 그것만을 위해 살게 된다. 조셉 캠벨은 이런 인생을 '지옥'이라고 부른다.

육체적 욕구가 문제가 되는 것은 그로 말미암아 이기심과 욕심의 굴레에 빠지기 때문이다. 이기심으로 가득 찬 사람의 생활을 상상해보자. 그의 눈동자만 봐도 헛된 갈망이 읽힌다. 세상은 천국도 지옥도 아니지만 그가 가진 이기심이 세상을 지옥으로 만든다. 문제는 그런 방법으로 부자가 되고 시간이 많아진다 해도 삶은 여전히 텅 빈 채 남겨진다는 것이다. 그 삶을 톨스토이는《이반 일리치의 죽음》이라는 책에서 감동적으로 묘사했다.

이반 일리치는 공부도 잘하고 머리도 좋아서 법학교를 졸업하고 판사가 되어 명성을 떨친다. 탁월한 경력을 쌓아가면서 성공가도를 달렸고 괜찮은 집안의 여성과 결혼도 했다. 그러다가 아내가 임신을 하고 요구가 많아지자 그는 도망치기 시작했다. 가정과 사랑이 아닌 업무와 성공에 중심을 둔 것이다. 직장에서의 성공을 통해 그는 귀족사회에서 인정도 받고 승승장구했다. 하지만 그에게 불행의 그림자가 찾아왔다. 병이었다. 의사들은 두 손을 들었고 그는 죽을 날만 기다리는 처지가 됐다. 이제 사람들은 그에게 관심과 사랑을 보여주지 않았고 아내마저도 그가 죽은 뒤에 정부에서 받아낼 수 있는 연금과 위로금을 계산하기에 급급했다. 재산과 성공이라는 것에 집착한 생활이 삶을 죽이고 있었다. 죽어가면서 이반 일리치는 자신의 삶이 살아 있는 것이 아니라 죽은 것임을 깨닫는다. 삶이 곧 지옥이었던 것이다.

필요한 만큼만 벌고 나머지는 영혼에 투자하라

현자와 성인들이 금욕적으로 살면서 육체의 욕구를 무시했던 이유는 명확하다. 육체의 욕구를 들어주면 들어줄수록 영혼의 힘은 약해지기 때문이었다. 욕구의 욕구는 끝이 없기 때문에 그 욕구를 채워주려는 노력은 늘 허사로 돌아갈 뿐이다. 그것에 종속되면 평생 욕구의 노예로 살 수밖에 없다. 대표적인 것이 술이다. 하루 술을 마시고 다음 날 마시고 또 다음 날 마시기를 반복하다 보면 우리 몸은 술에 익숙해진다. 그때부터는 몸이 술을 요구한다.

이 상황이 되면 자신의 의지와 상관없이 술을 마시게 된다.

육체의 욕구를 무시하라는 말은 비현실적으로 들릴 수도 있다. 어떻게든 먹고살아야 하는 상황에서 육체의 욕구를 무시하기는 어렵다. 가족도 부양해야 하고, 노후도 챙겨야 하는데 어떻게 금욕적으로만 살 수 있겠는가. 하지만 성인들은 타협은 없다고 말한다. 그렇기 때문에 더욱 육체의 욕구를 들어주면 안 된다고 말한다.

물론 육체의 욕구를 완전히 무시하자는 말은 아니다. 먹지 않으면 살 수 없는 것이 인간이기 때문이다. 다만, 더 많이 가지려는 욕구를 무시하라는 말이다.

톨스토이는 부나 화려함을 위해 살지 말고 꼭 필요한 것만을 소유하면서 영혼에 충실하라고 말한다.

"자유롭고 행복한 삶을 살고 싶다면 부나 화려함같이
없어도 될 것을 찾지 말고 꼭 필요한 것만을 소유하라."

이런 메시지는 법정 스님의 무소유 정신과 닿아 있다. 하나만 가지면 그것으로 행복할 수 있지만 둘이나 셋을 가지면 하나의 소중함도 잃어버리기 쉬운 것이 사람의 마음이다. 많이 가지면 가질수록 복잡해지고 번거로워지며 중요함을 잃기 쉽다. 꼭 필요한 것만 가지는 것이 행복해지는 비결이다.

에리히 프롬은 이것을 '기능적 소유(존재적 소유)'라 부른다. 삶을 유지하려면 특정한 것을 소유하고 사용해야 한다. 우리의 육체와 의식주를 비롯하여 기본적인 것을 해결하는 데 필요한 도구들이다. 이런 것들은 반드시 필요하며 적절히 활용할 수 있어야 한다. 이것은 생존에 기여하며 합리적인 충동이라 할 수 있다.

에리히 프롬은 더 많이 가지고 더 축적하려는 소유지향적 방식이 인간 본래의 것이 아니라 사회적 조건에 의해 개발된 충동이라고 지적한다. 사유재산제가 발달하고 부의 축적이 가능해지면서 학습되고 훈련되었다는 것이다. 때문에 이것은 충분히 개선할 수 있고 의지로써 통제할 수 있는 충동이다.

톨스토이는 그 방법을 동물에게서 배울 수 있다고 말한다.

"우리 육체를 어떻게 다루어야 하는지는 동물에게서 배울 수 있다.
육체가 원하는 것이 충족되면 동물은 곧 만족하고 조용해진다."

영혼의 진보
톨스토이를 비롯한 인생 대가들의 주장은 명확하다. 육체의 욕구를 통제하고 이성의 힘을 사용해서 영혼에 충실하라는 것이다. 이성의 힘으로 균형 잡힌 삶을 추구하지 않으면 반드시 동물적인 감각에 지배되고 결국 하찮은 인생으로 전락하고 만다. 저급한 욕구에 종속된 인간에게 행복은 없다. 인간에게 중요한 것은 자신의 영혼을 가꾸고 삶의 균형을 잡으려는 매 순간의 노력이다.

"하늘나라에 가면 지은 죄가 사라지리라는 것은 틀린 생각이다.
이것은 자기 자신 외에는 아무도 할 수 없는 일이다.
성의 없이 대충 음식을 만든 후 신이 맛있게 해주기를 바랄 수는 없다.
삶에서 잘못된 방향을 선택하고서 나중에 신이 상황을 바꿔주거나
갑자기 그 방향을 좋게 만들어주리라 기대해서는 안 된다."

인간에게 생각하는 힘, 배우는 능력, 판단할 수 있는 자격이 주어진 것은 그것을 잘 사용하라는 의미일 것이다. 우리는 배우고 생각하고 판단하고 선택하면서 앞으로 나아간다. 그 과정이 동물의 단계에서 보다 높은 영혼의 단계로 성장해가는 길이다.

괴테는 시대의 유행이 아닌 깊이 있는 사고를 하라고 권한다.

"그때그때의 유행이나 풍조에 맞추기만 하는 인생은
삶의 깊은 의미를 깨닫지 못하고 한순간 사라져버리기 쉽다.
인생을 제대로 살고 싶다면 이 세상의 구조나 원리에 대해
좀 더 근본적으로 익혀야 한다. 그러면 시대를 초월해
보다 깊게 사고하는 자신을 발견할 수 있을 것이다."

사람들이 배우고 생각하고 판단하는 과정은 대부분 시대의 유행과 관련이 깊다. 포털 사이트 기사들로 이슈를 발견하고, 텔레비전 뉴스를 통해 시대를 판단하며 책도 베스트셀러만 읽는다. 이런 방법으로는 그 순간의 유행을 알 수는 있겠지만 인생의 깊은 의미, 참된 삶에 대한 깊은 생각을 얻기는 어렵다. 참된 삶에 대한 이해는 세상의 원리와 인간의 본성, 삶에 대한 책임을 깨치는 공부를 필요로 한다. 유행을 따른다고 해서 될 일이 결코 아니다.

무엇을 할 것인가보다 무엇을 해서는 안 되는가가 중요하다

배우고 판단하고 선택하고 행동하는 삶의 과정에서 올바른 방향을 따라가는 일은 무엇보다 중요하다. 이때 사람들은 어떻게 살 것인가라는 중요한 문제에 직면하게 되는데 대부분 무엇을 할 것

인가에만 집중하려는 경향이 있다. 그에 비해 현자들은 무엇을 할 것인가보다 무엇을 하지 않을 것인가 혹은 무엇을 해서는 안 되는가에 집중한다. 해서는 안 되는 일을 하지 않으면, 자연스럽게 해야 하는 일을 할 수 있기 때문이다.

무엇을 할 것인가에 지나치게 집착하는 이유는 가치관이 튼튼하지 않거나 생각에 여유가 없기 때문이다. 혹은 성취욕이 지나치게 강하기 때문이다. 특히 이삼십대에는 조급한 마음에 서두르기 쉽다. 조급함은 젊음의 특권이지만 지나치면 좌절감만 남는다. 나이가 들수록 해야 할 일을 찾기보다 하지 말아야 할 일을 가려내는 데 시간을 보낼 필요가 있다.

하지 말아야 할 일을 찾아내는 방법은 자기에게 질문을 던지는 것이다. "내가 하지 말아야 할 것은 무엇인가?"라는 질문을 던져보면 실제로 해서는 안 되는 일들이 발견된다. 혹은 선택이나 결단의 상황에 직면했을 때 "이것은 해야 할 일인가, 하지 말아야 할 일인가?"라는 질문을 던져보는 것도 좋다. 이런 질문은 하지 말아야 할 일을 구분하게 해주고 해야 할 일로 방향을 전환해준다. 질문에 익숙한 사람들은 일시적으로 길을 잘못 들 수는 있지만 내면이 성장하기 때문에 가는 길이 언제나 올바르다.

톨스토이는 이런 삶의 과정을 이렇게 정리해준다.

"자신을 발전시키려는 사람은 몇 번이나 과거의 방식으로 되돌아가면서도 결국은 노력을 계속한다. 뒷걸음질보다는 앞으로 나아가는 정도가 항상 더 크다. 그리하여 내면적 삶의 진보를 원하는 사람은 결국 성공하게 된다."

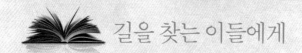

제 꿈은 글을 쓰고 강의를 하는 일입니다. 그런데 지금은 직업도 없고 나이도 서른이 넘었습니다. 그저 혼자 틈틈이 글 쓰고 아르바이트하며 지내고 있습니다. 제 꿈을 이루려면 먼저 취업을 하는 것이 도움이 된다는 생각도 해보는데 어떤 것이 우선인지 알 수가 없습니다. 취업을 하는 것이 좋을까요? 아니면 계속 글쓰기를 연습하고 책을 내려고 노력하는 것이 좋을까요?

결론부터 말씀드리자면 먼저 직장을 구하는 일을 추천합니다. 직장에서 경험을 쌓아야 글이 다채로워지고 깊어집니다. 강의를 하는 데에도 직장 생활의 경험이 큰 도움이 될 겁니다. 경험이 없으면 글도 힘이 없고 강의도 현실을 반영하지 못하는 경우가 많습니다.

취업을 한 후에 부서를 잘 골라서 하고 싶은 일과 연관이 있는 일을 맡는 것이 가장 바람직합니다. 일을 하다 보면 공부도 하게 되고 경험도 축적될 겁니다. 시간이 오래 걸리는 일입니다. 길게 보고 접근하되 긴장감을 갖고 하루를 알차게 지내야 합니다. 그 하루들이 쌓여서 5년 혹은 10년 후가 만들어집니다.

지금 쓰려고 하는 글이 문학적인 글인지 주장이 담긴 글인지 궁금합니다. 문학적인 글이라면 주변의 상황을 살피고 사색하는 일에 많은 시간을 보낼 필요가 있습니다. 주장이 담긴 글이라면 다른 사람의 글을 많이 읽고 생각하는 능력을 키워야 합니다. 어느 경우든 직장생활은 지금의 상황보다 더 폭넓은 시각을 키워줄 것입니다.

문제는 자신의 상황입니다. 일이나 공부가 손에 잡히지 않는다면 무엇을 하든 아무런 소용이 없지요. 젊었을 때 자기 안에 갇혀보는 경험도 소중할 수 있습니다. 왜 태어났는지, 나는 어떤 존재인지에 대한 실존적인 갈망으로 고민할 수도 있겠죠. 혹은 실연이나 배신의 상처로 삶의 허무를 경험할 수도 있습니다. 이러면 일이고 공부고 아무것도 손에 잡히지 않습니다. 그 순간은 괴롭습니다. 하지만 그 또한 인생이죠. 그리고 오히려 괴로운 경험들이 나중에 큰 힘이 되기도 합니다.

다른 사람의 마음이나 세상을 잘 알면 좋을 글을 쓸 수 있습니다. 다른 사람이나 세상을 잘 아는 방법이 뭘까요? 가장 좋은 방법은 자신을 탐구하는 것입니다. 자기 안에 갇혀본 경험, 실존적 허무감에 좌절해본 경험이 그 기초가 되어줄 겁니다. 지금 일에 마음이 가지 않는다면 혹은 글이 손에 잡히지 않는다면, 자기 안에서 탐색하는 시간을 가질 필요도 있다는 말입니다. 그런 순간에도 손에서 연필을 놓지 않기를 바랍니다.

> 책을 자주 내시던데 글감은 어떻게 모으시는지 궁금합니다. 그리고 글을 쓰게 된 특별한 이유나 계기가 있다면 알려주시고, 그런 계기를 어떻게 활용하는 것이 좋은지 말씀해주십시오.

글감을 따로 모아두지는 않습니다. 책을 읽다가 좋은 내용이나 사례가 나오면 잘 표시해두고 공부해두는 것이 평소 습관입니다. 그렇게 표시해둔 것들을 잘 활용하면 글감이 풍성해지는 것 같습니다.

어떤 주제에 대해 써야겠다고 생각하고 결정하면 그 주제에 맞는 책을 읽으면서 자료를 수집합니다. 주제에 맞게 책을 사서 읽고, 전에 읽은 책들에서도 자료를 뽑아냅니다.

그러고 나서는 목차를 정해보고 전체 그림을 대략이나마 그린 후에 작업을 시작합니다. 이면지 한 장이면 이런 작업은 충분합니다. 한 장으로 큰 그림을 그려놓고 시작하는 거지요.

글쓰기 훈련에 대해서는 많이 읽고, 많이 쓰고, 많이 고쳐보는 작업이 최고라 믿습니다. 책을 읽고 좋은 문장이 있으면 그 문장을 자기만의 방식으로 풀어서 해설을 달아봅니다. 읽고 있는 책에 바로 기록하는 것이 빠를 겁니다. 관련된 구체적인 사례를 기록해보는 것도 좋습니다.

틈틈이 블로그나 노트에 자신의 생각을 글로 적고 고치는 일을 반복합니다. 글은 고칠 때 실력이 많이 늡니다. 이렇게 수시로 훈련하면 좋은 문장을 만들 수 있으리라 믿습니다.

글을 쓰게 된 계기는 한마디로 말씀드릴 수 있습니다. 책을 읽다 보니 나도 좋은 책을 쓰고 싶다는 욕구가 간절해졌다고나 할까요.

참고로 제가 하는 작업들은 문장의 아름다움을 추구하는 글쓰기가 아니라, 생각을 깨우고 새로운 탐색을 유도하는 글쓰기에 가깝다는 말씀을 드립니다. 전자는 문학적이고 후자는 현실적입니다. 타고난 재질이 후자에 가깝다는 결론을 내리고 그리 가고 있습니다. 문학적인 글을 좋아하기는 하지만 역량이 부족해서 현실적인 글이 더 적합하다고 판단했습니다. 현실적인 글쓰기는 타고난 글 실력이 부족해도 훈련으로 좋아질 수 있습니다.

3부

자기 의지;

내가 중심을 잡지 않으면 삶이 나를 먹어버리지

와신상담이라고
들어봤니?

내가 만나고 경험해본 선생님은 크게 두 부류였다. 공부를 가르치는 선생님과 공부를 하는 선생님이다. 어디에 속하는지는 첫 수업을 시작하는 모습으로 알 수 있다.

  첫 번째 부류의 선생님은 첫 수업시간에 공부 계획과 진도에 대해 이야기한 뒤 곧바로 교과서를 펴라고 한다. 물론 그 후의 시간은 책을 읽고 진도를 나가는 것으로 채워진다. 두 번째 부류의 선생님은 첫 수업이 좀 이상하다. 수업 같지가 않고 엉뚱한 이야기가 이어진다. 주로 자기 인생에 대한 이야기들이다. 어찌 보면 시간을 때우는 것 같기도 하다. 그러다 종이 울리고 수업은 끝난다.

전환의 계기를 준 사회 선생님

중학교 2학년 때 만난 사회 선생님이 두 번째 부류의 분이었다. 첫 수업시간이 어렴풋이 기억나는데 진도라거나 교과서 같은 말은 꺼내지도 않으셨다. 그냥 이야기를 들려주셨을 뿐이다. 고사성어 와신상담(臥薪嘗膽) 이야기였다. 이야기는 무척 재미있었고 시간 가는 줄 몰랐다. 그 후로도 선생님은 수업시간 틈틈이 이야기를 해주셨다. 읍참마속(泣斬馬謖), 지록위마(指鹿爲馬), 사면초가(四面楚歌) 같은 고사성어 이야기였는데 영화를 본 듯 실감 났다. 지금도 당시 선생님의 목소리가 생생히 들리는 듯하다. 한번 들으면 절대 잊히지 않는 이야기가 있다는 것을 그때 알았다.

이야기를 좋아하고 중국의 고전을 탐독하게 된 것도 모두 그 선생님 덕분이다. 수업시간 틈틈이 들려주신 이야기에 매료되어 고사성어 책을 따로 사서 읽었다. 선생님 수업시간만큼 재미있지는 않았지만 나름대로 새로운 이야기를 발견하는 즐거움이 컸다. 고사성어가 익숙해지자 그 이야기들이 실려 있는 책을 찾아 읽기 시작했다. 《삼국지연의》, 《소설 손자병법》, 《초한지》, 《논어》, 《사기》 같은 책들이었다.

대학생이 되어서도 늘 책을 끼고 살았다. 글도 쓰기 시작했다. 졸업 후 취직을 했고 현재는 공부하고 글 쓰며 살고 있다. 지금 내 삶은 그때부터 시작되었다. 중2 때 사회 시간. 내 인생은 와신상담 인생이다.

요즘 학생들을 만나는 일이 많아졌다.《인문학 공부법》이라는 책을 낸 덕분이다. 학교에 인문학 열풍이 불면서 저자 초청행사가 늘어났다. 초등학교에서 고등학교, 대학교까지. 강연회마다 상황이 다르고 연령대도 차이가 난다. 하지만 강연 때마다 내 첫 마디는 이것이다.

"너희들, 와신상담이라는 말 아니?"

어느새 그 옛날의 사회 선생님을 닮아가고 있는 자신을 발견한다.

지식을 알려주는 것보다 호기심을 불러일으키거나 공부의 재미를 발견하도록 하는 것이 훨씬 나은 방법이라고 믿는다. 아인슈타인은 공부 잘하는 학생이 아니었다. 엄격한 교육 분위기에 적응하지 못했고 성적이 떨어져서 김나지움을 졸업하지 못했다. 다행히 스위스에서 독학으로 공부한 후 자유로운 분위기의 한 고등학교에 다니면서 무사히 대학에 들어갈 수 있었다.

이런 경험을 통해 그는 교사의 역할이 어떤 것인지 깨달았다.

"교사가 지닌 최고의 기술은 학생들에게 창조적 표현과 지식의 즐거움을 깨우쳐주는 것이다."

좋아하는 일을 하는 사람들

요즘은 선생님이 사회적 직업으로만 인식되고 있는 듯하다. 안전하고 근무하기 좋다는 이유로 교대의 인기가 날로 치솟고 있다. 선생님은 돈을 버는 직업, 그 이상의 무엇이어야 한다. 공부를 좋아하며 살다 보니 선생님이 되었다거나 그림이 좋아 살다 보니 미술 선생님이 되었다는 스토리를 가져야 한다. 무엇인가를 사랑해서 깊이 빠져본 경험이 없는 교사, 공부를 좋아해서 밤을 새워 책을 읽어보지 못한 교사는 진도를 빼는 데에만 집중할 것이고 아이들의 성적에만 신경 쓸 것이다. 그러면 아이들이 공부에서 재미를 찾는 일은 점점 어려워진다. 이것은 교사 자신의 삶을 위해서도 바람직하지 못하다.

이에 대해 아인슈타인은 중요한 힌트가 될 수 있는 이야기를 들려준다.

> "놀이를 통해 열정을 불러일으킴으로써 학생들을 사회의 중추로 이끌어주는 것이 교육의 과제다. 이것을 위해서 교사는 스스로 자신의 전문 분야에 대한 예술가가 되어야 한다."

교사는 자기 분야의 예술가가 되어야 한다. 스스로 예술가라고 생각하지 않는 교사는 죽은 지식만 가르치게 될 것이다. 학생들에게 자기 삶을 살 기회를 제공하려면 학생들의 가슴속에 불을 지필 수 있어야 한다. 그 방법이 바로 놀이이고 예술가들의 작업이다. 예술가인 선생님은 수업이 곧 예술이고 놀이다. 수업 자체가 자기 삶이다. 자기 수업, 자기 일을 놀이로 만들 수 있는 삶이라면 얼마나 멋질까.

이것은 교사들에게만 해당되는 말이 아니다. 우리 모두에게 마찬가지다. 자동차 판매원을 만나보면 그가 자동차를 좋아해서 그 일을 하는지, 단순히 돈 때문에 일하는지를 금방 알 수 있다. 가까운 주민센터만 가도 그렇다. 상담을 해주는 공무원이 따뜻한 마음으로 민원인의 관점에서 일을 처리하는지 찾아오는 주민을 일거리로만 대하는지 쉽게 느낄 수 있다.

세상에 잡아먹힌 사람이 있는가 하면 세상을 살아가는 사람이 있다. 먹고살기 위해 돈을 벌려는 목적으로만 매사를 대하는 사람은 세상에 잡아먹힌 사람이다. 불안한 내일이 두려워서, 주변 사람들이 무서워서 어떻게든 자신의 것을 만들고 뭔가를 모아야만 한다면 이것은 세상에 주눅이 들었다는 증거다. 주눅 든 삶은 메마르고 여유가 없고 팍팍하다. 잡아먹힌 사람은 노예의 삶을 산다.

살아가는 삶을 사는 사람은 자신만의 방향을 가지고 있다. 마음이 가는 쪽을 따라가며 크게 흔들리지 않고 잔잔한 미소로 나아간다. 두려운 내일도, 험난한 세상도 괜찮다고 믿는다. 돈을 벌기 위해 일을 하기는 하지만 그것보다 더, 그 일이 자신의 소명이라고 믿는다. 그들이 일을 대하는 태도는 남들과 확연히 구분되고 방법에서도 차이가 뚜렷하다.

젊은이들은 어떻게 하면 좋아하는 일을 찾을 수 있는지 자주 묻는다. 답은 간단하다. 자신이 재미있고 좋다고 느끼는 일을 하라는 것이다. 이렇게 말하면 막연할 것 같다. 그런데 그 외에 다른 답이 없다. 사람의 감각은 정직하다. 좋은 것은 좋다고 느낀다. 아름다운 모습을 보면 아름답다고 느껴진다. 멋있으면 멋있게 보인다. 싫으면 싫다고 느끼는 것이 사람이다. 그 순간의 경험을 놓쳐서는 안 된다.

좋아하는 일을 찾지 못하는 것은 세상의 소리가 너무 시끄럽기 때문이다. 시끄러운 소리들은 우리의 감각에 마취제를 놓는다. 남들이 좋다고 생각하는 것을 따르게 하고 욕심을 부풀려서 좋아할 수 있는 일을 초라하게 만든다. 허파에 바람만 잔뜩 들어 타고난 개성을 날려버린다. 그러니 남들의 말, 특히 부모의 말을 무작정 따라서는 안 된다. 소통은 하되 길은 자기 길을 가야 한다. 재미있고 좋다고 느끼는 길을 가야 한다.

사회 선생님의 수업은 수업 같지 않았다. 그때까지 겪어왔던 수업과 확실히 달랐다. 교과서를 읽거나 밑줄을 긋거나 외워야 할

부분이 무엇인지 알려주는 수업이 아니었다. 사건이나 인물에 대해서 이런저런 이야기를 나누는 것이 전부였다. 족집게 과외처럼 이것이 중요하고 저것은 시험에 나온다는 식의 수업에서는 느낄 수 없는 자연스러움이 있었다. 굳이 말하자면 그냥 좋았다. 그것은 좋아하는 일을 하는 사람만이 줄 수 있는 황홀이었다.

■ 모든 것이 기적인 것처럼

반대의 경우도 있다. 물론 자주. 2012년 노벨 생리의학상 수상자인 존 거든 영국 캠브리지대 교수는 이튼스쿨을 다니던 시절 생물 과목에서 꼴찌를 받을 만큼 성적이 엉망이었다. 그는 그 이유가 선생님의 수업방식이 재미없었기 때문이라고 했다. 수업시간에 선생님은 자신이 하고 싶은 이야기를 일방적으로 전달하고 받아 적게 한 후 그것을 얼마나 잘 기억하는지로 평가했다는 것이다. 하지만 그는 생물을 좋아했고 다음 학년부터는 다른 선생님에게 배워 성적이 조금 좋아졌다고 한다.

그는 성적이 나빠도 흥미 있는 과목을 계속 공부해나가다 보면 원하는 것을 얻을 수 있다고 말했다. 성적은 학교에서 점수를 매기기 위해서 만든 것일 뿐 한 사람의 재능이나 가능성과는 무관한 경우가 많다.

너무나 재미없는 수업들, 심지어 두려워서 피하고 싶기도 했던 수업을 우리는 기억하고 있다. 학창 시절의 기억이 상처투성이인 사람이라면 그 원인의 상당 부분은 기막힌 수업 탓일 것이다. 이런 수업의 경험은 과목에 대한 재미를 떨어뜨리고 세상에 대한 긍정성마저 위협할 수 있다. 하지만 수업이 재미없고 힘들었다는 이유로 좋아하는 것을 버리는 것은 어리석은 일이다. 그런데 불행히도 그런 일이 자주 일어난다. 비참한 수업을 경험한 학생들은 자신이 좋아하는 것을 발견하기도 전에 세상을 향한 호기심을 잃어버리고 만다.

어른이 되고 나면 이런 경험의 그늘에서 스스로 벗어날 수 있어야 한다. 어린 시절의 상처를 뛰어넘을 수 있다는 것 자체가 어른이 되었음을 보여준다. 과거에 발목이 잡혀 있다면 아직 어른이 되었다고 할 수 없다. 성장하면서 감동적인 모습을 보여주는 선생님이나 주변 사람을 만나지 못했다거나, 먹고살기에 정신이 없어 그런 사람을 돌아볼 여유가 없었다거나 하는 말은 쉽게 할 수 있다. 그런 핑계들이 자신에게 위로를 줄 수 있을지는 모르지만 새로운 가능성의 세계로 들어가도록 도와주지는 못한다. 미래가 두려워 혹은 더 나은 미래를 위한다는 핑계로 진정한 삶에 다가갈 용기를 내지 못한다면 그것은 자신의 책임이다. 나이가 들면 자신의 삶에 책임져야 하고 질 수밖에 없다.

아인슈타인은 인생을 살아가는 방법에 대해서 이렇게 말한다.

> "인생을 살아가는 데는 오직 두 가지 방법밖에 없다.
> 하나는 아무것도 기적이 아닌 것처럼, 다른 하나는 모든 것이
> 기적인 것처럼 살아가는 것이다."

　그의 삶을 돌아볼 때 이 말은 분명한 가치가 있다. 그는 자연의 아름다움에 늘 감탄하면서 살았다. 음악과 바다를 사랑했고 항상 바이올린을 가지고 다니며 주위를 즐겁게 했다. 학교에서는 낙제에 가까운 점수를 받았고 대학도 재수 끝에 겨우 들어갈 수 있었다. 성적이 나빠 교수들에게 큰 기대를 받은 적도 없지만 수학과 과학, 자연에 대한 호기심만은 잃지 않았다. "성적이 나빠도 좋아하는 과목을 꾸준히 공부하면 원하는 결과를 얻을 수 있다"는 존 거든의 말과 일치하는 삶을 살았다.

　살아가면서 환상적인 수업을 듣는 경험을 할 수 있다면 좋은 일이다. 그 경험의 끈을 잡고 살아가다 보면 자신이 바라는 삶의 길을 발견하고 춤추며 나아갈 수 있을 것이다. 그와는 반대로 고달프고 힘든 경험들로만 이루어진 삶도 있을 것이다. 하지만 그런 경험들 속에서도 자신이 잘하고 싶고 좋아할 만한 것들을 발견할 기회는 늘 있는 법이다. 어떤 경우든 자신의 길에서 환희의 수업을 할 수 있는 사람이 된다면 그 삶은 풍성할 것이다.

이런 이들은 사람들을 만나면 이렇게 말한다.

"혹시 와신상담이라고 들어보셨나요?"

나를 안다는 것은 무엇일까

"델포이 신전에 가본 적 있나?"
"네, 두 번쯤 있습니다."
"거기에 '너 자신을 알라'고 쓰여 있는 것을 보았는가?"
"보았습니다."
"그 구절을 읽고 무슨 생각이 들었나?"
"…"
"자기 자신을 안다는 것은 자기 이름을 아는 사람일까?
아니면 어떻게 하면 인류를 위해 무엇을 할 수 있는지
자신의 능력을 아는 사람일까?"

소크라테스는 자신이 누구인가에 대한 이야기를 이렇게 풀었다. 삶의 목적은 자신을 실현하는 것이라고들 한다. 자신을 실현하자면 자신을 알아야 한다. 인생이라는 긴 시간에 무엇을 할 것인가는 자신이 누구냐에 달려 있다. 그것을 알면 덜 흔들리고 덜 불안해하면서 자기실현의 기쁨에 살 수 있다.

자기를 알아가는 과정

평생 '너 자신을 알라'는 질문을 던지며 살았던 소크라테스야말로 자신이 누구인지에 대해 알 수 있는 중요한 열쇠를 쥐고 있을 가능성이 높다. 그는 평생 이 질문을 자신에게 던졌고 제자들도 그것을 발견할 수 있도록 노력했다. 그가 남긴 답은 발견할 수 없지만, 그의 제자 크세노폰이 남긴 소크라테스와의 대화를 통해서 유추해볼 수는 있다.

그는 먼저 자기를 아는 사람은 자기 이름이나 가족을 구분하는 정도가 아니라는 사실을 명확히 했다. 그가 말하는 '자기를 아는 것'이란 그렇게 작은 일이 아니었다. 그는 세상을 따뜻하게 만들기 위해서 자신이 어떤 능력을 발휘할 수 있는지를 아는 것이야말로 진정으로 자기를 아는 것이라고 생각했다. 그래서 친절하게 자세한 설명까지 덧붙여준다.

> "자기를 아는 사람은 무엇이 자신에게 적합한지 스스로 알며,
> 무엇을 할 수 있고 무엇을 할 수 없는지를 분별하며, 또 어떻게
> 할 것인지 아는 바를 해냄으로써 필요한 것을 얻고, 모르는 것을
> 삼감으로써 비난받지 않고 불행을 피해 가는 것이라네."

그는 먼저 자신에게 적합한 것이 무엇인지 알아야 한다고 말했다. 그리고 무엇을 할 수 있고 할 수 없는지를 구분할 수 있어야 한다고 했다. 자신에게 적합한 것을 아는 것과 할 수 있는지를 아는 것은 동시에 고려해야 하는 과정이다. 한번 생각해보는 것만으로 풀리는 문제가 아니라는 말이다. 오랫동안 이런저런 경험과 시도를 통해서 자신에게 적합한 것이 무엇인지 발견하려고 노력해야 그것이 무엇인지 감도 오는 법이다.

특별히 하고 싶은 것이 없었던 나는 법대에 진학했다. 물론 전공은 전혀 재미가 없었다. 공부 대신 집회에 다니고 동아리 활동을 하며 책이나 읽는 것으로 재미없는 삶을 보상하며 지냈다. 그러다 회사에 들어갔고 조직생활을 시작했다. 적응은 잘 해나갔지만 여전히 재미는 없었다. 무엇을 잘하는지 분명하지도 않았고 무엇을 할 수 있을지 판단도 서지 않았다. 그러다 강의하는 일을 하게 되었고 좋은 강의를 위해 이런저런 시도를 반복했다. 처음에는 잘할

수 없을 것 같았다. 그래도 계속했다. 나에게는 남다른 장점이 있었다. 적응력이었다. 그 힘으로 적응해나가면서 예전에 읽었던 책들과 새로운 것들을 접목했다. 그러다 보니 할 수 있는 것이 많아졌다. 무엇이 가능한지 감도 잡게 되었다.

대학 시절 노트에 일기처럼 끼적여둔 기록들에는 내 글 솜씨에 대한 한숨이 가득 담겨 있다. 한심한 어휘력과 글 전개는 좌절감을 주기에 충분했고, 출판사에 보낸 글들에 대해서는 어디서도 답장 하나 못 받았다. 회사에 다니면서도 글쓰기를 계속했고 원고 뭉치를 투고하는 일도 계속했지만 여전히 답장은 없었다. 할 수 없다는 생각이 들기도 했고 할 수 있을 것 같다는 생각이 들기도 했다. 그런 생각이 수십 번 반복되던 어느 날 답장이 왔고 드디어 책도 나왔다. 책이 나오자, 내가 책을 쓸 수 있는 사람임을 알았다.

자신이 어떤 일에 적합하며 무엇을 할 수 있고 없는지는 긴 과정을 통해서만 확인할 수 있다. 간혹 머릿속을 어지럽히는 '내가 할 수 있을까' 하는 생각은 순간적인 회의일 뿐이다. 그 순간 할 수 없다는 생각이 들어도 그것이 나에게 적합한 일이라면 계속하게 되고, 결국엔 할 수 있는 순간이 온다. 그러면 자신에게 적합한 무엇인가를 발견하게 된다.

자기를 실현하는 과정

자기를 아는 사람은 자신에게 어떤 일이 적합한지 안다. 무엇을 할 수 있고 무엇을 할 수 없는지를 분별할 수 있다. 어떻게 해야 해낼 수 있는지도 안다. 그렇게 해서 자신만의 방법에 확신을 갖게 되고, 노하우를 쌓으면서 일을 하는 훌륭한 시스템도 갖추게 된다. 그 과정이 곧 자신을 실현하는 과정이며, 그것을 통해 필요한 것을 얻고 살아간다.

소크라테스는 이 과정에서 중요한 것을 놓치지 말라고 강조한다. 즉, 자신이 모르는 것은 삼가는 것이다. 그래야 비난받지 않고 불행을 피해 갈 수 있다. 여기서 자신이 모르는 것이란 잘하지 못하는 것, 하지 않아도 되는 것, 해서는 안 되는 것을 말한다. 잘하지 못하는 것은 내가 잘 모르는 것이다. 하지 않아도 되는 것은 모르는 것이 낫다. 그리고 해서 안 되는 것은 몰라야 한다. 잘하지 못하는 것을 하면 반드시 실패하고, 하지 않아도 되는 것을 하면 잘하는 것을 할 시간이 부족해지며, 해서는 안 되는 것을 하면 비난과 불행이 뒤따른다.

일을 하다 보면 자신이 잘하지 못하는 일을 해야 하는 순간이 오기 마련이다. 이런 일은 될 수 있으면 피해야 한다. 그런 일을 해야 하는 순간이 오더라도 나보다 잘하는 사람, 적합한 사람을 발굴해서 그에게 맡겨야 한다. 요즘 사람들은 하지 않아도 되는 일에 너무 많은 시간과 에너지를 사용한다. 만나지 않아도 되는 사람을 만나고, 마음에도 없는 엉뚱한 공부를 하느라 시간을 보낸다. 주변의 목소리와 광고에 쉽게 현혹되고 틈만 나면 인터넷이나 스마트폰을 기웃거린다. 해서는 안 되는 것을 판단할 수 있는 기준이 없고 판단의 경험도 없어 이것저것 손대다가 비난만 받는다. 그러면서도 왜 비난받는지 알지 못하고 사람들이 이상하다고만 한다.

모르는 것을 삼갈 줄 알아야 자신이 해야 할 것과 그것을 실현하는 현명한 방법을 찾아내는 데 집중할 수 있다. 자기실현이란 무엇을 해야 하는지 알고, 그것을 해나가기 위해 하지 말아야 할 것은 하지 않고, 자신이 발견한 방법을 구체화하여 실천해나가는 연속된 과정이다. 하지 말아야 할 것을 삼가라는 말은 인생 대가들의 공통된 메시지다.

이를 정리하면 다음과 같이 몇 가지 단계가 된다.

1. 자신이 무엇을 할 수 있는지 기회를 찾고 경험으로 확인해나간다.

2. 잘할 방법을 고민하며 실행을 통해 자신에게 적합한 것을 찾는다.

3. 자신만의 구체적인 방법으로 적합한 일을 해나간다.

4. 이 과정에서 잘하지 못하는 것, 할 필요가 없는 것, 해서는 안 되는 것과는 거리를 둔다.

이것이 자신을 실현하며 내가 누구인지를 아는 과정이다. 또한 자신의 의무에 대한 자발적인 복종의 과정이기도 하다.

대충 인생은 없다

우리는 이 과정에서 몇 가지 갈등 상황을 경험하게 된다. 자신이 하고 싶은 것과 해야만 하는 것 그리고 할 수 있는 것이 같을 수도 있지만 다를 수도 있기 때문이다. 물론 이 세 가지가 모두 일치한다면 그야말로 좋은 일이다. 문제는 하고 싶은 것과 해야 하는 것이 다른 갈등상태, 혹은 할 수 있는 능력이 없는 좌절상태일 때 생긴다.

먼저 갈등상태에 대해 생각해보자. 하고 싶은 것과 해야 하는 것이 다르다면 문제가 크다. 기획부서에서 일하고 싶은데 회사에서 마케팅부서에 배치했다면 갈등이 생긴다. 심하게는 회사를 그만둘 수도 있다. 마음이 콩밭에 가 있다면 무엇을 하든 집중력을 발휘하기 어렵다. 잘되는 일이 없다는 말이다. 이때는 찰스 핸디의 도넛을 통해서 해답을 발견할 수 있을 것이다.

좌절상태라면 상황이 좀 다르다. 하고 싶은 것과 해야 하는 것이 일치하기는 하지만 그것을 할 수 있을 것 같지가 않다. 몇 번 시도했다가 실패까지 했다. 이 문제는 자기계발 분야에서 오랫동안 다뤄온 주제이기도 하다. 능력을 훈련하거나 그런 능력을 갖춘 사람과 함께 일하는 것이 대표적인 방법이다. 하지만 말이 쉽지 능력을 훈련한다는 게 쉬운 일은 아니다. 큰 고통이 따르는 일이다. 가능성에 대한 확신도 없이 오랫동안 한 가지에 집중하기란 현대 사회에서 쉽지 않은 선택이다. 이런 고통이 문제가 되는 것은 이런 이유로 많은 사람이 자기를 실현하는 일을 포기하거나 그저 환상으로만 여기고 멈추어버리기 때문이다. 고통은 사람을 멈추게 한다.

하지만 사람은 여유나 권태로운 시간보다는 고통과 고난의 시기에 더 큰 깨달음을 얻는다. 특히 자신이 누구이며 어떤 일에 적합한지, 무엇을 할 때 행복한지에 대해서는 고통과 고난이 그 해답을 줄 때가 많다. 세상의 현자들이 고통과 고난을 두려워하지 말라고 한목소리를 내는 것도 이 때문이다. 우리는 힘든 싸움을 통해서 자신이 어떤 적과도 맞설 수 있다는 사실을 깨닫는다. 그런 싸움이 없다면 자신의 한계를 알 수 없고 그것을 넘어설 기회도 얻지 못한다.

무엇을 시도했는데 할 수 없다는 결론에 도달했다면 싸움에서 진 것과 같다. 이를 통해 자신의 한계를 알 수 있다. 싸움에서 져도 한계를 알 수 있으니 좋은 일이다. 개중에는 포기하지 않고 또 싸움을 거는 이들이 있다. 그리고 결국 이겨내는 이들도 있다. 이들은 자신의 한계를 넓히며 자신을 실현하는 사람들이다.

요즘처럼 편하게 살고 싶다는 욕망이 확산된 시대도 없을 듯하다. 먹고살기 힘든 시대적 분위기는 편안한 삶에 대한 욕망을 자극한다. 재산이 몇십억 정도 된다면 강남에 빌딩 한 채 사서 임대료 받아가며 편하게 살고 싶다는 마음은 누구나 있을 것이다. 이런 삶에는 고통이나 고난이 없을 것처럼 여겨진다. 이런 삶을 희망하는 것도 편하게 즐기며 살 수 있을 것으로 보이기 때문이다. 하지만 그런 순간이 온다고 해도 삶은 그렇게 만만하지 않다. 돈이 넉넉해도 자신이 누구인지 알 기회가 없다면 정신적 황폐함이라는 후폭풍을 맞아야 한다.

인생은 절대 대충 살아지지 않는다. 돈이 많으면 많은 대로, 없으면 없는 대로 문제는 늘 있다. 넉넉한 재산으로 편하게 살고 싶은 마음은 매 순간 최선을 다하려는 의지가 사라졌거나 잠재력을 발휘하려는 마음이 약해졌을 때 생긴다. 물론 이것은 세상이라는 괴물, 고통과 고난이라는 장애물에 사로잡혀 나약해졌기 때문이다. 빌딩이 없고 안정적 수입이 없어도 괜찮다는 생각, 자신의 능력과 태도로 살아갈 수 있다는 확신이 있다면 그런 환상을 가질 필요가 없다.

다행스러운 것은 자신이 누구인지를 알고 어떻게 하면 되는지 감을 잡고 살아가는 사람들을 주변에서 발견할 수 있다는 것이다. 자신이 할 수 없는 것은 받아들이고, 할 수 있는 것은 해나가면서 자기실현의 길을 묵묵히 가는 사람들은 어디에나 있다. 그들을 통해 위로받고 자극받으며 함께 간다면 그렇게 어려운 길은 아닐 것이다. 자기 일상에 대해 통제력을 발휘할 수 있다면 말이다.

에리히 프롬은 절제된 행복의 중요성을 강조하며 이렇게 표현한다.

"기쁨은 자기실현이라는 목표를 향해 가는 도상에서
우리에게 다가오는 체험이다."

기회는
스스로 돕는 자를 돕는다

사람에게는 평생 세 번의 기회가 온다고 흔히들 말한다. 기회란 인생의 큰 전환점이 되는 중요한 시점이다. 이런 기회는 누구나 바라는 일이고 이것을 얻기 위해 일을 하고 사람을 만나는 경우도 많다. 사람들은 늘 기회만 오면 이렇게 하겠다 저렇게 하겠다 하며 결심을 떠벌이곤 한다. 그렇지만 그렇게 기다리던 기회는 오지 않는 것 같고 시간은 흘러 나이만 먹어간다. 그러다 보니 기회에 대해 대부분 이렇게 말한다.

"저한테 인생을 바꿀 기회는 오지 않을 것 같아요. 그런 일은 멀게만 느껴져요. 기회가 뭔지 감도 잘 오지 않고요."

내게는 기회가 없었다고 말하는 사람들

사람들은 불만이 많다. 자기에게 기회가 주어지지 않는다고 생각한다. 앞으로도 기회가 없을 것이라 느낀다. 이런 경향은 스스로 아웃사이더라고 생각하는 이들에게서 흔히 찾아볼 수 있다. 지방대나 전문대에 다니는 학생들, 중소기업에 다니는 직장인들, 영세 자영업자들 중에는 스스로를 낙오자라 칭하는 이들도 있다. 개천에서 용 나는 시대는 갔고 평생 미꾸라지로만 살아야 한다는 시대적 한숨이 안개처럼 퍼져 있다.

한번 지나가면 다시 되살릴 수 없는 것이 네 가지가 있다고 한다. 이미 뱉어버린 말, 쏘아버린 화살, 지나가 버린 시간 그리고 잃어버린 기회가 그것이다. 뱉어버린 말은 주워담을 수 없고, 쏘아버린 화살은 지나간 시간처럼 되돌릴 수 없다. 잃어버린 기회 또한 마찬가지다. 게다가 기회는 자주 오지 않기 때문에 늘 기회가 아닌지 살펴봐야 한다. 빨리 지나가는 기회를 잡으려면 몸도 민첩해야 하고 정신도 항상 잘 살펴야 한다는 세네카의 말이 잘 대변해준다.

그런데 진짜 문제는 따로 있는 것 같다. 자신에게는 놓칠 기회조차 없다고 생각하는 낭패감이다.

인생의 기회에 대해서 이야기를 나누다 보면 사람들이 기회를 어떻게 생각하는지 알게 된다. 보통은 기회를 아주 크고 눈에 잘 보이는 것으로 생각한다. 그러다 보니 크고 잘 보이는 기회만을 찾는다. 하지만 기회는 그렇게 크거나 화려하지 않고, 당연히 잘 보이지도 않는다. 어떻게 생각하면 기회란 원래 없는 것인데 사람들이 기회라고 생각하다 보니 기회가 되는 것인지도 모른다.

혹은 노력하기 싫어서 기회가 아니라고 생각해버리고 넘어갈 수도 있을 것이다. "대부분 사람이 기회를 놓치는 것은 그것이 작업복을 입었고 일처럼 보이기 때문이다"라는 에디슨의 말처럼. 이것이 기회다 싶으면서도 선뜻 뛰어들기가 두렵거나 짐짓 외면하게 되는 것은 가능성을 확신할 수 없거나 노력해야 하는 과정이 싫어서다. 그렇게 보면 기회도 결국은 그 사람이 가진 습관이나 부지런함 같은 특성에 의존하는 듯하다.

기회는 눈에 보이지 않는 경우가 있는가 하면 다른 모습으로 드러나는 경우도 있다. 인생에 대한 공부를 해보면 현자들이라고 불렸던 사람들의 재미있는 모습을 발견하게 된다. 쇼펜하우어, 니체, 세네카 같은 대단한 사람들도 인생의 세속적 성공에 대하여 강한 열망이 있었다는 사실이다. 우리는 이들이 정신적인 성찰과 깨달음만을 추구했을 것으로 생각하지만 그렇지가 않다. 오히려 세속적이고 물질적인 성공에 대한 욕망이 누구보다 강했던 이들이다. 그들의 글을 읽다 보면 세속적으로 성공하는 방법들에 관한 내용이 많고 때로는 그런 욕망의 좌절에 절규하는 모습도 보인다. 재미있는 것은 그들이 남긴 놀라운 글과 통찰력 있는 문장들은 이런 세속적인 욕망이 좌절되고 난 이후의 깨달음에서 나온 예가 많다는 것이다. 하나의 문이 닫히면 새로운 문이 열리듯 세속적인 실패가 정신적인 통찰의 길로 안내했던 것이다. 다시 말해 세속적 실패가 정신적 성공의 기회가 되었다고나 할까.

작고 사소한 것, 그것이 기회였다

기회에 대한 우리의 생각을 철학자나 사상가들은 어떻게 볼까? 그들 또한 인간이었기에 어떻게든 기회를 잡아보려고 했을 것이고, 또 기회를 놓쳐 실패하기도 했을 것이다. 그래서 괴테도 "예술은 길고 인생은 짧다. 판단은 어렵고 기회는 지나간다"는 말로 너무 쉽게 지나가 버리는 기회에 대해 아쉬움을 표하기도 했다.

염세주의자로만 알고 있는 쇼펜하우어는 자존심이 매우 강한 사람이었다. 자신은 엄청난 가치를 가진 사람이며 자신의 철학은 언젠가 사람들로부터 크게 인정받게 될 것이라고 믿었다. 그리고 실제로 사람들에게 좋은 평가를 받기 위해 무진장 노력했다. 하지만 당시 철학계는 헤겔이라는 슈퍼스타가 최고의 위치를 선점하고 있어서 쇼펜하우어가 설 자리가 마땅치 않았다. 엄청난 자부심을 가졌음에도 그는 늘 헤겔의 그늘에 가려 어둠 속에 머물러야 했다.

쇼펜하우어가 세상에 알려지게 된 계기는 그의 뛰어난 철학책들이 아니라 오히려 인생에 대한 자신의 경험과 생각들을 담아놓은

《인생론》이었다. 《인생론》은 《의지와 표상으로서의 세계》와 같은 뛰어난 철학을 담지는 못했지만 인생을 힘겹게 살아가는 사람들에게 깊은 인상을 남겼고 덕분에 쇼펜하우어는 인생론 분야의 슈퍼스타가 되었다. 그에게 기회는 집중력을 발휘해서 몰입하던 곳이 아닌 인생론이라는 엉뚱한 분야에 있었다. "모든 부(富)는 아주 작은 기회를 잡는 것에서부터 시작된다"는 자신의 말을 스스로 증명한 셈이다.

쇼펜하우어뿐만 아니라 대부분 거장은 우연한 기회 혹은 아주 사소하고 작은 일을 통해서 자신을 증명했고 덕분에 유명해졌다. 이들이 자신의 작은 재능, 작은 분야, 작은 공간을 무시하지 말라고 강조하는 것은 이런 이유에서다. 아무리 사소해 보이는 재능이나 일이라 해도 시간이 지나면 전혀 다른 모습으로 드러나는 예가 많다. 그런 점에서 작은 재능과 일이야말로 중요한 기회가 될 수 있다.

소포클레스는 "기회는 자기 자신을 돕지 않는 사람을 결코 돕지 않는다"고 했다. 아주 작고 사소한 것이지만 그것이 실마리가 되어 자신을 뿌리내릴 수 있다. "현명한 사람은 얻는 기회보다 자기가 만든 기회가 더 많다"는 베이컨의 말처럼 자신이 스스로 기회를 만들려고 노력하는 태도가 중요하다. 그때 작은 재능과 일이 커다란 기회가 될 수 있다.

여기서 자신의 재능과 일을 펼칠 수 있는 공간을 마련하는 것이 중요하다. 혼자 연습하고 훈련하는 것도 필요하지만 어느 정도 훈련이 되고 재능이 있다 싶으면 그것을 사용하고 갈고닦을 기회를 더 크게 만들어야 한다. 책을 좋아하는 사람이 주변의 친구, 동료들을 설득하여 함께 책 읽고 공부하는 모임을 만드는 것이 대표적인 예다. 대학생이라면 자신이 좋아하고 잘하는 것을 연습하고 훈련할 수 있도록 친구들을 모아 소규모 모임이라도 시작해보는 것이 어떨까. 직장인이라면 다른 사람들이 인정하는 재능을 발휘할 기회를 찾아내고 회사에 요구해서라도 자꾸 뭔가를 시도할 필요가 있다. 디자인에 재능이 있다면 자기 일이 아니라도 디자인과 관련된 일에는 팔을 걷고 나서야 한다. 동영상 편집을 잘하면 회사에서 요구하지 않아도 일과 회사를 소개할 수 있는 자료를 만들어 배포하는 것도 방법이다. 어떻게든 자신의 작은 재능을 연습하고 세상에 내보이는 작업을 반복하지 않으면 기회는 오지 않는다.

아테네의 웅변가 데모스테네스는 "작고 우연한 일을 자발적으로 하다 보니 다른 결과가 나왔다. 작은 기회가 위대한 사업의 시작인 경우가 많다"고 지적한다. 자발적인 시작이 중요함을 강조한 것인데, 자신이 그렇게 해서 기회를 잡았기 때문이다.

그는 선천적으로 발음이 부정확하고 말을 더듬는 사람이었지만 기를 쓰고 노력해서 극복했다. 사람들이 모여 있는 곳에 가지 못하도록 스스로 머리카락을 절반이나 밀어버리고 지하실에 서재를 만들어 그곳에서 혼자 말하는 연습도 했다. 실력이 조금 늘었다는 생각이 들었을 때 재판에 참여해서 스스로 훈련의 기회를 만들었다. 당시에는 소송을 당하면 스스로 연설을 하거나 변론을 했는데, 연설능력이 부족한 사람들은 연설문을 작성해주는 전문가의 도움을 받을 수밖에 없었다. 데모스테네스는 그 일을 통해 자신을 훈련했고 결국 사람들의 마음을 움직이는 놀라운 능력을 갖추게 되었다. 재산도, 기술도, 직업도 없던 그가 연설가로 성공할 수 있었던 비결은 작은 기회를 통해 자신을 반복해서 훈련한 것이었다.

기회는 만드는 것

우리에게 중요한 것은 자신의 현재 상황이 아닌 듯하다. 되는 일이 없고 사는 것이 힘들다는 이유로 주변 상황을 비관적으로 보고 자신을 보잘것없는 존재로 치부하는 이들이 많다. 하지만 그럴수록 더 나은 삶을 위해 자신을 잘 살필 필요가 있다. 자신을 잘 살피면 작은 재능 혹은 작은 욕망을 발견하게 될 것이고 그것이 중요한 실마리가 될 것이다.

팔짱 끼고 기다린다고 기회가 찾아오지는 않는다. 기회는 원래 없다. 사람이 일을 만들고 펼치며 훈련하기를 반복하다 보니 기회였던 것처럼 생각될 뿐이다. 성공했다는 사람들이 아주 작은 우연한 일 혹은 사소한 만남에서 기회를 얻었다고 말하는 것도 이 때문이다. 지나고 나서야 그렇게 보이겠지만 실제로는 자신이 만든 기회였다. 그리고 그 기회는 지금 우리가 각자 서 있는 곳 혹은 내면에 있다.

니체는 《즐거운 학문》에서 이렇게 외친다.

"네가 서 있는 그곳을 깊이 파헤쳐라!
그 아래에 샘이 있다!
몽매한 인간들일랑 외치도록 놔두어라:
'아래에는 언제나 지옥뿐이다!'라고."

일상에 질서를 만들면
그것이 모여 내 삶이 된다

"아빠, 나는 누구야?"

"안서경."

"그건 이름이잖아."

여덟 살짜리 딸아이도 정체성에 대한 질문을 할 줄 안다.

'나는 누구일까?'

살다 보면 이런 고민을 한 번쯤은 하게 된다. 이런 의문은 뜬금없이 생겼다가 어느새 사라진다. 특히 사는 것이 재미있을 때보다는 우울하고 힘들 때 문득 떠오르곤 한다.

내가 누구인지 나타내는 것은 행동이다

내가 누구인가 하는 문제는 사실 역사상 수많은 철학자가 주제로 삼아온 것이기도 하다.

그중에서도 괴테의 이야기가 가장 재미있게 들린다.

"자기 자신을 정확히 알 수 있는 방법은 무엇일까?
관찰을 통해서는 절대 불가능하지만 행동을 통해서는 가능하다.
자신의 의무를 다하도록 노력해보라. 그러면 곧 자신이
어떤 사람인지 알게 될 것이다."

내가 누구인지에 대해서 생각만 하는 것으로는 부족하다. 어림도 없다. 생각하는 것만으로는 자신의 존재를 발견할 수 없다. 우리는 자신을 어떤 매개체와의 관계 속에서만 파악할 수 있기 때문이다. 괴테는 자신을 알게 해주는 매개체와의 관계를 행동이라고 말한다. 자신이 무엇을 하는지 어떤 행동을 하는지를 살펴보면 자기를 보다 선명하게 알 수 있다는 것이다. 특히 자신의 의무를 다할 때 자신이 어떤 사람인지 알 수 있다고 한다.

그의 말은 세 가지 의미를 담고 있다. 하나는 의무를 당연한 것으로 받아들이라는 메시지다. 의무라는 말은 당연히 해야만 하는 강제된 어떤 것을 나타낸다. 괜히 하기 싫고 피하고 싶어지지만, 괴테는 의무를 받아들이라고 한다. 그래야 존재를 드러낼 수 있기 때문이다. 아버지는 아버지로서의 의무가 있고, 용접공은 용접공으로서의 의무가 있으며 학생은 학생으로서의 의무가 있다. 그가 가진 의무가 무엇이냐에 따라 그가 어떤 존재인지 드러난다. 스스로 공부해야 한다고 느끼는 사람이라면 학생일 것이고, 물건을 팔아야 한다고 느낀다면 사업가일 것이다. 아이들을 보살펴야 한다고 느낀다면 부모이거나 교사임이 분명하다.

세상에는 좋아서 하는 일이 있고, 해야 하기에 하는 일이 있다. 자유의지로 하는 일은 재미있는 일이거나 미래를 풍족하게 해줄 것으로 기대되는 어떤 것과 연관될 가능성이 많다. 의무로 하는 일이라면 현재를 유지하기 위해 혹은 자신을 지키기 위해 이루어지는 활동이 분명하다. 괴테의 말은 세상에는 해야 하기에 하는 일도 있으며 그것이 자신을 드러내는 중요한 요소임을 밝혀준다. 여기서 중요한 것은 자신이 의무라고 느끼는 것도 선택한 것일 수 있다는 것이다. 자유의지로 의무를 선택할 수 있는 것이 인간이다. 영업부에 지원했다면 스스로 영업을 선택한 것이고 그것을 의무라 여기고 집중할 때 자신이 누구인지 드러난다.

마지막 의미는 의무적인 행동이나 일이라 해도 계속하다 보면 익숙해진다는 것이다. 익숙해지면 잘할 수 있게 된다. 잘할 수 있게 되면 좋아진다. 좋아하는 일이 아니지만 하다 보니 좋아지는 경우는 흔하다. 같은 학교를 다니거나 같은 사무실에 근무하거나 같은 일을 하며 자주 부딪히다 보니 친해져서 연인이 되는 예도 얼마든지 있다. 자주 부딪혀 친근하고 편하게 느끼면 좋아진다. 오래 입은 바지가 편하고, 매일 운전하는 차가 아늑한 법이다. 괴테는 "사람은 자기가 만들어낸 것에는 애정을 품고, 배워 익힌 것에는 확신을 가진다"는 말로 이 점을 정확하게 지적한다.

자신이 하는 일이 의무라면 그 의무에 최선을 다해보자. 그때 내가 누구인지 알 수 있다. 게다가 의무에 최선을 다하는 삶을 통해 새로운 삶의 가능성도 발견할 수 있다. 매일 출근해서 하는 일이 복사나 회의 자료를 정리하고 만드는 일이라 해도 그 일에 최선을 다하면 새로운 출구를 발견할 수 있다. 학생이라면 공부에, 사업가라면 일에, 어머니라면 육아에 각자의 위치에서 해야 할 의무를 다해보자. 자신이 누구인지 알게 될 것이다.

자신이 누구인지 알게 되면 편해진다. 내가 이런 사람이구나 싶은 마음에 그것에 더 집중하게 되고 안정적으로 꾸려나갈 수 있다. 의무지만 그것에서 보람과 의미, 재미를 발견할 수 있다.

의무를 충실히 한다는 것

그렇다면 구체적으로 어떻게 해야 할까? 괴테의 다음 말을 음미해보자.

> "살아 있는 정신이란 실천적 목표를 가지고 가장 가까이 있는 것에 충실하는 것이다. 이것이야말로 지상에서 가장 바람직하다."

괴테는 실천적 목표에 충실하라고 하면서 그것은 가장 가까이 있는 것에서 시작된다고 했다. 여기서 가까이 있는 것이란 지금 하는 일, 지금 있는 곳, 지금의 가족과 친구들을 말한다. 그날그날 해야만 하는 의무적인 일들, 지금 회사에서 하는 구체적인 일, 지금 해야만 하는 행동, 가족과 친구들을 위해서 해야만 하는 구체적인 행동에 충실해야 한다는 것이다. 우리 삶은 하나하나의 행동으로 이루어져 있다. 이런 구체적인 행동들이 모여 삶이 된다. 그 삶은 내가 누군지를 보여주고 발견하게 해준다.

많은 이들이 뜻밖의 행운이나 기회를 바라지만 그런 일은 일어나지 않는다. 삶은 매일매일의 일과가 바뀌지 않으면 아무것도 바뀌지 않기 때문이다. 내가 변하지 않으면 아무 일도 일어나지 않는다. 오직 내가 살아가는 구체적인 하루, 지금 현재 하는 것을 바꾸거나 그것에 충실할 때 삶 전체의 변화가 가능해진다.

우리를 바꾸는 것은 운이나 놀라운 경험, 멋진 만남이나 인연이 아니라 하루의 구체적인 행동이다. 새로운 사람이 되고 싶으면 하루를 사는 구체적인 행동을 바꾸어야 한다. 혁신이란 놀라운 일을 해내는 것이 아니다. 그것은 여섯 시에 알람이 울리면 곧 일어나는 것이고, 해야 할 일이 놓인 곳으로 묵묵히 걸어가는 것이다.

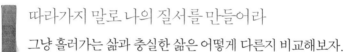

따라가지 말고 나의 질서를 만들어라

그냥 흘러가는 삶과 충실한 삶은 어떻게 다른지 비교해보자.

아침에 일어나 분주히 출근 준비를 하고, 업무 때문에 정신없이 뛰어다니다 보니 오전이 다 흘러가고, 점심을 먹고 다시 책상에 앉는다. 퇴근 시간을 기다리며 시계를 들여다보다가 일곱 시나 여덟 시쯤 동료들과 호프집에서 저녁 겸 술 한잔을 걸치고 집으로 돌아와 TV를 보다 잠이 든다.

이런 일상으로는 어떤 변화도 일어나지 않는다. 이런 하루를 반복하면서 삶이 바뀌기를 바라는 것은 어린아이들의 상상 같은 것이다. 이것이 우리의 현실이다. 그리고 이것은 의무에 충실한 모습이 아니다.여섯 시쯤에 일어나 30분쯤 책을 읽고 아이들을 학교에 보낼 준비를 하며 출근 준비를 한다. 출근해서 차 한잔과 함께 하루의 계획을 세워보고 해야 할 일을 하나씩 챙기면서 하루의 질서를 잡아나간다. 작은 일에 집중하고 만나는 사람을 아름다운 말로 맞이하며, 웃으며 함께 점심을 먹는다. 은행에 가야 하는 일 같은 개인적인 일들은 점심시간에 처리한다. 오후 역시 집중하여 여유롭게 일을 마치고 퇴근하면서 어린이집에 들러 막내를 데리고 집으로 돌아온다. 저녁을 준비하고 아이들과 하루 일을 이야기하며 잠들기 전에 10분 정도 책을 읽어준다. 잠든 아이들의 머리를 쓰다듬어주고 이불을 덮은 후 30분 정도 책을 읽은 후 잠든다.

이런 삶에는 질서가 있다. 자신의 의무를 다하면서도 분주하거나 흔들리지 않는다. 의무를 다하는 삶에는 나름의 질서가 있다. 의무는 한두 번 하는 것으로 끝나는 것이 아니라 연속된 일련의 과정이다. 하루하루 의무에 충실하다 보면 질서가 생기고 그 질서에 따라 살아갈 수 있다. 이때 편안함과 여유가 생기고, 그와 함께 자신이 어느 방향으로 가고 있다는 느낌 같은 것이 온다. 어떤 신비한 힘에 끌려가는지 알 수는 없지만 한 방향으로 가고 있다는 느낌과 그것이 올바른 방향이라는 확신이 편안함을 주고 의지를 북돋운다. 괴테가 말하는 "즐겁게 일하고, 해낸 일에 대해 기뻐하는 행복한 사람"이 된다.

자발적인 의무를 따르는 삶은 흔들림이 적다. 생활에 자리 잡힌 질서가 든든한 자아를 형성해준다. 그것을 바탕으로 체험의 의미를 다채롭게 할 수 있고 새로운 변화를 시도할 수도 있다. 주변의 빠른 속도에 현혹되지 않는 그만의 삶이 주는 매력이 느껴진다.

괴테는 의무에 충실한 아름다운 삶을 이렇게 정리한다.

"자발적인 복종이 가장 근사한 상태다.
물론 사랑이 아니라면 불가능하겠지만."

피크를 만들면
내려오는 길밖에 없는 거여

"인생에서 피크(peak)는 만드는 거 아니여!"

김정운 교수의 《남자의 물건》에 나오는 이어령 선생의 말이다. 선생은 큰 성공을 거두거나 사람들로부터 부러움을 받는 일을 주의하라고 말한다. 정상에 선 후에는 내려오는 길만 남기 때문이다.

특히 젊어서 성공한 사람들의 삶은 무척이나 위험하다. 새로운 피크를 만들기가 그만큼 어렵기 때문이다. 일찍 성공한 사람들은 밑바닥 경험이 부족하거나 성공에 도취하기 쉽다. 그만큼 새로운 피크는 멀어진다.

정상에 머물 수 없는 이유

정상에 오래 머무를 수 있다면 좋겠지만 세상은 그렇게 호락호락하지 않다. 정상에 서면 좋은 일만 있을 것 같지만 그렇지도 않다. 먼저, 예전에는 생각지도 못했던 시기와 질투의 화살로 곤욕을 치르게 된다. 보통 사람이었다면 아무런 문제가 되지 않을 일도 유명인이 했다는 이유로 난도질당한다. 없는 일이 꾸며지기도 하고, 근거 없는 비난으로 만신창이가 되기도 한다. 자신은 아니라고 아무리 목소리를 높여도 소용이 없다. 나와는 무관하게 나에 대한 이미지가 세상에 떠돌아다닌다. 굳이 유명인이 아니라도 이런 일은 흔히 일어난다. 예컨대 직장에서 남들보다 빨리 승진했다는 이유로 곤란한 상황에 빠지는 경우도 많다. 질투와 견제의 대상이 되고 무난하던 인간관계도 어려워진다.

정상의 자리를 노리는 사람들도 생긴다. 특히 새파란 애송이들을 조심해야 한다. 겁 없는 애송이들이 갈아놓은 칼은 전문가들의 것보다 무디지만 강하다. 일단 들이밀면 물러설 줄 모른다.

위대한 복서 무하마드 알리가 세계 헤비급 타이틀을 열 번이나 방어하며 전성기를 구가하던 시절이었다. 쉽게 이길 것이라던 기대와 달리 무명의 복서 척 웨프너에게 다운을 당하는 등 고전에 고전을 한다. 15회전까지 가서야 힘겹게 승리할 수 있었다. 이 장면을 본 실베스터 스텔론이 무명의 복서가 챔피언에게 도전해서 선전하는 영화 〈로키〉를 구상했다고 한다. 알려진 실력자보다 숨은 다크호스가 무서운 법이다.

모든 사물은 생성, 변화, 성장, 쇠퇴, 몰락이라는 프로세스를 따른다. 예외는 없다. 로마나 몽골 같은 거대한 제국들도 그 길을 따랐다. 마이크로소프트나 애플도 예외는 아닐 것이며 우리 개인의 삶 또한 절대 피해 갈 수 없는 길이다.

그런 점에서 정상에 선 사람은 스스로 내려올 것인가, 끌려 내려올 것인가를 심각하게 고민해야 한다. 자칫 시기를 놓치면 참담한 결과를 맛보게 된다.

경영컨설턴트 찰스 핸디는 이에 대해 다음과 같이 극적으로 표현한다.

"오던 길로 계속 가면 미래로 가는 길을 놓칠 것이다."

찰스 핸디의 S곡선

찰스 핸디는 인생을 가로로 누운 S곡선 모양으로 설명한다.

이 곡선은 생성, 변화, 성장, 쇠퇴, 몰락이라는 전체 과정을 세분화한 것으로 볼 수 있다. 사람이나 조직은 이 과정에서 수많은 성공과 실패를 경험하게 된다. 쇠퇴나 실패를 피해 가고 싶지만 그럴 수가 없다. 제품이든 인생이든 조직이든 모든 것에는 운명이라는 것이 있다.

찰스 핸디는 이런 과정에서 쇠퇴나 실패를 반복하지 않고 지속해서 발전할 수 있는 모델 하나를 제시했다. 한 곡선이 정점에 도달하기 전에 새로운 곡선을 만들어나가는 것이다.

A지점

이 그림처럼 삶이 상승곡선을 그리기 시작하여 한창 달려나가고 있는 A 지점에서 새로운 변화를 시도하고 새로운 곡선을 그려나가는 것이다. 이러한 작업을 통해 지속적인 발전을 추구할 수 있다. 잘나갈 때 새로운 길을 준비하라는 말이다.

이는 통찰력을 가진 사람들의 공통된 주장이기도 하다. 스티브 잡스를 비롯하여 세계적인 기업의 CEO들과 국가 지도자들이 그랬다. 이들은 잘나갈 때야말로 무엇인가를 준비할 힘이 있는 시기임을 누구보다 잘 알았다. 개인이든 조직이든 승승장구할 때는 여분의 에너지와 자원이 있기 마련이다. 이것들을 잘 활용하면 새로운 시도에 따르는 비용을 부담하기에도 힘이 부치지 않고 위험에 대처하기도 쉽다.

잘나갈 때 준비하지 않으면 곧 내리막길을 걷게 될 것이고 머지않아 내리막에 가속이 붙을 것이다. 그러다가는 어떻게도 해볼 수 없는 상태에 도달하고 만다. 물론 삶이 최저점에 이르렀을 때 다시 치솟아오르면 된다. 하지만 그때의 삶은 너무 참혹하고, 고통스러우리만큼 엄청난 인내심을 요구한다. 그것마저 실패하면 남는 것은 몰락뿐이다.

이어령 교수는 잘나갈 때 준비하라는 말을 이렇게 표현한다.

"피크를 만들면 내려오는 길밖에 없는 거여.
피크가 눈에 보이는 듯하면 산을 바로 바꿔 타야 해."

산을 바꿔 타는 방법

잘나갈 때 내일을 준비하는 것은 말이 쉽지 실행하기는 무척이나 어렵다. 잘나갈 때는 위험이 눈에 보이지 않는 법이다. 깊은 통찰력을 얻었다는 몇몇 사람의 눈에만 보인다. 물론 장기나 바둑처럼 당사자 말고 그것을 지켜보는 사람들이 위험을 미리 감지할 수도 있다. 남의 인생은 눈에 잘 보이지만 자기 인생은 보이지 않는 것이 삶의 특성이기도 하니까. 그래서 지혜로운 사람들은 다른 사람의 훈수를 귀담아듣고 곰곰이 생각하는 데 시간을 들인다.

산을 바꿔 타기 위해서는 동력이 필요하다. 한창 잘나갈 때 새로운 시도를 하고 싶어하는 사람은 없다. 새로운 시도는 귀찮고 위험을 동반하는 일이다. 그래서 위기감이 느껴지거나 성취욕이 특히 강하지 않으면 현재를 즐기느라 유야무야 시간을 보내고 말 것이다.

찰스 핸디는 사람들에게 자신 또는 자신이 속한 조직이 성장과 쇠퇴의 곡선에서 어디쯤 해당하는지 점을 찍어볼 것을 권한다. 그렇게 점을 찍어보면 자신과 조직이 처한 상황을 한눈에 볼 수 있고 이를 통해 위기의식을 높일 수 있기 때문이다. 실제로 사람들은 하향하고 있는 곡선 위에 점을 찍는 경우가 많다.

위기감을 느꼈다면 새로운 시도를 할 준비를 갖춘 셈이다. 문제는 새로운 시도가 어떤 것이냐이다. 새로운 직업을 구할 수도 있고, 새로운 기술이나 지식을 얻을 수도 있고, 이전과 다른 사업을 구상할 수도 있다. 여기서 중요한 것은 기존의 성공을 가져다준 기술과 지식, 사람들을 충분히 활용하라는 것이다. 새로운 곡선은 기존의 곡선을 무시할 수 없다. 기존의 곡선에서 얻은 경험과 자원, 사람들을 통해서만 새로운 곡선이 유효해진다.

　나처럼 책을 쓰는 사람에게는 기존에 공부한 내용과 출간한 책들이 다음 책을 내는 데 중요한 기준으로 작용한다. 완전히 새로운 영역에서 새로운 책을 내는 것은 큰 위험을 떠안는 일이다. 물론 거대한 혁신을 이룰 수도 있겠지만 그런 혁신은 충분한 준비가 필요하며, 그 역시 기존의 지식과 네트워크가 없으면 달성하기 어렵다. 자신이 가진 강점과 자원, 성공의 경험들을 잘 활용하는 슬기가 필요하다는 말이다.

와신상담에서 사면초가로

　이런 시대에는 과거에 집착하거나 본전을 아쉬워하거나 해서는 안 된다. 과거를 돌아보는 것은 성찰에만 유효하다. 지난날에 대한 아쉬움으로 과거에 집착하다가는 현재와 함께 미래도 잃어버리기 쉽다.

　요즘 같은 시대는 특히 열린 눈을 필요로 한다. 자신이 올라탄 삶의 곡선에 대한 감각을 잊지 않으면서도 새롭게 그려나갈 새로운 곡선을 위해서 세상을 섬세하게 살필 수 있어야 한다. 새로운 지식과 정보, 사람들을 수용하고 그 생각들을 어떻게 활용할 것인지 감을 잡지 못하면 새로운 곡선을 그리는 것은 불가능하다. 크게 열린 눈으로 보지 않으면 새 곡선을 그리고 싶어도 그릴 수 없다.

이때 중요한 것은 단기적인 시각보다는 장기적인 전망을 갖는 것이다. 멀리 보지 못하면 눈앞의 것에만 집착하게 된다. 당장의 연봉과 보너스, 경력이나 지위에 매달리다 보면 인생의 전체 곡선에 대한 감을 잃기 쉽다. 시간 전망이 길수록 곡선관리에 유리하다.

시간 전망이 긴 사람들은 눈앞의 것에 아등바등하지 않는다. 작은 것일수록 바로 이익이 되는 경향이 있지만, 눈앞의 작은 것을 포기하거나 버리는 것이 장기적인 상승에 유리하다는 것을 알고 있기 때문이다. 작고 당장 이익이 되는 일들은 장기적으로 불이익으로 돌아오는 경우가 많다. 그런 것들은 참새나 비둘기의 몫으로 남겨두자. 당장의 승진이나 경제적 이익을 포기할 줄 안다는 것은 장기적인 전망으로 인생을 그리고 있다는 얘기다.

와신상담 이야기로 돌아가 보자. 중학교 2학년 첫 수업에서 사회 선생님께서 들려주신 고사성어 이야기. 덕분에 고사성어 공부를 혼자 해나갔고 여러 고전을 즐겁게 읽었다. 그중에서도 특히 《초한지》는 고사성어의 보고였다. 다다익선, 건곤일척, 금의환향, 사면초가, 권토중래, 토사구팽 등 일상에서 자주 쓰는 말의 유래를 재미있게 깨우쳤다.

'와신상담'이라는 고사성어 하나로 시작한 것이 다른 고사성어 공부로 이어졌고, 중국의 옛이야기 책을 읽게 되었으며 공부에 대한 즐거움을 알게 됐다. 덕분에 시간만 나면 책을 손에 들었고 동양뿐만 아니라 서양의 옛이야기들과 철학자들의 생각에 대해서도 관심이 높아졌다. 그렇게 해서 지금은 공부하고 글 쓰는 일로 살고 있으니 이 모든 것이 고사성어 하나에서 시작되었다.

새로운 곡선을 그리고 산을 옮겨 타는 방법도 이와 다르지 않다고 믿는다. 자신이 잘하고 좋아하는 것에서 시작하고 그것과 연관된 것들을 발견하며 끈을 놓치지 않는 것이야말로 새로운 곡선을 그리는 기본이다. 사람은 자기 삶을 살아야 한다. 좋아하고 잘하는 일에 매진하며 그것으로 보람을 느끼는 삶이 진짜 삶이다. 이걸 놓치면 삶 자체를 놓치기 쉽다. 한마디로 끝장이다.

무엇을 하든 모든 것에는 기반이 있다. 무엇인가를 시작하게 한 기반과 기초, 시작점을 놓치지 않는 것이야말로 이 힘겨운 시대를 살아가는 현명한 방법이다.

느려도 괜찮아

동작이 아주 느린 아이가 있다. 이름은 존 프랭클린. 열 살이 넘었는데도 공 하나 제대로 잡지 못했다. 동네 아이들과의 놀이에서 늘 고무줄만 잡고 있었다. 존은 영국에서 가장 고무줄을 잘 잡고 있는 아이였다. 한 시간도 넘게 꼼짝하지 않고 고무줄을 잡고 있는 아이는 그밖에 없었다. 존은 뭔가 하나를 생각하거나 보게 되면 한참 동안 그것에 빠져들어야 했다. 자신도 어쩔 수 없었다. 그는 원래 느린 아이였다. 그가 느릴 수밖에 없었던 이유는 하나를 유난히 오랫동안 관찰하기 때문이었다.

존은 글을 읽을 줄 알았지만 글자보다는 철자 하나하나에 집중했다. 글자 안에 담긴 철자는 영원과 회귀를 의미했고 그래서 그는 철자를 사랑했다. 그런 탓에 존은 보통 인간의 눈으로는 알아챌 수 없는 느린 움직임까지 알아차렸다. 바람 없는 날에 움직이는 구름의 모양, 탑의 그림자, 태양을 향하는 꽃의 고갯짓, 풀이 자라는 모습까지도 보고 느낄 수 있었다. 이 모두가 느렸기 때문에 가능한 일이었다.

"광장 저편에 닭 무리가 놀고 있다. 열다섯 마리쯤 된다.
닭은 불쾌한 가축이다. 졸렬하게도 눈속임을 하려 든다.
미동도 없이 서 있다가 갑자기 흙을 후벼 파서 먹이를 쪼아 먹고는
다시 뻔뻔스럽게도 고개를 높이 치켜들고 서 있다. 아무것도
먹지 않은 채 몇 분 동안 그대로 서 있었다는 듯이. 탑시계를 봤다
다시 닭을 바라본다. 닭은 처음처럼 위협적인 자세로 뻣뻣하게
서 있다. 하지만 사실은 그사이 모이를 쪼아 먹고, 땅을 후벼 파고,
고개를 움직이고, 목을 돌리고, 눈은 멍청히 다른 곳을
쳐다보고 있는 것이다."

속도는 자신을 벗어난 사람을 사랑한다
존 프랭클린은 스텐 나돌리의 《느림의 발견》에 등장하는 매

력적인 주인공이다. 이 책에는 느림이라는 장애를 뛰어넘은 놀라운 한 인간의 이야기가 담겨 있다. 주인공 존 프랭클린은 실존 인물로 북서 항로를 찾아 북극해를 탐험하다 돌아오지 못한 영국의 탐험가다. 스텐 나돌리는 이 인물을 통해 우리 시대 '느림'의 문제에 대해 새로운 시선을 제공한다. 빠른 것이 좋고 느린 것은 나쁘거나 불편하다는 편견에 지우개를 갖다 댄 것이다.

존은 늘 아이들의 놀림을 받았다. 남들보다 확실히 느렸고 또래와 어울리지 못했으니 당연한 일이다. 존은 급한 일도 처리할 수 있어야 한다며 자신을 설득했다. 그리고 본격적으로 속도를 연구하기 시작했다. 겉보기에는 느릿느릿 지나가는 태양이지만 사람의 시선보다도 훨씬 빠른 태양을 생각했다.

그의 어머니 역시 느렸으며 말이 없고 서툴렀다. 하지만 당황하지 않았고 늘 다정한 분이었다. 모든 사람이 어머니보다 뭐든 잘했지만, 그들은 모두 어머니를 필요로 했다. 현실적으로는 아버지가 삶에서 늘 승리자였지만 그 승리는 아무짝에도 쓸모없는 허울뿐임을 존은 알았다.

빠른 사람들은 중심이 없는 경우가 많다. 이리저리 다니는 사람은 중심 둘 곳을 찾기가 어렵다. 많은 일을 해낼 수는 있겠지만 그들이 한 일 중에서 잘한 일을 찾기란 쉽지 않다. 속도와 싸워서는 아무것도 얻을 것이 없다. 속도와의 싸움에서 이기는 방법은 싸우지 않는 것이다. 속도는 자신을 벗어난 사람을 사랑한다. 존의 어머니, 우리 모두의 어머니들이 그런 존재다.

속도를 연구하던 존은 해군사관학교에서 항해술을 배우기 시작했다. 다른 사람이 되고 싶었고, 학업을 마치면 자신을 뱃사람으로 만들어준다는 매슈의 말에 용기를 얻었다. 심한 벌을 받기도 하고 학교 생활은 여전히 힘들었지만 읽을거리가 있었기에 견딜 수 있었다. 그는 책을 좋아하게 되었는데 그 이유는 종이가 기다릴 줄 알았기 때문이다. 종이는 재촉하지 않았다. 덕분에 항해술을 제대로 배웠다.

마침내 배를 타게 되면서 그는 자신을 찾아갔다. 느리다는 것은 나쁜 것이 아니었다. 느린 존재들은 놀랍도록 예민했다. 느렸기에 자세히 볼 수 있었고 정확히 관찰하고 신중하게 판단할 수 있었다. 이런 능력은 항해에 반드시 필요했다. 어느 선원의 말처럼 그는 워낙 느려서 시간을 낭비하는 일도 없었다. 그렇게 그는 자신만의 리듬을 찾아갔고 거절도 할 수 있게 되었다.

그에 비해 우리 삶은 너무 빠르다. 아니, 조급하다. 대학을 졸업하는 젊은이들은 원하는 곳에 취업만 하면 세상이 제 것이 되는 양 생각한다. 이런 조급증 때문에 결국엔 인생이 꼬인다는 사실은 생각해보지도 못했을 것이다. 취업만 되면 잘하겠다는 생각은 지금 당장 먹고살 방편부터 마련하고 보자는 짧은 생각이다. 취업을 생각할 때 자신의 적성이나 하고 싶은 일 따위는 완전히 별개로 보기도 한다.

운 좋게 합격해서 좋은 직장에 출근하게 되더라도 그때부터 갈등이 생긴다. 자신이 생각했던 그런 일들이 아닌 것이다. 까다로운 상사와 갈등이라도 몇 번 겪게 되면 그야말로 멘붕이 온다. 이게 아닌데 싶지만 대안이 별로 없어 보인다. 이리저리 방황하고 눈치 보고 고민만 하다 시간은 가고, 결국 이러지도 저러지도 못하는 상황이 된다.

이는 일단 취업부터 하고 보자는 짧은 생각이 낳은 결과다. 다른 사람들의 시선과 돈에 사로잡혀 정작 가장 중요한 자신을 생각하지 않은 결과이기도 하다. 인간은 먹고사는 것만으로는 절대 만족하지 못한다. 생존, 그 너머를 봐야 한다.

아킬레스와 거북이의 경주

옴 박사와의 만남은 존을 한층 고양시켰다. 옴 박사는 존의 존재가치를 인정해주는 유일한 사람이었다. 어느 날 옴 박사가 아킬레스와 거북이의 달리기 경주 이야기를 들려준다.

"아킬레스는 거북이에게 앞에 서라고 했어. 그러고 나서 둘이 동시에 출발했지. 아킬레스가 거북이의 출발 지점에 도착했을 때

거북이는 이미 그보다 앞서 달리고 있었어. 아킬레스가 다시 열심히
달려 거북이가 있던 지점에 도착해 보니 거북이는 아까보다 조금 더
앞으로 기어가 있었지. 그러기를 수십 차례. 거리는 좁혀졌지만
아킬레스는 절대 거북이를 따라잡지 못했어."

아킬레스가 거북이를 따라잡을 수 없는 이유는 거북이가 속도에
서 벗어나 있기 때문이다. 속도에 상관하지 않는 사람과는 아예
경주가 되지 않는다. 뭔가를 제대로 하는 것이 중요하지 빨리하는
것은 중요하지 않다. 우리 인생에서 중요한 일들은 속도와는 상관
이 없다. 중요한 일일수록 속도를 생각하면 망치게 된다. 그리고
가장 중요한 일이란 우리 삶 자체다.

피에르 쌍소는 느림의 유용성을 이렇게 설명한다.

"느림은 그 자체로서 가치를 갖지는 않는다. 다만 우리로 하여금
불필요한 계획에 이리저리 정신을 빼앗기지 않고 명예롭게
살 수 있도록 만들어줄 것이다."

그의 말은 스미트폰과 페이스북의 방식에 익숙해져버린 우리의

삶에 중요한 통찰을 제공해준다. 느림이 우리로 하여금 불필요한 것에 빠지지 않도록 해준다는 사실이다. 빠를수록 자신과 중심을 잃기 쉽다. 하지만 느리면, 잘 알아챌 수 있고 중요한 것을 놓치지 않을 수 있다.

옴 박사는 느림에 대한 철학적 견해를 이렇게 제시한다.

"인류는 배우게 될 거야. 생각보다 약간은 느리게 깨우쳐 나갈 거야. 유능한 사람들이 자기들이 알고 있는 세상의 작은 부분을 계속해서 바꾸려고 애쓰기 때문이지. 언젠가는 그들도 세상을 개선하는 대신 세상을 발견하게 될 거다. 그리고 한 번 발견한 것은 더 이상 잊지 못할 거야."

그는 세상을 변화시키려고 하는 보통 사람들의 방식을 지적했다. 세상은 개선의 대상이 아니라 발견의 대상이라고도 했다. 그런 점에서 옴 박사는 싯다르타와 그리스도, 간디와 성철 스님의 눈을 가졌다. 세상 만물에 신이 있고 그 신을 발견하는 것이 사람의 길이라는 목소리와 일치한다.

엘리베이터에서 꼬마 아이를 바라보는 할머니의 눈동자는 곧 신의 그것이다. 아스팔트 좁은 틈을 비집고 일어서는 민들레 노란

꽃에도, 점심으로 나온 해장국에서 모락모락 피어오르는 수증기 위에도, 지하철 구석 자리에서 고개를 젖힌 채 입 벌리고 잠이 든 사십대 샐러리맨의 고단한 하루에도 신의 눈동자는 존재한다. 새로운 세상을 발견하는 것이야말로 우리를 변화하게 하고 고양시키며 아름답게 만든다.

■ 영혼이 따라오지 못했으므로

존 프랭클린은 빠르게 살아가는 사람들의 삶과 대조적인 방식으로 살아간다. 복잡한 도시에 선 그의 모습은 당황스러움 그 자체다. 그의 눈에 비친 세상은 온통 혼란뿐이다.

어느 날 그는 도심을 걷다가 바쁘다고 말하며 속도를 높이던 사람들의 이면을 보게 된다.

> "어느 일요일 이른 아침, 그는 하이드파크에서 권총으로 결투를 벌이는 두 신사를 보았다. 고의는 아닌 듯했지만 둘 다 사격 솜씨가 형편없었다. 작은 상처 하나로 결투는 끝이 났다. 오후에는 술 취한 노꾼 셋이 런던 브리지 아래에서 물살을 이기지 못해 쩔쩔매는 광경을 구경했다. 배는 다리 기둥과 부딪쳐 부서졌고 노꾼들은 물에 빠졌다. 갑자기 사람들에게 구경할 시간이 생겼다. 시간 부족이란 유행에 불과하다는 증거였다."

우리 일상의 모습이 이와 다르지 않다. 구경 중에서도 제일 재미있는 게 불구경이라고는 하지만 화재 현장을 보면 늘 소방관보다 구경꾼이 더 많다. 대로에 교통사고가 나도 어느 틈에 인파가 몰린다. 바쁘다는 말을 입에 달고 사는 사람들이 말이다. 게다가 매일 보는 비슷한 내용의 드라마며 뉴스는 또 어떤가. TV라는 것이 탄생한 이유가 분명 있었겠지만 지금은 사람들에게 남는 시간을 채워주는 용도 외에 다른 기능은 사라져버린 듯하다.

우리 삶에서 부족한 것은 시간이 아니라 재미있는 경험임이 분명하다. TV를 보는 것도 재미있는 경험을 찾기 위한 것이고, 교통사고에 구경꾼이 몰려드는 이유도 재미있는 볼거리가 되지 않을까 하는 기대 때문이다. 재미있는 경험을 위해 주말마다 자동차로 여기저기를 쏘다니고, 얇은 줄 하나에 목숨을 걸고 절벽을 오르기도 하는 판이니 분명 경험이야말로 우리에게 최고 목적임이 분명하다.

놀라운 경험이 삶의 목적이라면 이제 속도는 중요하지 않다. 놀라운 경험은 멀리 있는 화려한 축제에 있는 것이 아니라 바로 우리 눈 속에 있기 때문이다. 세상을 보는 눈만 바꾸면 지루한 세상이 놀라운 곳으로 바뀐다. 그런 눈을 가지려면 느리게 봐야 한다. 느리게 볼 때 제대로 볼 수 있고, 놀라운 발견이 가능하다.

책을 읽는 것은 노력과 인내를 요구하는 작업이다. 거기에는 느림의 힘이 필요하다. 책을 읽다 보면 얼른 읽어서 필요한 정보와 내용을 얻고 싶은 마음이 간절해진다. 그래서 읽는 속도를 높인다. 하지만 속도를 높이면 내용을 제대로 이해하지 못하게 되고 감동도 얻기 어렵다. 결국 필요한 것을 찾아낼 가능성도, 감동을 느낄 기회도 사라지고 만다. 책은 느리게 읽을수록 잘 이해할 수 있고 제대로 느낄 수 있다. 그만큼 필요한 것을 찾아내거나 즐거움을 누릴 가능성도 높아진다.

존이 인디언들과 함께 북극해를 탐험하던 때의 일이다. 탐험의 속도가 빨라지자 인디언들은 기다려야 한다고 말하며 그 자리에 주저앉아 꼼짝도 하지 않는다. 왜 그러느냐고 묻자 그들은 이렇게 답한다.

"영혼이 따라오지 못했으므로."

웅성거리는 소리를 좇아
짧은 삶을 허비할 건가

인터넷 시대, 정보화 시대, 속도의 시대가 되면서 사는 방법이 단순해졌다. 그리고 비슷해졌다. 단순해졌다는 것은 사람들이 추구하는 것이 돈이라는 한 가지로 귀결되었다는 말이다. 비슷해졌다는 것은 돈을 추구하는 방법이 똑같다는 말이다. 물론 우리가 돈을 최고의 목적으로 생각하게 된 것은 모두 행복 때문이다. 돈이 행복을 보장해준다고 믿는 것이다.

 다양한 사회가 좋다

획일화는 늘 문제를 불러온다. 역사가 그것을 증명한다. 대중

이 한 가지만을 생각하고 추구하거나 전적으로 한 사람을 신봉하거나 모든 면에서 하나밖에 모르면, 사회는 극단에 빠진다. 그리고 역사를 위기로 몰고 간다. 파시즘이 그랬고, 근본주의가 그랬으며 종말론 또한 그 선상에 있다. 지금 또다시 그런 시대가 오고 있는 것은 아닌지 우려스럽다. 사람들이 돈만을 추구할 때 모든 사람은 돈을 위해 싸울 수밖에 없다. 그 과정에서 많은 사람이 낙오될 것이고 그만큼 사회는 위험해질 것이다.

사회는 다양한 것이 좋다. 구성원이 다양한 가치를 추구해야 건강한 사회가 된다. 작은 동네 하나를 생각해보면 쉽다. 동네 주민이 모두 돈 벌 생각만 하고 있다면 서로 부딪히고 싸우는 일이 빈번해진다. 반면 서로 다른 가치들을 중요시하면 상황이 달라진다. 어떤 사람은 돈을 추구한다. 그 옆집 사람은 일 자체에 빠져서 다른 것에는 별 관심이 없다. 그 앞집 사람은 개미를 관찰하며 그들의 생활을 연구하는 것이 숙명이라고 여긴다. 위층에 세 들어 사는 젊은이는 아이들에게 놀라운 마술을 보여주는 꿈을 가지고 있다. 그와 자주 만나는 친구는 개를 키우는데 그는 개를 통해 세상의 진리를 발견할 수 있다고 늘 말한다. 이들은 추구하는 것이 다르므로 같은 문제로 충돌할 일이 별로 없다. 자신에게 중요한 것을 알기에 거기 집중하느라 여념이 없다. 그것을 통해 행복을 알게 되고 자신의 본성에 맞게 살고 있다고 믿는다.

이런 사회에서는 갈등이 적고 갈등을 해결하는 데 드는 사회적 비용도 거의 없다. 게다가 구성원들의 행복지수가 아주 높다. 이것이 다양한 가치가 인정되는 사회에서 누릴 수 있는 행복이다. 그런데 불행히도 우리 시대에는 이런 다양성이 사라졌다.

남들에게서 멀어져라

이런 경향은 로마 시대라고 다를 것이 없었던 모양이다. 세네카는 《인생론》에서 이런 세태를 꼬집으며 "앞서 가는 자를 따라가는 것 자체가 해가 될 수 있다"고 꼬집었다. 행복할 것이라고 믿고 앞선 사람을 따라가지만 그것이 오히려 큰 불행이 될 수 있다는 것이다. 누군가 잘못을 저지르면 그것이 다른 사람에게도 이어지고, 뒤따르는 사람에게 또 같은 영향을 미친다. 이것이 앞서 가는 사람을 맹목적으로 따라가는 삶의 문제점이다. 안타깝게도 우리는 앞선 사람이 잘하고 있다고 믿는 듯하다.

세네카는 자신의 판단에 따르지 않고 삶에 대해 아무런 기준도 없이 남을 따라가는 것은 몰락의 심연으로 빠지는 원인이 된다고 지적한다. 그러므로 중요한 것은 세상에서 무엇이 가장 많이 행해지고 있는가가 아니라 자신에게 최선이 무엇인가를 발견하는 일이다.

조셉 캠벨도 비슷한 이야기를 한다.

다른 사람의 삶을 따라가지 않으려면 무엇을 해야 할까? 세네카
는 사람들이 모여 있는 곳에서 떨어지기만 해도 좋다고 말한다.
그렇게 하는 것만으로도 정신이 건강해질 수 있기 때문이다. 하지
만 현실적으로는 쉽지 않은 일이다. 복잡한 현대 사회에서 사람들
은 밀접하게 연관되어 있다. 일을 하고 관계를 유지하려면 어쩔
수 없이 사람들 속에 있어야 한다. 그러노라면 다른 사람들의 삶
을 따라갈 수밖에 없다. 그러니 사람들에게서 벗어나려면 의식적
으로 노력해야 한다.

사람들에게서 벗어나는 것이 꼭 물리적 장소나 거리를 의미하
는 것은 아니다. 세상의 관심이 집중되는 가십거리들은 별 볼 일
없는 사람들이 시간을 보내기 위해서 만들어낸 허구의 잔치일 뿐
이다. 포털 사이트의 인터넷 기사도 정신적 힘을 키우거나 행복을
증진하는 데 아무런 도움이 되지 않는다. 사람들의 관심이 쏠리는
것은 일단 피하는 것이 바람직하다. 그럴 시간이 있으면 자기에게
소중한 것이 무엇인지 생각해보는 것이 훨씬 바람직하다.

그래서 세네카는 "우선 염두에 두어야 할 것은 대체 우리가 노력

해야 할 목표는 무엇인가라는 것이다"라고 말한다. 진정한 행복을 위해서는 목표에 대해 고민해야 한다는 점을 강조한 것이다. 목표를 찾으면 그것을 위해 노력하는 자체가 행복일 수 있다. 그때 앞선 사람들을 따라가야 할 이유가 사라지고 사람들이 모여 있는 곳으로 가지 않아도 괜찮다고 느낀다.

맹자는 이를 "먼저 그 중요한 부분을 확고하게 세우면 하찮은 부분들이 그 중요한 부분을 빼앗아 가지 못하게 된다"는 말로 정리한다. 삶에서 중요한 부분을 명확하게 해두지 않으면 사소한 부분들이 중요해져 정신을 잃기 쉽다. 사람들의 말에 쉽게 현혹되는 이유도 명확한 자기 기준이 없기 때문이다. 자기 기준이 없으면 당연히 남이 정한 기준을 따라가게 된다.

"우리를 저마다 따로따로의 방향으로 불러들이는 자들의
웅성거리는 소리를 따라 이리저리 방랑을 계속하는 한
우리의 짧은 삶도 잘못되어 닳아 없어질 것이다."

"가장 많이 밟고 다니며 익숙한, 또 가장 사람들이 많이 다니는
길일수록, 어느 길이나 모두 가장 많은 사람을 헷갈리게
하는 것이다. 그러므로 무엇보다 중요한 것은 양떼처럼
앞에 가는 무리의 뒤를 따라가는 짓을 하면 안 된다는 것이다.

현대인은 세네카의 이러한 지적에 특히 귀를 기울여야 한다. 과거보다 우리 시대가 더욱 앞에 가는 사람들을 뒤따르고 있기 때문이다.

다른 삶을 모방하면 내 삶은 없다

세네카는 우리를 행복이 아닌 불행으로 이끄는 것 중 두 가지를 강조했다. 하나는 다수의 찬성에 따라 여론에 동조하는 삶이고, 다른 하나는 도리가 아니라 모방으로 사는 삶이다. 자기 생각이 없으면 다수의 견해를 따를 수밖에 없다. 삶에 대한 자기 방식이나 원칙이 없으니 다른 사람들의 방식을 따라 한다. 이것은 곧 다른 삶을 모방하는 것으로 이어지고 결국 자기 삶은 사라진다.

사람들에게 원하는 것이 무엇이냐는 질문을 해보면 획일적인 대답이 돌아온다. 돈이나 실컷 벌어봤으면 좋겠다, 높은 직급으로 승진했으면 좋겠다, 일 년쯤 해외여행이나 마음껏 했으면 좋겠다 등이 대표적이다. 그만큼 자신의 삶을 상상하는 능력이 빈약하다. 자신을 살피지 못했다는 증거다. 사람들 사이에서만 살다가 자기 삶에 대한 감각을 잃어버린 것이다.

> "칭찬하는 자의 수가 곧 시기하는 자의 수와 같다."

세네카는 다른 사람들에게 인기를 얻는 일의 위험에 대해 이렇게 표현한다. 칭찬을 많이 들으면 비난도 많이 들어야 한다. 인기가 많아지면 악플도 각오해야 한다. 차라리 인기가 없는 것만 못한 상황이 될 수도 있다. 물론 악플이 쏟아져도 좋으니 인기가 있어봤으면 좋겠다는 것이 사람들의 생각이다. 이것 또한 자기탐색의 결여와 획일화가 조장한 심각한 착각이다. 나를 좋아하는 사람 열 명이 있어도 한 사람이 나를 싫어한다면 싫어하는 사람의 목소리밖에 들리지 않는 것이 사람이다. 부정적인 목소리일수록 귀에 잘 들어오고, 잘 잊히지 않는다. 쇼펜하우어가 "명예욕은 우리를 행복하게 하는 것이 아니라 행복의 장애물"이라고 말한 이유가 여기 있다.

그는 "나 역시 젊은 시절에는 문을 두드리는 소리가 들리면 '야, 뭔가 좋은 일이 있나 보다' 하고 반가워했지만 나이가 들고 인생을 경험하고 난 후에는 '혹시 불길한 일이 생긴 것은 아닐까?' 하고 중얼거리곤 한다"고 말한 적이 있다. 인생을 살다 보니 불길한 일이 생기지 않는 것만으로도 행복할 수 있다는 것을 발견한 것이다.

좋은 일이 생기는 것보다 아무 일도 생기지 않는 편이 행복에 가깝다. 그때 자신이 하고자 하는 바를 자연스럽게 해나갈 수 있다. 쫓기지 않고, 남의 시선에 아랑곳없이. 진짜 삶의 시작이다.

■ 예정된 운명의 길을 간다

남의 길이 아닌 자기 길을 가려면 자기 마음을 건강하게 만들고 유지해야 한다. 이에 관한 세네카의 말이다.

> "최고의 선이란 우연적인 것을 가벼이 여기고
> 덕을 기뻐하는 마음이다.
> 쾌락에 지배되는 삶은 고통에도 지배된다.
> 건전성이 없으면 아무도 행복할 수 없다.
> 행복한 사람은 판단을 올바로 할 수 있는 사람이다."

사람은 올바른 판단을 할 때 행복할 수 있으며, 올바른 판단은 건강한 정신을 유지할 때 가능해진다. 우리 마음은 늘 이랬다 저랬다 바뀌기 때문에 긴장을 유지하도록 노력해야 한다. 배운 것을 꼼꼼히 되새기고, 중요한 생각들을 놓치지 않도록 신경 써야 한다.

책을 읽고 공부하는 삶이 유리한 것은 이 때문이다. 늘 배우려고 하고 배운 것을 되새기며, 중요한 원칙들을 지켜야겠다는 생각으로 살아가기 때문에 중심을 잃지 않을 수 있다. 가끔 실수를 하거나 문제가 찾아오는 경우는 있지만 자기 삶을 완전한 나락으로 떨어뜨리는 일은 없다. 가장 착한 생활을 따라가되 가장 즐거운 생활을 따르지 않으면서, 자기 삶을 살아가려고 하기 때문이다. 삶은 그런 것이다.

이런 삶의 모습과 과정을 세네카는 벨기리우스를 인용하여 이렇게 말한다.

"우리는 삶을 마치고, 예정된 운명의 길을 다 걸었다."

내 삶에서 나는 노예인가 주인인가

노후를 준비해야 한다는 목소리가 높다. 자식들에게 기대지 않고 경제적 독립을 유지하면서 살려면 이것저것 준비할 것이 많다며 난리다. 그런데 정작 중요한 노후의 '삶'에 대해서는 이야기가 없다. 나이 든 사람들은 단지 생명이나 유지하는 것에 만족하라는 말인가? 아니면 모아둔 돈이나 쓰면서 대충 살아가도 된다는 말인가?

자기를 완성한 사람의 죽음

노후를 위해 저축을 하라거나 보험에 가입하라는 말은 이 사람 앞에서는 절대 해서는 안 된다. 그 주인공은 바로 니체다.

> "우리의 죽음이 인간과 지상에 대한 저주가 되어서는 결코
> 안 된다. 죽음 속에 깃들인 우리의 정신과 미덕은 지상을 뒤덮는
> 저녁놀처럼 빛나야 한다. 그렇지 못하면 그 죽음은 잘못된 것이다."

그에게 시간은 무의미하다. 젊은이와 늙은이의 구분이 없다. 오직 정신만 있다. 언제 어느 때 죽든 정신이 살아 있는 죽음을 맞이해야 한다. 겨우 생물학적인 생명을 유지하며 그럭저럭 살아가는 삶은 죄악이다. 자기 생각대로 살지도 못하면서 더 오래 살려고 애쓰는 사람일수록 인생의 말로는 비참한 법이다.

니체는 인생의 퇴보를 인정하지 않는다. 그는 죽는 방법도 배워야 한다고 말한다. 구차하게 살아갈 것이 아니라 자기답게 죽을 수 있어야 한다.

> "자기를 완성한 사람과 용사는 도둑처럼 기어들어와
> 주인인 양 자리를 잡는 추한 꼴의 죽음을 경계해야 한다.
> 자진해서 맞이하는 자유로운 죽음, 그 방식으로 죽어야만 한다."

이 말은 《임제록》의 '수처작주(隨處作主) 입처개진(立處皆眞)'이라는 말을 떠올리게 한다. 어디를 가든 주인이 되라는 말이다. 그러면 그곳이 곧 진실이 된다. 대기업 부장이든 중소기업 대리든 자기 일의 주인이 되면 그곳이 곧 놀이터이자 집이 된다. 어디서 무엇을 하든 주인이 되어 자기 삶을 살 수 있다. 부장으로 승진한 친구를 부러워하고, 돈 잘 버는 친구를 질투하는 마음으로는 주인이 될 수 없다. 자기 일에 자신을 담을 때, 한 번의 만남에 온 마음을 담을 때 주체가 된다.

 자신을 경멸할 때
인간은 위대해진다

"인간이 경험할 수 있는 가장 위대한 순간은 바로,
자신에 대한 경멸을 체험할 때다. 자신의 행복과 이성과
도덕에 구역질을 느끼는 바로 그 순간이다."

살다 보면 자신이 싫어지는 때가 있다. 보잘것없는 모습에 화가 나기도 하고 자괴감을 느끼기도 한다. 니체는 이런 때가 가장 위대한 순간이라고 말한다. 자신이 추구했던 행복, 합리적이라고 믿

었던 이성, 훌륭하다고 느껴왔던 도덕에 대해 구역질을 느끼는 순간이 가장 위대하다. 심지어 자신을 경멸할 정도가 되어야 한다. 자신의 지금 모습에서 구역질을 느낀다는 것은 진정한 자신을 찾고 싶다는 변화의 징조이기 때문이다. 소시민적 행복, 이기적인 행동, 아전인수격 합리화, 아무런 깊이도 없는 윤리의식에 진저리를 쳐야 한다. 그래야 진짜 자신을 찾아 나설 수 있다.

아쉽게도 대부분 사람은 자신의 모습에 진저리를 치면서도 "세상이 다 그런 것 아니겠어?", "다른 사람도 그런데 뭐"라고 위안하며 최고의 순간을 마감한다. 지금의 자신을 부정하거나 끝장내지 못하고 적절히 타협하고 적당히 마무리한다. 늘 진정한 삶을 갈망하면서도 언제나 적당히 반성하고 적당히 선택하고 적당히 행동한다. 일상으로 돌아가면 또 새로운 자신을 갈망할 것이다.

"자신을 사랑하는 사람은 자신을 경멸하고 있기 때문에 새로 창조하기를 원하는 것이다. 자신이 사랑하는 것을 경멸하지 않는 사람이 사랑에 대해 무엇을 알겠는가?"

자신을 경멸하는 사람은 자신을 사랑하는 사람이다. 진정으로 사랑할 때 경멸할 수 있다. 경멸은 진정한 자신을 찾겠다는, 과거에 대한 단절의 상징이다. 진정으로 자신을 사랑한다면 지금의 자신을 경멸하라. 그 경멸이 자신을 새롭게 할 것이다.

애플에서 모바일미라는 제품을 만들고 있을 당시 애기다. 제품 개발에 차질이 생기자 스티브 잡스는 개발팀원들을 불러놓고 이렇게 말한다.

> "당신들이 애플의 명예를 더럽혔습니다. 서로를 실망시켰습니다.
> 우리는 서로를 증오해야 합니다."

지금의 자신을 증오하지 않으면 새로운 나를 찾아갈 수 없다. 몸서리쳐지도록 혐오해야 한다. 엉망진창이 된 삶을 재정비하려면 혁명이 필요하다. 진정한 혁명이란 엉망진창인 세상과 자신을 증오하고 경멸하는 것이다. 증오와 경멸만이 진정한 혁명을 부른다. 현재와의 타협은 죽은 삶의 반복일 뿐이다.

> "나의 행복이란 무엇인가? 그것은 초라하고 더러우며
> 가련한 자기만족에 지나지 않는다. 진정한 나의 행복은
> 나의 생존 그 자체가 되어야 하지 않겠는가!"

오해하지 말아야 하는 것은 경멸이 목표를 달성하거나 사회적으로 성공하기 위한 것이 아니라는 점이다. 이때의 경멸은 삶의 주인이 되지 못한 자신에 대한 경멸이다. 주인이 되기 위해 증오하고 경멸하는 것이다. 타인의 욕구나 세상의 요구에 따라다니는 삶이 아니라 자기 삶을 살자는 맹세다.

나이가 들면 자신의 초라한 모습이 싫어진다. 경멸하고 싶은 마음도 생긴다. 이럴 때 자신의 객관적인 상황을 인정할 수 있는 것 또한 지혜다. 부장 친구를 부러워할 것이 아니라 과장인 자신을 인정하고 자기 방식으로 다시 시작하는 길을 선택할 수 있다. 이것이 진정한 혁명이다. 인생에는 좋고 나쁜 것이 없다. 부장이 좋고 과장은 나쁘다거나 대기업이 좋고 중소기업은 나쁘다는 것은 세상이 만든 편견일 뿐이다. 부장이든 대기업이든 자신이 처한 입장에서 주인공이 되지 못하면 상황은 똑같다. 일을 하든 사람을 만나든 자기만의 색깔과 냄새를 가미하고 바라는 방식으로 끌고 가는 것, 그것이 진정한 삶이고 증오와 경멸의 목적이다.

"'삶은 오직 고통일 뿐이다'라고 말하는 사람이 있다.
그런 사람에게는 그 말이 옳다. 그러니 그런 자들은 스스로
삶을 끝내라. 오직 고통일 뿐인 자신의 삶을 끝내라."

니체는 주저하지 않는다. 세상이 고통뿐이라고 생각하는 사람이라면 스스로 삶을 끝내라고 직격탄을 날린다. 얼핏 죽으라는 말로 들릴 수도 있지만 자세히 보면 생명을 끊는다는 것 이상의 의미가 숨어 있다. 현재의 삶이 고통뿐이라면 더는 그런 삶을 살지 말라는 뜻이다. 고통스러워하면서도 왜 참고 견디기만 하는가? 참을 수 없다면 참지 마라. 경멸하고 증오하고 다시는 이런 삶을 살지 않겠다고 결단하라. 그래서 새 삶으로 뛰어들어라. 경멸과 증오의 힘으로 새로운 삶, 진정한 자신을 찾아라.

금메달을 강물에 던진 복서

캐시어스 클레이라는 복서가 있었다. 그는 강한 펀치와 스피드로 1960년 로마올림픽에서 금메달을 땄다. 사람들은 환호했고 그는 의기양양했다. 어느 날 그는 자신도 믿지 못할 일을 경험한다. 백인 전용 식당에 들어가려다가 저지당했는데 몰매까지 맞고 쫓겨난 것이다. 이 사건으로 그는 중요한 발견을 하게 된다. 바로 자신이 흑인이라는 사실이다.

그는 어렵게 딴 금메달을 오하이오 강물에 던져버렸다. 그리고 백인들, 다른 사람들이 원하는 방식이 아니라 자신이 원하는 방식으로 살기로 마음먹었다. 지금까지의 삶은 거짓이었다. 그는 진정한 삶을 사는 인간이 되기로 결심했다.

"인간으로서 존중받지 못한다면 챔피언은 아무런 쓸모도 없다."

   인간이 되기 위해 그는 캐시어스 클레이라는 이름을 버렸다. 클레이는 자기 조상을 노예로 삼았던 백인들의 성이었다. 그의 새로운 이름은 무하마드 알리였다. 그렇게 그는 진짜 인생을 시작했다.

   프로로 전향한 알리는 신들린 듯한 펀치로 챔피언이 되었고 9차 방어까지 성공하는 놀라운 기록을 세웠다. 그는 자신의 말을 정말로 실현했다.

"나는 당신들이 아니라 내가 원하는 챔피언이 되겠다."

   그는 권투를 예술의 경지로 끌어올렸다. 그의 스피드와 발놀림은 '나비처럼 날아서 벌처럼 쏘는' 예술로 표현됐다. 주먹이 보이지 않을 만큼 빠른 펀치, 축구스타 메시를 연상시키는 놀라운 발놀림은 보는 이의 입을 쩍 벌어지게 했다. 작가 노먼 메일러가 "20세기 가장 위대한 천재는 채플린과 알리"라 칭송했을 정도다. 그가 가는 곳마다 사람들은 그를 보기 위해 몰려들었다.

그리고 1967년, 베트남전에 참전하라는 정부의 징집명령이 떨어졌으나 이를 거부했다. 사람들은 놀랐고 모든 언론이 주목했다. FBI의 감시를 받는 주요 인물이 되었고 챔피언 자격을 박탈당했으며 선수자격도 정지되었다. 정부는 징집에 응하지 않으면 감옥에 보내겠다고 위협했다. 그는 "아프리카에서 끌려온 흑인들은 이미 400년간 옥살이를 하고 있다"며 뜻을 굽히지 않았다.

그는 이렇게 외쳤다.

"베트남 사람들은 나를 검둥이라고 부르지도 않고 해치지도 않는다.
나는 그들에게 총을 들이댈 이유가 없다.
베트콩과 싸우느니 흑인을 억압하는 세상과 싸우겠다."

그는 세상에 정직했다. 양심에 충실했다. 그의 말은 옳았고 힘이 있었다. 그 힘은 올바름에서 나오는 진실의 힘이었다. 이 사건은 흑인 인권운동에 기름을 붓는 계기가 된다. 세상은 올바른 것이 무엇인지 비로소 깨닫기 시작했다.

이 사건으로 그는 무려 3년 6개월 동안 링에 오를 수 없었다. 전성기는 그렇게 저물어갔다. 그러다 1970년 마침내 양심적 병역거부로 무죄선고를 받았고, 복귀전에서 세계 1위를 꺾고 재기했다. 이후 조 프레이저와의 챔피언전에서 패배하며 생애 첫 패배를 맛보는 등 기복이 있었다.

1974년에는 WBC · WBA 헤비급 타이틀전에서 조지 포먼과 맞붙게 되었다. 스물네 살의 조지 포먼은 챔피언 조 프레이저도 꺾은, 당시 승승장구하던 복서였다. 그에 비해 알리는 서른두 살의 전성기 지난 퇴물이었다. 그런 만큼 누구도 그의 승리를 기대하지 않았다. 하지만 그는 시종일관 링에 몸을 기대고 체력을 비축하다 8라운드에서 포먼의 체력이 떨어지는 결정적인 기회를 잡아 한 방으로 경기를 마무리했다. 사람들은 환호했고 챔피언의 귀환에 열광했다.

이후 그는 이슬람교로 개종하고 아홉 차례의 방어전에서 승리하며 무적의 복서라는 별칭을 얻었다.

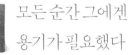

모든 순간 그에겐 용기가 필요했다

"사람들의 미덕은 제각기 가장 최고의 수준을 지향한다. 그래서 어느 미덕이든 당신이 모든 정신을 집중하여

철저히 몰두하기를 요구한다. 또한 분노, 증오, 사랑도
당신이 모든 힘을 기울이기를 요구한다."

니체는 미덕이란 최고의 수준을 지향하는 특성이 있다고 말한다. 최고 수준을 지향하지 않는다면 그것은 미덕이라 부를 수 없다. 그러므로 미덕은 모든 것을 걸어야 가능하다. 정신을 집중하고 철저히 몰두해야 최고 수준을 향할 수 있다.

그러는 동안 분노와 증오와 사랑이 힘을 줄 것이다. 최고 수준에 이르려면 힘이 요구되기 때문이다. 힘을 갖는 것, 그것만이 인생을 구원해줄 수 있다. 짓밟힌 삶을 구원하는 것은 돈이나 권력, 지위가 아니라 자신의 내면에서 피어오르는 힘이다. 오직 힘만이 죽은 삶을 되살릴 수 있다.

"나는 종래의 자기 자신을 모조리 버릴 수 있는 사람을 사랑한다.
그런 사람이야말로 이편에서 저편으로 건너갈 수 있기 때문이다.
또한 나는 모독하고 경멸하는 사람을 사랑한다. 그런 사람이야말로
피안의 절벽으로 날아가려는 동경의 화살이기 때문이다."

알리는 1981년 은퇴할 때까지 10차 방어에 성공하며 61전 56승 5패, 37KO승이라는 최고의 전적을 남겼다. 사람들은 그를 위대한 복서를 넘어 인간승리의 주인공으로 인정한다. 자신의 분야에서 이룬 놀라운 성공을 넘어선 그의 용기 있고 아름다운 인간정신에 경의를 표한 것이다.

스포츠를 넘어선 그의 삶은 결단과 선택의 연속이었다. 오하이오 강물에 금메달을 던질 때, 베트남 징집을 거부할 때, 한물갔다는 말을 들으며 재기를 꿈꿀 때 그리고 자신이 흑인임을 인정하고 받아들일 때. 이 모두가 그에게는 엄청난 용기를 필요로 하는 순간이었다. 그는 매 순간 자신의 마음을 울리는 양심의 소리에 귀를 기울였다. 진실은 용기를 주었다.

"위험을 무릅쓸 용기가 없으면 인생에서 아무것도 이룰 수 없다."

자기보다 더 큰 것에 자신을 던진 사람을 영웅이라고 할 때 알리야말로 진정한 영웅이었다. 알리는 흑인의 인권, 반전운동의 선두에 섰고 그것은 분명 자신의 이익이나 생존보다 훨씬 크고 위대한 것이었다. 그를 칭송하는 것은 그의 삶이 자신보다 더 큰 것에 바쳐졌기 때문이고, 아직도 우리가 그에게 환호를 보내는 것은 그의 스포츠를 넘어서는 인간정신을 인정하기 때문이다.

스스로를 극복해야 자기 삶의 주인이 된다

사람은 자신의 안일만 생각하면 그 속에 갇히고 만다. 먹고사는 일, 인기를 얻고 성공하는 일에 집착하면 그것밖에 보이지 않는다. 만일 우리가 자신을 넘어 보다 넓고 큰 것을 바라보고 살 수 있다면 훨씬 풍요롭고 가치 있는 삶을 만들 수 있을 것이다. 그것은 우리보다 큰 무엇이고 우리보다 깊은 어떤 것이다. 자신보다 크고 넓은 것을 선택하는 삶에는 용기가 절실히 필요하다. 무하마드 알리는 우리에게 용기라는 미덕이 무엇이며 어떻게 사용해야 하는지를 명확히 보여준 20세기의 진정한 영웅이었다.

"챔피언은 체육관에서 만들어지는 것이 아니다. 챔피언은 자신의 내면 깊숙이 있는 희망, 꿈, 이상에 의해서 만들어진다."

"인간은 언제나 자신의 내면에 혼돈을 간직해야 한다. 그래서 그 속에서 춤추는 별을 탄생시켜야 한다."

과거를 경멸하고 힘을 얻은 인간도 때때로 흔들린다. 인생이란 흔들리며 걷는 과정이다. 무하마드 알리도 흔들렸다. 하지만 다시는 노예가 되지 않겠다는 결단이 그를 앞으로 나아가게 만들었다. 흔들리는 것이 중요한 것이 아니라 흔들리면서도 나아가는 방향이 중요한 것이다.

니체는 노예에 관해 이렇게 말한다.

"나는 모든 인간은 시대를 막론하고 자유인과 노예로 나누어진다고 생각한다. 하루의 3분의 2를 자신을 위해 쓰지 않는 사람은 노예로 분류될 수밖에 없다. 가족이나 친구가 보고 싶어도 너무 바빠서 만날 수 없는 사람이 노예이지, 어떻게 삶의 주인이라고 할 수 있겠는가?"

노예제도하에서만 노예가 존재하는 것이 아니다. 자신의 시간과 에너지를 자기 마음대로 사용할 수 없다면 그것은 노예나 다름없다. 니체는 정말 하고 싶은 일을 하지 못하는 핑계를 늘어놓으며 저속한 목적에 고개를 파묻고 사는 사람들을 노예라고 평한다.

"그렇게 목표달성을 추구하는 유형의 인간들이 수첩에
적어놓은 스케줄이란 모두가 그가 속해 있는 거대한 조직의
틀 속에 맞추어진 것들이지, 자신을 위해서 할애된 시간은 거의 없다.
거기에는 나만을 위한 명상시간, 나만의 인격을 위한 시간,
책 읽는 시간, 운동 시간, 내가 가장 만나고 싶은 사람들과의
대화 따위는 들어설 자리가 없다. 그 수첩에서 자기 자신은
찾아볼 수가 없는 것이다."

그의 말을 곡해하지 말길 바란다. 조직생활을 하지 말라는 말이 아니다. 조직의 목표를 달성하지 말라는 말도 아니다. 자신의 수첩에 자신의 삶과 관련된 것을 기록해보자는 말이다. 조직이나 다른 사람이 원하는 내용으로 채울 것이 아니라 자신이 원하고, 하고 싶은 것으로 채워나가자는 것이다. 자기 삶을 사는 사람은 하루의 시간을 자신의 것으로 채워나간다. 어쩔 수 없는 것에서도 주도성을 발휘하고 자신의 방식을 개발하며 책임도 자신의 것으로 만든다. 그것이야말로 우리 삶의 혁명이다.

일을 하는
나만의 이유를 찾아서

20세기의 현자들은 우리 사회에 근본적인 변화가 없다면 멸망할 수밖에 없음을 오래전부터 지적해왔다. 특히 에리히 프롬은 우리 삶을 소유와 존재의 양식으로 나누어서 설명한다. 그는 길가에 핀 아름다운 꽃이 있을 때 그것을 꺾어서 자신의 것으로 만드는 것은 소유적 삶의 방식이라고 말한다. 반면 아름다운 꽃을 보면서 감상하고 찬미하면서도 소유하려는 마음을 가지지 않는다면 존재적 삶의 방식이다.

소유적 삶의 방식

소유적 삶의 방식은 쉽게 볼 수 있다. 좋은 대학에 가고 좋은 회사에 취직해서 높은 연봉을 받는 삶을 추구하는 현대 사회의 성공방식이 여기에 해당하기 때문이다. 우리 사회는 더 많이 가져야 더 행복할 수 있다는 믿음이 당연시된다. 더 많이 가지려면 많은 돈이 필요하다. 돈을 많이 벌려면 공부를 잘하거나 인맥이 좋거나 높은 지위에 오르거나 애초에 부모를 잘 만나기라도 해야 한다. 남들보다 많은 연봉을 받고, 더 빨리 승진하고, 더 많은 인정을 받아야만 한다.

이런 삶의 방식은 권력을 향한 끊임없는 욕구를 만들어낸다. 덕분에 그들은 쉴 수 없고 왜 싸워야 하는지도 모르는 채 무작정 앞으로 달려나간다. 그들이 타는 자동차는 자신이 애착을 느끼는 구체적인 대상이기보다는 신분을 드러내고 힘을 과시하는 수단일 뿐이다. 그들은 자신의 존재가 아니라 자신의 자동차가 자신이라고 느낀다. 이런 삶에서는 새로운 물건을 계속 얻지 못하면 허약한 자아를 감당할 수 없다. 그러니 새로운 제품과 자극을 찾아서 계속 달릴 수밖에 없다.

피에르 쌍소의 통찰을 들어보자.

"소유가 우리는 괴롭히는 까닭은, 그것이 우리로 하여금 궁핍을
모르게 하고, 우리의 정체성을 더욱 크게 부풀려 주기 때문이다.
그럼으로써 재물이 우리가 할 일을 대신하게 될 때,
우리는 스스로 존재할 수 없게 된다."

소유적 일의 방식

소유적 삶의 방식이 가진 문제는 자신이 가진 것에 스스로 종속된다는 점이다. 지위가 자신을 말해주었던 사람은 지위가 사라지면 자신도 사라질 수밖에 없다. 재산이 자신의 전부였던 사람은 재산을 잃으면 아무것도 없는 존재가 된다. 그들이 권력과 부를 끊임없이 증식시키려는 이유가 여기에 있다.

얼마 전 정년을 맞이하여 퇴직한 한 중견기업 임원이 있었다. 그는 회사에서 주도적인 역할을 하는 사람이었고 인맥이 넓어 매일 저녁 만나야 할 사람이 줄을 설 정도였다. 행사도 어찌나 많은지 차 한잔하자는 말을 하기가 미안할 정도였다. 하지만 그가 회사에서 물러나고 조용한 일상으로 돌아오자 아무도 그를 찾지 않았다. 귀찮을 정도로 울려대던 휴대폰의 벨소리가 아예 울리지 않는 날도 생겼다. 벨소리가 잦아드는 정도와 비례해서 그는 무기력에 깊

이 빠져들었다. 존재가 아니라 소유가 중심인 삶의 방식을 오랫동안 지속해온 후폭풍이었다.

에리히 프롬은 "우리는 많이 소유하는 것이 아니라 풍요롭게 존재하는 것을 목표로 해야 한다"면서 존재적 방식을 하루속히 되찾아야 함을 강조했다. 존재적 삶의 방식은 인생을 체험 그 자체로 보고, 베풀고 나누고 희생하는 의지를 통해 삶을 영위하는 것이다. 그런 삶은 결과와 관계없이 자신과 자신의 일이 하나가 되어 자기실현의 기쁨이 넘쳐난다.

문제는 현대인은 소유와 탐욕을 바탕으로 하지 않는 사회정신이란 걸 이해할 수 없을 정도로 사유재산에 익숙해 있다는 것이다. 더 많이 가져야 행복할 수 있다는 목소리가 넘치는 사회에서 존재 자체를 추구하면서 살아가기는 어렵다. 더구나 존재론적 방식은 선례를 찾아보기가 어려울 뿐만 아니라 손에 잡히는 뭔가가 없기 때문에 접근조차 어렵다. 특히 일이라는 문제에서 우리는 소유의 방식이 아니면 어떤 방식도 상상할 수 없게 되었다. 돈을 벌고 승진하고 권력을 얻기 위한 용도가 아닌 일을 생각해본 적이 없는 것이다. 그런 점에서 일을 소외시킨 것은 우리 자신이다.

 ## 푸른색 유리에는 푸른색이 없다

많은 사람이 일에 대한 자기만의 의미를 찾고 싶어한다. 돈을 벌기 위해서만 일하는 것, 승진과 높은 지위를 얻기 위한 직장생활만으로는 삶이 풍요로워지지 않는다. 오히려 삶이 황폐해진다. 조금만 생각이 있는 사람이라면 자신의 삶이 잘못된 방향으로 가고 있다는 것을 눈치챌 것이다. 그러고 나면 '인간답게' 일할 방법은 없을까 이런저런 고민을 해보기 마련이다.

그런데 그 인간답게 일한다는 것이 너무나 어렵게 느껴진다. 구체적으로 손에 잡히는 방법이 없기 때문이다. 에리히 프롬은 이 문제의 해답에 접근할 수 있는 힌트를 남겼다. 그는 푸른색 유리가 푸르게 보이는 이유는 그것이 푸른색을 제외한 다른 색을 모두 흡수하고 통과시키지 않기 때문이라는 사실에 집중했다. 우리가 유리를 보고 푸르다고 말하는 것은 유리가 푸른색을 품고 있지 않기 때문, 즉 품지 않고 방출하기 때문이다.

이것을 우리 삶의 방식에 적용할 수 있다. 존재적 방식의 삶을 살고 싶다면 비존재적 방식을 제거하면 된다는 것이다. 비존재적 방식, 그러니까 소유지향적 방식을 제거하는 것에 비례해서 우리는 존재적인 삶의 방식에 가까워진다. 비인간적인 방식으로 살지 않겠다고 결심하고 실제로 그렇게 살다 보면 인간적으로 살 수 있게 되는 것이다.

이 점에 대해 아인슈타인의 말을 기억하는 것이 도움이 될 듯하다.

일에 대한 자기만의 의미를 찾고 싶다면 푸른색 유리를 응용하는 것이 도움된다. 일을 하는 방식에도 소유적인 방식과 존재적인 방식이 있다. 존재적인 방식은 이렇게 하면 된다고 명확하게 말하기 어렵다. 그래서 먼저 해야 할 일이 소유적인 방식이 무엇인지 생각해보는 것이다. 그것은 돈을 벌기 위해서만 일하는 것, 더 많은 연봉을 받기 위해 혹은 더 높은 지위에 오르기 위해 일하는 것, 남들이 인정해줄 수 있는 일에만 집착하는 것 등이다. 연봉에 대한 욕심, 승진에 대한 욕심, 인정받고 싶은 욕심을 버리라는 말이다. 그런 욕심을 버리면 일에 대한 의미는 자연히 찾아진다. 소유양식을 제거하면 존재양식이 남듯이.

사진작가 윤광준은 오디오에 대해서라면 남다른 품격을 지향하는 전문가다. 그는 《소리의 황홀》에서 음악을 좋아하는 것과 오디오를 업으로 삼는 것의 관계를 언급했다. 시인 김갑수와 자신의 오디오에 대한 관심을 비교하는 글이 그것이다.

"그는 기기를 잘 다루지 못하기 때문에 음악 듣는 것에
전념할 수 있는 것이다. 반면 나는 기기를 좀 안다는 이유로
오디오와 사운드에 더 집착하고 있다. 음악을 드는 것과 오디오에
빠지는 것은 공통점도 있지만 한편으론 다른 관심이기도 하다.
오디오의 최종목표는 결국은 음악을 듣기 위함이다. 기기를
가지고 노는 대신 음악에 더욱 빠져 있는 그를 보고, 모르기 때문에
더욱 진지해질 수밖에 없는 이유를 알았다. 작은 하나에 온 힘을
집중해도 될까 말까 한 게 사람 사는 이치다. 음악에만
집중할 수 있는 그의 행복을 이제야 부러워한다."

오디오 관련 종사자들은 좋은 음질을 얻을 수 있는 일이라면 어떤 노력도 아끼지 않는다. 보너스를 모으고 모아 원하는 오디오 기기를 장만하는 일이 평생 꿈인 사람도 많다. 그런데 이런 일이 잦아지다 보면 음악을 감상하는 원래의 목적을 잊고 더 좋은 오디오 기기를 얻기 위해서만 시간을 보내는 일이 생긴다. 수단과 목적이 바뀌는 것이다. 음악을 좋아한다면 더 좋은 기기에 집착하기보다 감상할 시간을 더 많이 가지는 것이 훨씬 나은 방식이다.

일의 의미를 찾는 법
행복한 삶을 살고 있는 매력적인 사람들의 모습을 지켜보면,

그 바탕에는 이기적인 욕망이 아니라 존재 자체에 대한 순수한 애정이 깃들어 있음을 발견하게 된다. 그들은 돈을 벌기 위해서 일하는 것이 아니라 일 자체에 빠져 있다. 그들이 하는 일은 돈이 되느냐 안 되느냐와 관계없이 중요하고도 재미있는 게임으로 받아들여진다. 돈이 되면 좋고 안 되어도 그만이다. 자신의 미래에 이 일이 어떤 영향을 미칠 것인지에 대한 계산 같은 것도 해본 적이 없다. 그저 그것이 좋기 때문에 할 뿐이다.

이런 방식은 요즘 직업을 구하는 젊은이들에게 중요하게 들린다. 연봉과 장래성 같은 비전만 들여다보고 일을 고를 것이 아니라 자신이 몰입할 수 있고 사랑할 수 있느냐에 따라 결정해야 한다. 그럴 수 있다면 연봉이나 사회적 평가는 중요하지 않다. 그것이 중요해서 일을 선택했다면 그런 보장이 없을 때 금방 그만두게 될 것이다. 평생 돈이 되고 지위를 보장해줄 일만 찾아다니다 아까운 청춘을 소비하고 말 것이다.

물론 몇 가지 장애물이 있기는 하다. 주변의 눈도 의식하지 않을 수 없고, 애틋한 부모님의 사랑에도 부응해야 한다. 결혼해서 아이라도 생기면 연봉을 고려하지 않을 수 없는 것이 사실이다. 하지만 이런 상황들을 늘어놓으며 자신의 선택을 합리화해서는 안 된다. 자신의 용기 없는 선택을 주변의 상황 탓으로 돌리다가는 영원히 자신을 위한 진정한 선택을 할 수 없다. 적당한 타협은 어쩔 수 없다 해도 자신을 속여서는 안 된다. 용기 있는 선택을 하면 주변의 지지와 후원도 얻을 수 있다.

일에서 의미를 찾으려면 먼저 일을 수단으로 생각하려는 자신의 마음을 바꿔야 한다. 일은 수단이 아니라 목적과 체험 그 자체가 될 때 의미가 생긴다. 이런 의미는 수없이 반복되는 용기 있는 선택을 통해서 발견될 수 있다. 매일 소유지향적인 일의 양식을 벗어던지려고 노력해야 한다는 말이다. 작은 일이라도 소중히 여기고 하나의 소중한 체험, 삶 자체라고 여기는 마음이 필요하다. 이런 선택을 하려면 불안을 이겨내야 한다. 소유적인 방식을 포기하려고 시도하다 보면 불안이 생기기 때문이다.

좋아하는 일을 찾지 못한 이들에게 필요한 것은 기회일 것이다. 반면 좋아하는 일을 찾아냈다면 용기가 간절히 필요해진다. 배고픔을 신경 쓰지 않을 수 있고, 주변의 눈을 무시하고 선택한 일을 계속해나가려면 용기가 필수적이다. 높은 지위와 돈이라는 요소를 포기하게 되면 망망대해에 혼자 표류하고 있다는 느낌을 가지기도 쉽다. 그런 점에서 용기는 자신의 일에서 의미를 찾으려는 사람들에게 반드시 필요한 조건이다. 특히 우리가 살고 있는 지금 사회에서는.

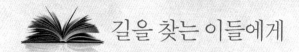

길을 찾는 이들에게

　직장인의 삶에서 작가의 삶으로 인생 전환을 하셨는데요. 특별한 계기가 있었는지 궁금합니다. 그리고 직장인의 삶과 전업 작가와 같은 독립 생활자의 삶을 비교해서 장단점이 있다면 어떤 부분인지 말씀해주시고, 독립 생활자의 길을 가려는 사람에게 조언할 것이 있으면 말씀해주십시오.

특별한 계기는 없었습니다. 그냥 그게 좋았고 그렇게 살고 싶었으니까요. 직장에 묶인 삶보다는 자기 삶을 살아보는 것이 한 번뿐인 삶에 충실한 것이라고 느꼈지요.

직장인의 삶은 안전합니다. 물론 장기적으로는 그렇지 못하지요. 일시적인 안전입니다. 직장에서는 규율을 만들어줍니다. 일도 주지요. 일하는 방법을 배울 수 있고, 인간관계에 대한 실마리도 발견할 수 있고, 조직의 원리를 체험할 수 있습니다.

반면 작가의 삶은 혼자 돛단배의 노를 저어가는 것과 같습니다. 아무도 도와주지 않고 아무런 규율도 없고 일도 정해져 있지 않습니다. 자기 혼자서 모든 것을 결정해야 하지요. 힘들고 험난한 과정입니다. 하지만 이건 진짜 삶입니다.

저는 작가의 삶으로 전환한 것에 아무런 후회가 없습니다. 오히려 잘했다고 믿고 있지요. 경제적 문제라면 걱정하지 마세요. 준비된 사람이라면 경제적 문제는 자연스럽게 해결됩니다. 사실 그게 준비가 되었느냐 아니냐의 차이이기도 하지요.

스티브 잡스가 남긴 'Stay hungry, stay foolish'라는 말에는 진실이 담겨 있다고 봅니다. 나름대로 자신의 길에 도달한 사람들은 모두 인정하는 부분이기도 하고요. 간절함과 진솔함이 삶의 길을 만들어준다고 믿습니다.

되돌아보면 저를 변화시킨 건 짧은 순간의 경험이었습니다. 그걸 놓치느냐 붙잡고 늘어지느냐의 문제였죠. 제가 자주 하는 중2 때 사회 선생님의 '와신상담' 이야기가 대표적인 예입니다. 아주 작은 경험, 계기, 자극이었지만 그것이 내 삶을 변화시키는 기회가 되었습니다. 그런 경험이 있다면 꼭 붙잡으시길 바랍니다. 그런데 대부분은 그냥 지나쳐버립니다. 그러면 끝이지요.

독립 생활자로의 방향 전환을 꿈꾸는 분들에게 부탁하고 싶은 것이 그것입니다. 직장에 대한 불만이나 인간관계에서 오는 고통 때문에 독립 생활자가 되겠다고 생각했다면 주의해야 합니다. 독립 생활자가 되면 자신을 괴롭혔던 직장이 그리워질 겁니다. 외로움은 귀찮음보다 강하니까요. 독립 생활자가 되겠다는 결심은 자신이 좋아하고 잘할 수 있는 것이 있을 때 생각해야 할 문제입니다. 직장이 갑갑하고 힘들어서 탈출하는 의미라면 아무것도 얻을 수 없을 겁니다. 직장이나 사회 경험에서 좋아하고 잘할 수 있는 것을 발견하고 훈련하면서 독립을 고민해보길 권합니다. 자신이 주인이 아니라면 어디를 가든 달라질 것은 없으니까요.

4부

공존;

남을 사랑하는 것이 모두가
행복해지는 길이야

색안경을 벗으면
날마다 좋은 날

늘 가르침만 청하던 이성계가 하루는 무학대사에서 말했다.

"심심한데 농담이나 해볼까요?"

"좋지요."

기다렸다는 듯이 이성계가 무학대사를 놀렸다.

"내 눈에 대사는 돼지 같아 보이는구려."

"그래요? 내 눈에 당신은 부처 같아 보입니다."

"아니, 농담을 하자는데 왜 진지한 말씀을 하십니까?"

"돼지 눈에는 돼지만 보이고, 부처 눈에는 부처가 보이는 법입니다."

"이런, 제가 졌습니다. 하하하."

두 사람의 대화를 그냥 흘려 넘기지 못하게 하는 대목이 있다. 돼지 눈에는 돼지만 보이고 부처 눈에는 부처만 보이는 법이라는 말이다. 흔히들 하는 말이지만 이처럼 엄청난 비밀을 간직한 말도 없을 것이다.

고양이 한 마리, 내게 '못된 고양이'가 되다

> "'세계는 나의 표상이다.' 이것은 살아서 인식하고 있는 모든 존재에 해당하는 진리다. 그러나 이 진리를 반성하고 추상화할 수 있는 것은 오직 인간뿐이며, 인간이 실제로 그렇게 의식할 때에 인간의 철학적인 사유가 가능하다."

그 유명한 쇼펜하우어의 《의지와 표상으로서의 세계》는 이렇게 시작된다. 니체를 비롯한 후대의 철학자들에게 엄청난 영향을 미친 저작물이라고 해서 어렵게 생각할 필요는 없다. 그냥 말뜻 그대로 받아들이면 된다. 이해를 돕기 위해 살짝 해설을 붙여보겠다.

우리는 오감을 통해서 세상을 인식한다. 예컨대 고양이를 볼 때 시각을 통해서 고양이를 발견하고 그 모양을 마음속으로 그려낸다. 그때 고양이는 '나의 표상'이 된다. 그 순간 고양이가 나를 할퀴어 피가 나고 말았다. 놀란 나는 고양이를 다시 보며 '못된' 고양이라고 생각한다. 할퀼 때 고양이의 모습이 잊히지 않고 머릿속에 각인된다. 그렇게 고양이는 못된 동물로서 나의 표상이 된다.

그 후 고양이를 보면 처음 볼 때와는 달리 인식하게 된다. '조심해야겠다'고 생각하는 것이다. 고양이에게 할퀸 경험이 우리 마음에 작용한다. 이런 생각이 굳어지면 고양이는 위험한 동물이라는 인식이 강해진다. 그러고는 다른 사람들에게 고양이는 피해야 하며 멀리 쫓아버려야 하는 동물이라고 주장한다. 이제 고양이가 못된 동물이라는 것은 나의 의지가 된다.

우리는 자신이 보고 싶은 대로 본다. 세상을 그대로 보는 것이 아니라 자신의 관점으로만 보는 것이다. 누구랑 잘 통한다고 말하곤 하는데 그 말은 서로의 관점이 비슷할 때 사용된다. 정치적 견해나 어떤 사건에 대한 의견, 세상살이에 대한 기본 생각이 비슷할 때 통한다고 말하며, 이것은 세상을 보는 시각이 비슷하다는 뜻이다.

이렇게 서로 생각이 통할 때는 별문제 없던 사이가 다름을 발견한 후부터는 뒤틀리기 시작한다. 이제 서로 다른 생각을 하고 있다는 사실을 알게 되고 그것에 불쾌해한다. 갈등과 충돌도 불가피해진다. 스트레스를 받아 서로 등을 돌리고 만다.

톨스토이는 인간이 가진 생각에 대해 이렇게 이야기한다.

> "인간의 운명은 그 생각의 흐름을 따른다.
> 인간은 생각으로 자기 삶을 내다보고 만들어가는 존재다.
> 생각은 우리를 지옥으로도 천국으로도 보낼 수 있다."

우리가 보는 세계는 우리가 생각하는 세계일 뿐

더스틴 호프만과 샤론 스톤, 사무엘 L. 잭슨 등 유명 배우들이 출연했던 영화 〈스피어〉는 세상을 보는 우리의 눈에 대한 이야기를 담고 있다. 외계인의 것으로 보이는 침몰당한 비행선을 조사하던 주인공들은 그 속에서 둥근 모양의 이상한 물질을 발견한다. 그리고 몇은 그 속으로 들어가 보는데 그 후부터 이상한 일들이 일어나기 시작한다. 거대한 오징어가 출연하고, 지구상에는 존재하지도 않는 해파리에 사람이 쏘여 죽고, 병 속에 담아두었던 바다뱀이 사람을 공격하는, 있을 수 없는 일이 벌어지는 것이다. 급기야 서로를 믿지 못하는 상황에 이르고 생존을 위해 죽일 수도 있는 위기에 직면한다.

주인공인 심리학자는 이 모든 것의 원인이 자신들의 생각이었음을 발견한다. 《해저 2만리》를 읽으며 거대한 오징어를 상상한 결과 괴물오징어가 나타났음을 알게 된 것이다. 수천 마리의 해파리와 바다뱀의 출현 등이 모두 자신들의 상상이었으며, 그것이 현실화한 것이다. 결국 스피어는 상상하는 것이 현실로 드러나게 만드는 놀라운 물건이었다.

영화 속에서만, 스피어에 들어갔다 나와야만 이런 일이 일어나는 것은 아니다. 우리는 늘 자신의 생각과 상상으로 세상을 보고 그것을 드러내며 살아간다. 자신이 보고 싶은 쪽에서만 사물을 보고, 상상하고 있는 방향으로만 사건을 규정짓는다. 객관적인 실체와는 관계없이 왜곡된 눈과 생각으로 세상을 탐지한다. 그러니 자신이 보려고 하는 방향으로만 보게 된다. 이런 생각은 의지로 굳어져 결국 자신이 보는 것이 객관적인 것이라고 착각하며 살아가게 한다.

에머슨의 표현을 빌자면 이렇다.

"세계가 가진 본래의 영원한 아름다움을 되찾아주려면, 먼저 우리 영혼을 회복해야 한다. 우리가 자연을 볼 때 우리 눈에 비친 황폐함이나 공허함은 우리 자신의 눈 속에 있는 것이다."

꼬부라진 나무가 오래 살아남는 이유

우리는 자신의 눈으로 보는 세계를 객관적 세계라고 착각한다. 물론 착각은 자유다. 하지만 착각에는 그만큼의 책임이 따른다. 고양이는 무섭다는 생각을 가진 사람에게 고양이는 무서운 존재일 뿐이다. 고양이는 얌전하고 귀여운 동물이라고 착각하는 사람은 고양이를 쓰다듬는 즐거움을 누릴 수 있다. 팀장이 자신만 괴롭히는 나쁜 존재라는 착각은 스트레스와 갈등을 불러온다. 반면 엄하기는 하지만 일에 철저하기 때문에 배울 점이 많다는 착각은 일을 완벽하게 해낼 수 있는 자극으로 작용한다. 이런 착각의 발견은 별것 아닌 것 같지만 무척 중요하다. 내가 색안경을 낀 채로 착각 속에 세상을 보고 있다는 발견이 인생을 바꾸어놓기 때문이다.

이 깨달음에 대한 가장 강력한 통찰이 붓다에게 있었다. 붓다는 사람은 누구나 자신만의 관점에서 세상을 보고 있다는 사실을 깨닫고는 나라는 색안경을 벗어던지는 것이 해방에 이르는 길이라는 사실을 발견했다. 불교에서 말하는 공(空)이란 결국 자신의 관점과 욕망에서 벗어나는 것이다.

《장자》에는 상대주의적 관점에 대한 이야기가 많이 나온다. 구불구불하고 못생긴 나무는 별 쓸모가 없다. 하지만 그 쓸모없음 덕분에 나무꾼들의 눈에 들지 않게 되어 오래 살아남을 수 있다. 지금 내가 딛고 있는 땅은 쓸모가 있지만 딛고 있지 않은 부분은 쓸모가 없다. 하지만 딛지 않은 땅이 있기 때문에 어디로든 자유로이 발걸음을 뗄 수 있다. 즉, 쓸모 있음과 없음은 상대적인 것이지 절대적인 것이 아니다. 나에게 필요 없는 것도 상대방에게는 소중할 수 있고, 내가 손해를 보는 상황도 전체적인 삶에서는 꼭 필요한 부분일 수 있다.

이것이 장자가 말하는 색안경에 대한 해법이다. 세상 무엇도 완전히 옳은 것은 없고 완전히 틀린 것도 없다. 꼭 해야 할 것도 없고 하지 말아야 할 것도 없다. 그러니 해야 할 일이 생기면 열심히 하되 해야 할 것과 말아야 할 것을 잘 구분해서 집중할 필요가 있다.

색안경에 대한 붓다의 해법은 마음을 일으키지 않는 것과 연관이 있다. 마음을 일으키면 눈이 오염되어 자연히 색안경을 낄 수밖에 없다. "마음이 일어나면 세계가 생겨나고, 마음이 꺼지면 세계도 사라진다"는 말처럼 마음을 비우면 욕망이라는 색안경도 사라진다. 그러할 때 세상을 있는 그대로 보고 있는 그대로 받아들이며 살 수 있다.

이런 삶은 수용성을 높여준다. 악질 팀장도 존재가치가 있고, 어리석은 부하직원도 완전한 세상의 일부가 된다. 이런 주장이 현실적이지 않다고 비판할 수도 있을 것이다. 성과를 내야 하는 상황에서 어떻게 어리석고 게으른 직원을 받아들일 수 있겠느냐며 반론을 제기할 수도 있다. 붓다는 성과를 내야 한다는 전제가 이미 색안경을 낀 것이라고 봤다. 내가 욕심이 많았다는 사실을 이해하고 받아들이면 수용의 범위가 넓어질 수 있다는 것이다. 불교에서 깨닫는다는 말은 이런 의미다. '내가 헛된 욕망에 눈이 멀었구나. 모든 것이 내 마음에서 일어나는 문제였구나' 하고 깨닫게 되면 모든 문제가 해결된다. 아니, 문제가 사라진다. 문제는 원래부터 없었다.

▌ 나라는 색안경을 벗자

장자나 붓다의 대안이 아무리 옳다 해도 현실적으로는 받아들이기 어렵다고 생각하는 사람도 많을 것이다. 하지만 인문학을 공부하고 책을 읽고 성경을 암송해도 소용이 없다. 그것을 받아들이지 않으면 모든 노력이 물거품에 불과하다. 현명한 사람이라면 여기서 타협점을 찾아야 할 것이다. 붓다의 메시지가 비현실적이라고 비판만 할 것이 아니라 어느 수준까지 받아들일 것인지 고민해야 한다.

욕구를 완전히 버릴 수는 없지만 어느 정도는 버릴 수 있다. 특히 스트레스를 주는 상황에서 자신의 눈을 내려놓고 상대방 혹은 제삼자의 눈으로 현실을 보려는 시도가 중요하다. 상황에 대한 이해심을 높여주고 수용성을 높여 스트레스를 줄여주기 때문이다. 좋은 일이 있어야만 행복한 것이 아니다. 불행한 일을 겪고도 불행하지 않다는 사실을 발견할 때도 행복할 수 있다. 행복은 사건이 아니라 감정의 문제다. 행복을 위해 좋은 일을 기다리거나 만들려는 노력보다 지금 상황을 보는 자신의 눈을 내려놓는 것이 더 현명한 길이다.

아쉽게도 마음을 일으키지 않고 세상을 보는 것이 쉬운 일은 아니다. 뭔가를 해야 한다는 압박감에 시달리는 현대인의 삶에서 마음을 내려놓기란 무척 힘들어 보인다. 하지만 위안이 되는 것은 모든 것을 내려놓을 필요는 없다는 데 있는 듯하다. 자신을 힘들게 하는 마음만 내려놓아도 충분히 행복해질 수 있다.

불교에서는 "깨닫기 전과 깨달은 후가 같다"고 말한다. 자신을 괴롭히던 것이 자신의 생각과 의지였다는 사실을 깨닫고 나면 깨닫기 전과 다를 것이 없다. 현실은 여전히 같은데 내 눈이 달라졌을 뿐이다. 그 눈을 얻으려면 노력이 필요하다.

해답은 일상적인 연습에 있다. 일을 볼 때 자신이 색안경을 끼고 있음을 알아차리고 상대방, 제삼자의 눈으로 보려는 연습을 해야 한다. 그러다 보면 상대방의 입장에서 세상을 볼 수 있고 그동안 알지 못했던 모습을 발견할 수 있다. 그제야 그토록 싫어하던 사람이 왜 그런 행동을 했는지 알 수 있고 받아들일 힘이 생긴다. 그와 함께 자신이 지나치게 딴죽을 걸고 저항으로 일관하는 삶을 살아왔음도 깨닫게 된다.

이런 연습은 곧 수용성을 높여주는 효과를 가져온다. 세상의 사건들이 자신에게 주는 영향력을 줄일 수 있고, 주변 사람들이 자신에게 가하는 압력을 흡수하거나 흘려버릴 수 있게 된다. 중압감에 시달리는 일이 줄어들고, 만나는 사람들과 가족을 더 깊이 사랑할 수 있게 된다. 유머감각이 늘고 인간관계도 좋아진다. 갈등을 불러오는 저항을 줄인 결과가 전혀 새로운 인생으로 안내한다.

한 사람의 성숙도는 자기와 다른 것을 인정할 수 있는 수용력에 달려 있다. 부처의 눈으로 세상을 보려면 나라는 색안경을 벗어야 한다. 색안경을 벗으면 날마다 좋은 날이다.

세 가지
행복의 원천

"운명은 잔혹하며 인간은 가엾다."

쇼펜하우어가 세상과 인간을 바라본 모습이다. 요즘 같이 혼란
한 시대에 쇼펜하우어의 말은 더 설득력을 얻는 듯하다. 사회적
부는 늘어났지만 개개인의 삶은 더 힘들어졌다. 수익이 늘어났어
도 삶은 좋아지지 않았고 오히려 더 많은 수익을 위해 개인의 행복
을 희생해야 한다는 생각이 커졌다. 지금의 인간은 가엾다.

인간은 가엾다

돈이라도 많으면 이런 고통에서 벗어날 수 있지 않을까 싶지만 그것도 쉽지 않다. 돈을 벌기도 쉽지 않지만 돈이 많아져도 고통은 사라지지 않기 때문이다.

사람들은 돈이면 뭐든 해줄 수 있다고 믿는 것 같다. 돈이 많으면 다른 사람들에게 굽실거릴 필요가 없다. 돈을 더 벌기 위해 눈치를 볼 필요도 없다. 오히려 주변 사람들이 내 눈치를 볼 것이다. 필요한 것이 있으면 언제든 돈으로 사면 된다. 부정적인 인간관계를 경험하지 않아도 되고 더 좋은 물건을 향유하면서 즐길 수 있다. 하지만 그 대가로 외로움을 만난다. 미래를 걱정할 필요도 없기 때문에 세상에 두려움이 없다. 대신 무의미함이라는 강적과 대면해야 한다. 정신의 건강함을 위해서는 약간의 두려움이 필요하고, 좋은 관계를 위해 상대방의 눈치를 보는 일도 필요하다.

전문가들은 생계를 유지할 수 있는 수준을 넘어선 돈은 아무런 기능도 하지 못한다고 말한다. 오히려 돈 때문에 문제만 더 커지기 쉽다. 충분한 돈 뒤에는 무료함이라는 질병이 숨죽이고 있다.

"인간의 행복을 위협하는 두 가지는 고통과 무료함이다."

쇼펜하우어는 인간의 행복을 어렵게 만드는 것이 고통과 무료함이라고 말한다. 여기서 말하는 고통은 주로 가난과 그로 말미암은 결핍 때문에 발생한다. 가난하고 가진 것 없는 삶은 배고픔과 힘든 노동, 불안이라는 고통을 가져온다. 결핍을 극복하기 위해 노력해보지만 그 과정에서 경쟁에 의한 고통만 커진다.

이런 고통에서 자유로운 이들이 있다. 부유한 가정에서 태어났다거나 자수성가해서 경제적으로 여유가 있는 사람들이다. 하지만 이들은 무료함이라는 장애물을 만나게 된다. 안전과 여유가 무료함을 낳고, 무료함은 사람을 정신적으로 허약하게 하여 새로운 고통을 만든다. 돈이 없는 사람들은 고통과 끊임없이 싸우고, 부귀한 사람들은 무료함과 절망적으로 싸운다. 유랑생활은 가난 때문에 생겨났지만, 무료함으로 말미암아 세계일주가 생겨났다. 내면의 공허를 채우기 위해 온갖 노력을 다해보는 것이다.

두 고통에서 벗어나는 방법

쇼펜하우어는 고통의 상반되는 두 가지 원천인 곤궁함과 무료함, 생존을 위해서 억척스럽게 살아가는 삶과 남아도는 시간을 주체하지 못하는 삶으로부터 해방된 삶이 인간적인 생활이라고 말한다. 이 두 가지 재앙에서 벗어나려면 서로 중화시키는 방법밖에 없다.

사람들은 무료함에서 벗어나기 위해 다양한 방법을 추구한다. 명랑함과 재능을 타고난 사람이라면 다행이지만 그렇지 못한 사람들은 내면의 공허 때문에 고통받는다. 이 내면의 공허를 채우기 위해서 다양한 놀이가 개발되고, 인간관계가 형성되고, 시간을 보낼 수 있는 사업들이 만들어진다.

쇼펜하우어도 이 점을 지적한다. 온갖 종류의 사교와 오락, 여흥, 사치를 추구하는 마음이 내면의 공허를 채우기 위해 생겨났다는 얘기다. 돈이 많은 사람들도 텅 빈 마음 때문에 낭비를 하게 되어 결국 곤궁해진다. 가난함과 부유함에 상관없이 이러한 빈곤을 가장 안전하게 방지하는 것은 내면의 부, 정신의 부를 쌓는 것이다.

> "모든 재산 중에서 가장 직접적으로 우리를 행복하게 해주는 것은 마음의 명랑함이다."

마음의 명랑함을 타고난 사람들이 있다. 이들은 어떤 일에서도 긍정을 보고 낭만을 느낀다. 마음의 명랑함이 어떤 상황에서건 자신을 구해내고 현실도 그렇게 만든다. 이건 타고난 복이고 행운이다. 어떤 사람이 행복한지 알려면 그가 명랑한 사람인지 따져보면 된다. 그가 명랑한 사람이라면 젊었거나 나이를 먹었거나, 몸을

곧게 펴고 있거나 꼽추이거나, 가난하거나 부자이거나 등은 문제
가 되지 않는다. 그는 늘 자체의 명랑함으로 행복할 것이다. 문제
는 타고난 명랑함을 가지지 못한 사람들이다.

세 가지 행복의 원천
쇼펜하우어는 사람에게는 중요한 세 가지 행복의 원천이 있
다고 말한다.

1. 재생력과 관련된 것으로 음식, 소화, 휴식, 수면 등의 행복이다.
2. 자극적인 감성과 관련된 것으로 달리기, 격투, 무용, 승마 같은
   운동이나 게임, 전쟁 같은 것이다.
3. 정신적 감수성과 관련된 것으로 탐구, 사유, 감상, 회화와 조직,
   음악, 독서, 명상, 발명 등이다.

여기서 중요한 것은 그 원천이 고상하고 훌륭한 것일수록 행복
도 커진다는 사실이다. 첫 번째나 두 번째 원천보다 세 번째 원천
이 훨씬 행복과 관련이 깊음을 알 수 있다. 보통 사람일수록 내면
의 공허를 채우기 위해서 단순한 행복을 추구하는 경향이 있다.
무료함을 견뎌내기 위한 활동에 몰입하는 것이다. 의식주는 꼭 필
요하지만 그것이 모든 것이어서는 안 되고, 운동이나 게임 같은

유희는 즐거움을 주기는 하지만 그것에 중독되어서는 곤란하다. 사고력을 높여주고 생각의 폭을 확장하며 지적 수준을 높여주는 탐구와 독서, 사색 등이야말로 우리가 집중해야 할 요소들이다.

> "정신 활동을 수반하지 않는 여가는 죽음이며 인간을 생매장하는 것이다."

세네카의 말처럼 자신의 정신을 사용하여 여가를 보내지 못하는 삶은 그 자체로 소모적이며 파괴적이기까지 하다. 지능이 높고 지혜가 풍부한 사람은 무엇보다 먼저 고통이 없도록, 상처받는 일이 일어나지 않도록 노력하며 시간의 여유와 안정을 추구한다. 조용하고 한적한 곳에서 유혹을 최소한으로 줄일 수 있는 생활방식을 추구하며 세상 사람들과도 꼭 필요한 정도의 관계만 유지하는 경향이 있다. 정신이 뛰어난 사람들은 고독을 선택하는 것이 더 행복하다는 사실을 안다. 세상에 이름을 남긴 현자들이 왜 혼자 있는 삶, 고독을 선택했는지 그 이유를 명확히 알 수 있다.

파스칼은 고독을 이렇게 정리해준다.

평범한 사람들은 단지 시간을 보내는 것에 집중하고 단순한 즐거움을 추구하는 경향이 있다. 소모적인 휴식은 지능과 근육을 휴업상태로 만들어버리고 그로 말미암아 몸과 마음이 정체되어버린다. 집중과 몰입, 깨달음을 통한 복잡성이 증대되지 못하고 약에 중독된 듯한 단순한 즐거움에 머물게 한다. 반면 재능을 가진 사람은 시간을 활용할 생각을 한다. 자신의 재능을 어떻게 활용할지 알게 되면 그 활동을 통한 즐거움과 만족, 활동의 정열과 결과가 주는 일관된 삶을 살아간다. 그리고 그 길이 행복으로 이어진다.

쇼펜하우어는 타고난 재능과 고독에 대해 이렇게 말한다.

"사람이 본래 갖추고 있는 것이 클수록 외부의 것은 그만큼
적어지게 되며 자신 이외의 것에는 무게를 두지 않는 경향이 있다.
정신이 뛰어날수록 비사교적이다. 정신적으로 빈약하고 열등한
사람일수록 사교적이다. 이 세상에는 고독과 공동생활,
두 가지 방법 중 하나를 선택하는 방법 외에는 삶의 방법이 없다."

노년에 행복하려면 내면을 채워라

괴테는 타고난 재능을 발견하고 그 재능에 따라 사는 삶이 가장 아름답다고 말한다.

"타고난 재능에 따라 사는 삶이 가장 아름다운 삶이다."

아쉽게도 대부분 사람은 그 재능에 따라 살지 못한다. 이유는 눈에 보이는 이익을 얻기 위해 돈과 출세, 명예에 집착하기 때문이다. 이런 집착은 재능의 발견을 억제하고 재능의 성장을 방해하여 결국 자신에게 손실을 가져온다. 스스로에게 이익이 되는 것이라 생각하고 행동하지만 그 선택이 오히려 해가 되는 셈이다.

톨스토이는 정신적 활동의 중요성을 이렇게 이야기한다.

"우리는 이 세상에서 가장 중요한 일이 직접 눈으로 보는 일,
이를테면 집을 짓고 밭을 경작하고 소를 키우고 과일을 따는
경제적인 일을 하는 것이라고 생각하기 쉽다. 그리고 눈에 보이지
않는 일, 곧 정신적인 활동을 하찮게 여기기도 한다.
그러나 우리의 영혼을 살찌우는 눈에 보이지 않는 일이
무엇보다 가장 중요한 일이다."

사람은 나이가 들면 친구도 적어지고 활동의 폭이 좁아져 삶의 반경이 축소된다. 이때는 돈이나 명예 같은 것들이 큰 힘을 발휘하지 못하고 겨우 기본적인 삶을 유지해주는 정도에 그친다. 나이가 들수록 인간의 내면에 담긴 것이 중요해지는 것이다. 그런 점에서도 자신의 재능을 발견하고 그 재능에 따라 사는 것이 노후를 위해서도 훨씬 값진 일이다. 내면의 부를 충분히 가지고 있어 자신을 위로하는 데 외부로부터 구할 것이 거의 없는 인간이 가장 행복하기 때문이다. 스스로의 정신적 활동으로 행복해지는 일, 그것이 잘 사는 비결이다.

그렇다고 정신만 중요하다는 말은 아니다. 육체적 노동의 중요성도 그에 못지않다. 톨스토이는 이렇게 강조한다.

"노동은 꼭 필요하다. 노동하지 않는 삶은 고통이기 때문이다."

육체적 활동은 게으름을 막아준다. 게으름은 우리 인생에 악마가 들어설 공간을 마련해주기에 환영할 것이 못 된다. 육체적 활동을 통해서 성실함을 유지하고 정신적 활동을 통해 삶을 충실하게 만드는 것이 삶을 균형 있게 사는 방법이다.

결국 우리 삶은 노동을 통해 가난과 결핍이 주는 고통을 슬기롭게 넘기면서도, 재능을 발견하고 신장하여 정신적 부를 쌓아갈 수 있느냐에 성패가 달려 있다. 가난과 결핍에만 집중하느냐 재능의 발견과 정신적 성장을 선택하느냐 하는 외줄타기에서 균형을 잡는 일이 중요하다. 인생이란 균형의 문제이며 한쪽으로 치우치면 문제가 발생하게 되어 있다.

　먹고살기 위해 노력하게 만든 우주의 질서는 참으로 위대하다. 게으르지 않게 하고 자신의 재능을 발견하게 한다. 그 과정에서 무료함이라는 정신적 장애물을 극복하는 길도 찾게 해준다. 괴롭고 힘들다고만 생각되는 먹고사는 일이 우리 삶의 기본 조건임을 기꺼이 받아들이이자. 그것이 벼랑 끝 같은 이 시대를 건너가는 큰마음 아닐까?

행복은
자기를 넘어설 때 찾아온다

톨스토이의 인생철학을 대표하는 작품을 고르라면 단연 《사람은 무엇으로 사는가》라는 책일 것이다. 읽는 데 한 시간도 안 걸릴 단편이지만 그 속에는 톨스토이가 생각한 인생이란 무엇이며 어떻게 살아야 하는가라는 주제가 고스란히 담겨 있다.

사람은 무엇으로 사는가

천사 미하일은 어느 날 하느님으로부터 명을 받는다. 갓 태어난 쌍둥이의 어머니를 데려오라는 것이었다. 지상으로 내려온 미하일은 그 명을 따를 수 없었다. 쌍둥이의 아버지는 이미 죽었고 어머니마저 하늘로 데려간다면 쌍둥이를 보살펴줄 사람이 없었기 때문이다. 그 일로 미하일은 지상으로 쫓겨나는 벌을 받게 되었다. 세 가지를 깨닫게 되면 다시 하늘로 돌아올 수 있다는 전제와 함께.

미하일이 깨달아야 하는 세 가지는 다음과 같았다.

사람의 내부에는 무엇이 있는가?

사람에게 허락되지 않는 것은 무엇인가?

사람은 무엇으로 사는가?

가난한 구두장이 세몬은 양가죽 외투를 사러 갔다가 교회 옆에 쓰러져 있는 한 헐벗은 남자를 발견한다. 측은한 마음에 집으로 데려오지만 아내의 눈초리가 예사롭지 않다. 그러나 다행히 아내는 불쌍한 낯선 남자에게 저녁을 대접해주었고, 남자는 구두장이의 일손을 도우며 살아가게 된다. 하루는 한 신사가 나타나 훌륭한 가죽을 주며 구두를 주문했는데, 남자는 구두 대신 죽은 사람들이 신는 슬리퍼를 만든다. 얼마 후 주문한 신사의 하인이 와서 신사가 죽었으므로 구두 대신 슬리퍼를 만들어달라고 한다. 그렇게 육 년이 지난 후 쌍둥이를 데리고 한 여인이 나타나 아이들의 신발을 주문하는데 그 쌍둥이는 미하일이 차마 목숨을 거두지 못했던 여인의 아이들이었다. 아이들은 미하일의 걱정과는 달리 이웃 아주머니의 사랑을 받으며 잘 자라고 있었다.

순간 구두장이를 돕던 남자는 자신의 신분이 천사이며 이름이 미하일임을 밝히고 그간의 사정을 주인에게 들려준다. 그리고 자신이 깨닫게 된 세 가지 문제에 대한 답을 알려주고는 사라진다. 그 답이란 무엇이었을까?

미하일은 사람의 내부에 무엇이 있느냐는 질문에 '사랑'이 있다고 말한다. 자신이 쓰러져 있을 때 세몬이 그를 자기 집으로 데려왔고, 그의 아내가 저녁을 차려주던 순간 사람의 마음속에는 다른 사람에 대한 사랑이 자라고 있음을 발견했던 것이다. 사람에게 허락되지 않은 것은 자기에게 무엇이 필요한가를 알 수 없다는 것이다. 신사는 신발을 주문했지만 그는 곧 죽을 운명이었다. 자신이 언제 죽을지도 모르는, 즉 미래를 알 수 없는 것이 인간의 삶이었다. 마지막으로 사람은 무엇으로 사느냐는 문제의 답도 명확해진다. 바로 다른 사람에 대한 사랑이다. 미하일은 어머니가 없는 쌍둥이 아이가 이웃의 품에서 자식처럼 사랑받고 자라고 있음을 보고 인간은 사랑으로 살아간다는 사실을 발견하게 된다.

그는 자신의 깨달음을 이렇게 정리하고 사라진다.

국민소득 2만 달러 시대, 우리는 행복한가?

모든 인간은 행복을 꿈꾼다. 인생을 사는 이유가 뭐냐고 물으면 다들 행복하기 위해서라고 대답한다. 행복이 지구상의 인간들에게 살아가는 이유의 기준이 되었다. 하지만 우리 상황은 어떨까? 평균 수명이 늘어나고 국민소득이 2만 달러를 넘어섰다지만 우리는 과연 행복한가? 그토록 바라던 자유로운 사회에 접어들고 있지만 과연 그 자유는 우리에게 무엇을 주고 있는가?

이런 상황에서 톨스토이가 우리에게 주는 메시지는 의미심장하다.

"다른 사람을 사랑하라. 자기 자신보다 더."

행복과 삶의 희망에 대한 메시지이지만, 얼핏 듣기에 비현실적으로 들린다. 게다가 다른 사람을 자기보다 사랑하는 것이 왜 행복을 주는지 논리적으로 이해가 되지 않는다. 그것을 이해하려면 두 가지 개념을 이해해야 한다.

톨스토이는 사람은 동물적인 자아와 이성적인 자아가 있다고 말한다. 동물적 자아는 먹고 마시고 잠자고 이익을 얻는 원초적인 본능과 관련이 있다. 이 때문에 인간은 자신만의 이익을 추구하게 되고 돈, 권력, 명예, 영광 등을 얻어 행복해지고자 한다. 이것은 동물로서 신진대사를 이어가야 하는 인간에게 당연히 주어지는 본능이다. 하지만 인간은 여타 동물과는 달리 이성적 자아라는 것이 함께 존재한다. 이성적 자아는 자신의 생존을 넘어 생각할 수 있는 능력으로 세상의 본질과 연결된다. 자신과 이웃이 다르지 않으며 사랑으로 묶여서 함께 살아간다는 사실을 인지하는 능력이다.

인간의 생활은 이 두 개의 자아가 갈등을 겪는 과정이라고 할 수 있는데 대부분 동물적 자아만을 인지하여 그것이 인간의 모든 것이라고 생각하는 경향이 있다. 인간이 겪게 되는 갈등과 고통이 모두 이런 동물적인 자아에 종속되었기 때문이다.

깨달음을 얻은 사람들은 동물적 자아를 이성적 자아에 종속시킬 수 있다. 그들은 동물적 자아에 이끌리는 삶으로는 결코 행복해질 수 없다는 사실을 안다. 돈과 명예, 권력은 궁극적인 행복으로 이어지지 않으며 오히려 결코 채워질 수 없는 헛된 욕구만을 재생산할 뿐이다. 스무 평에서 살게 되면 서른 평에서 살고 싶고, 서른 평을 얻으면 마흔 평이 욕심나는 것이 인간이다. 과장으로 승진하면 행복할 것 같았지만 몇 달 지나지 않아 부장 자리가 부러워진다. 이처럼 동물적 자극이 주는 욕구는 결코 충족될 수 없으므로 그것을 위해 살아가는 삶은 불행할 뿐이다.

다산 선생 역시 인간의 욕구에 대해 톨스토이와 비슷한 결론을 내린다. 다산 선생에 따르면 인간은 생리적 욕구와 감각적 욕구를 가지고 있는 존재다. 생리적 욕구란 먹고 마시고 따뜻하게 지내고 싶은 동물적인 것과 관련이 깊다. 반면 감각적 욕구는 좋은 것을 향유하고 싶은 욕구로 권력이나 명예와 연결된다. 선생은 인간 사회에 문제가 발생하는 것은 감각적 욕구 때문이며 이것을 다스리기 위해서 배우고 도덕을 실천해야 한다고 생각했다. 톨스토이가 주장한 이성적 자아에 대한 이야기는 빠져 있지만 감각적 욕구를 통제하고 조절해나가야 한다는 점에서 일치한다. 결국 인간은 양면성이 있는 존재이며 그것을 어떻게 다루느냐에 따라 사는 모양이 달라진다.

톨스토이는 《사람에겐 얼마만큼의 땅이 필요한가》라는 단편을 통해서 동물적 자아에 자신을 빼앗기면 어떤 결말을 맞는지를 분명하게 보여준다. 땅만 많으면 남부럽지 않게 살 수 있다는 생각을 가진 바흠이라는 농부가 있었다. 그는 악마의 속임수에 넘어가 온종일 걸어서 돌아올 수 있는 만큼의 땅을 자기 것으로 한다는 계약을 하게 된다. 그는 욕심껏 땅을 차지하기 위해 종일 걷지만, 너무나 지친 나머지 출발 지점으로 돌아와 숨을 거두고 만다. 결국 그가 차지한 땅은 자신의 관을 묻을 수 있을 정도의 조그만 땅덩이뿐이었다.

그 농부는 많이 가져야만 행복해질 수 있다는 동물적 자아에 지배되어 있었다. 이 이야기는 동물적 자아가 만든 환상이 인간에게 얼마나 치명적일 수 있는지 잘 보여준다.

"인간은 누구나 인생의 모든 모순을 해결하고, 인간에게
최대의 행복을 가져다주는 감정에 대해서도 잘 알고 있다.
그 감정은 바로 사랑이다. 인생이란 이성의 법칙에 따르는
동물적 자아의 활동이며, 이성이란 인간의
동물적 자아가 행복을 위해 따라야 할 법칙이다.
그리고 사랑이란 인간의 유일한 합리적 활동이다."

톨스토이는 자기보다 다른 사람을 더 사랑할 때 진정으로 행복

해질 수 있다고 말한다. 내가 다른 사람을 사랑해서 선한 행동을 하면 다른 사람이 행복해진다. 그러면 다른 사람도 나를 위해서 선한 행동을 하게 될 것이고 나 또한 행복해질 것이다. 그렇게 모든 사람이 행복해지는 방법이 다른 사람을 사랑하는 것이다. 사람들은 다른 사람들로부터 사랑받기를 원한다. 그래서 인간이다. 이것이 이루어지는 방법은 하나뿐이다. 내가 다른 사람을 나보다 더 사랑하는 것. 이것이 인간이 살아가야 할 방향이다.

아무렴 어때

불행히도 톨스토이의 목소리는 현실적으로 들리지 않는다. 실현 불가능한 주장을 하는 몽상가의 말로 들린다. 톨스토이도 자신의 주장에 현실성이 없음을 알고 있었다. 그는 그 이유를 세 가지로 요약해서 알려준다.

첫 번째는 인간들 사이의 생존 경쟁이다. 생존을 위한 경쟁에서는 자신의 이익을 앞세우기 때문에 다른 사람의 행복을 생각할 여유가 없다. 당장 나도 먹고살기 어려운데 어떻게 남을 도우란 말이냐는 항변이 설득력을 얻는다. 곳간에서 인심 난다는 말도 있잖은가. 그래서 중요한 것이 깨달음이다. 이런 방식으로는 결코 행복을 얻을 수 없다는 사실, 가진 것 없이도 사랑은 나눌 수 있음을 깨달아야 한다. 그런 깨달음이 없다면 생존 경쟁이라는 동물적 삶의 영역에서 절대 벗어날 수 없다.

두 번째는 쾌락이다. 인간은 게으른 존재다. 편한 것을 추구하고 여유 있는 것을 좋아한다. 이런 쾌락에 중독되면 그 사람의 인생은 금방 파괴되고 만다. 게으름도 일종의 중독이다. 거기에 알코올중독, 마약중독, 게임중독, 도박중독, 쇼핑중독 등 온갖 중독이 인생을 둘러싸고 있다. 톨스토이가 일하는 사람들을 소중하게 생각하고 게으름을 악으로 표현한 이유도 이 때문이다. 악마가 인간을 파괴할 때 사용하는 주된 무기가 바로 게으름이다. 이 게으름은 동물적 자아에 기초해 있다. 이를 이겨내는 방법은 일의 신성함을 회복하는 것이다. 다른 사람을 위한 일을 통해 보람과 행복을 경험한 사람은 쾌락에 중독되지 않는다. 포장마차를 하며 자식을 키우고 남은 돈을 대학에 장학금으로 기탁하는 팔순 할머니의 거친 손이 그것을 잘 말해준다.

세 번째 방해물은 죽음이다. 사람은 죽음을 두려워한다. 죽고 싶다고 입버릇처럼 말하는 사람들도 진짜 죽음을 좋아하지는 않는다. 아무리 힘들어도 살아 있는 것이 좋다고 생각한다. 육체의 죽음으로 인생에서 맛볼 수 있는 작은 행복들마저 사라진다고 믿기 때문이다. 이것은 죽음으로 자신의 모든 생명이 끝난다는 동물적 자아에 의존한 생각이다. 사람은 죽음으로 사라지지 않으며 오히려 죽음을 통해 더 큰 세계로 들어간다. 그리고 사는 동안 다른 사람들의 행복을 위해 애썼던 일들이 긍정적인 메시지로 남아 세상을 더욱 아름답게 만든다.

톨스토이가 말하고자 하는 행복의 원리는 명확하다.

"다른 사람을 사랑하는 삶을 살아라. 그것이 곧 행복이다."

그럼에도 그의 논리를 쉽게 받아들이기는 어렵다. 우리의 몸과 마음이 이미 동물적 자아에 익숙해졌기 때문이다. 내가 다른 사람을 사랑한다고 하더라도 다른 사람이 나를 사랑해줄 것이라는 보장이 없는 한 먼저 시작할 용기를 내기는 쉽지 않다.

이 문제에 대한 답을 찾기는 쉽지 않아 보인다. 하지만 자신의 행복을 위한 삶을 사는 사람이라면, 그것을 위해 진지한 고민을 하고 있는 사람이라면 아직 기회는 남아 있다고 믿는다.

《사람은 무엇으로 사는가》에서 착한 아내와 남편은 이런 대화를 주고받는다.

"우리는 남을 도와주는데, 왜 아무도 우리를 도와주지 않는지 몰라요."

"아무려면 어때."

답은 '아무려면 어때'에 있을지도 모른다. 사랑은 주는 것으로 충분하지 않을까?

떠난 사람만이
돌아올 수 있다

"나는 떠날 때부터 다시 돌아올 걸 알았지
눈에 익은 이 자리 편히 쉴 수 있는 곳
많은 것을 찾아서 멀리만 떠났지
난 어디 서 있었는지
하늘 높이 날아서 별을 안고 싶어
소중한 건 모두 잊고 산 건 아니었나
이젠 그랬으면 좋겠네
그대 그늘에서 지친 마음 아물게 해
소중한 건 옆에 있다고
먼 길 떠나려는 사람에게 말했으면"

조용필의 〈이젠 그랬으면 좋겠네〉 노랫말이다. 아름다운 선율 속에 길을 떠났던 사람의 삶을 돌아보며 읊조리는 모습이 눈에 선하게 그려진다. 소중한 것은 옆에 있으니 먼 길 떠나서 보물을 찾지 말라는 마지막 메시지가 오래 남는다. 이런 말을 들을 때면 '그래 내가 가진 건 충분한지도 몰라', '내가 잠시 소중한 것들을 잊고 살았군' 하는 생각이 든다. 그리고 주변을 돌아보게 된다.

하지만 그것은 잠시뿐. 곧 미지의 세계와 화려한 미래에 대한 환상으로 뛰는 가슴을 주체할 수 없어 다시 짐을 꾸린다. 인생에서 떠남은 중요한 의미가 있다. 떠난 사람만이 돌아올 수 있다는 것이 그 첫째다.

인생은 길을 떠나는 일

그간 접한 책 중에서 떠남을 가장 매력적으로 표현한 것은 카프카의 글이었다.

나는 말을 마구간에서 끌어내 오도록 명했다. 하인은 나의 말을 알아듣지 못했다. 나는 몸소 마구간으로 들어가 안장을 얹고 말 위에 올라탔다. 멀리서 트럼펫 소리가 들려 나는 하인에게 무슨 일이냐고 물었다. 그는 아무것도 몰랐고 아무것도 듣지 못했다. 대문에서 그가 나를 멈추어 세우고는 물었다. "주인 나리,

당신은 말을 타고 어디로 가시나요?" "모른다." 하고 나는 말했다.
"다만 여기를 떠나는 거야. 다만 여기를 떠나는 거야. 끊임없이
여기에서 떠나는 거야. 그래야 나의 목적지에 도달할 수 있다네."
"그러시다면 나리께서는 목적지를 아신단 말씀인가요?"
그가 물었다. "그렇다네." 내가 대답했다. "내가 이미 말했잖는가,
'여기에서-떠나는-것', 그것이 나의 목적지일세." "나리께서는
예비 양식도 갖고 있지 않잖아요." 그가 말했다. "나는 그따위 것은
필요 없다네." 내가 말했다. "여행이 워낙 긴 터라 중도에 아무것도
얻지 못한다면, 나는 필경 굶어 죽고 말 것이네. 어떤 예비 양식도
날 구할 수는 없을 걸세. 실로 다행스러운 것은 그것이
진정 엄청난 여행이라는 걸세."

떠남이 무슨 이유가 있겠는가? 그냥 떠나는 것이다. 인생은 어차
피 떠남 그 자체가 아닌가. 어머니의 뱃속에서 떠밀려나오는 순간
부터 우리는 끊임없이 떠나왔고 또 떠나갈 것이다. 이것이 인생이
우리에게 주는 메시지라는 사실을 안다면 떠남이 두렵지만은 않
을 듯하다. 한곳에 머무는 삶은 추하다. 안전 속에 숨겨진 비겁의
얼굴 또한 초라하다. 떠남은 추하고 초라한 자신에 대한 거부다.

떠나는 사람도 소중한 것이 옆에 있다는 것을 안다. 그렇지만 떠
난다. 떠나지 않으면 견딜 수 없다. 소중한 것을 지킬 수도 없다.

오디세우스는 10년간의 전쟁을 겪고 10년의 방황을 거쳐 집으로 돌아온다. 아름다운 요정들과 엄청난 부를 마다하고 기어이 집으로 돌아온다. 그를 영웅이라고 부르는 것은 자신의 자리로 되돌아왔기 때문이다.

■ 인간만이 여행을 떠날 줄 안다

에리히 프롬은 신화 속의 영웅을 "자신이 소유하고 있는 것 – 땅, 가족, 재산 – 을 버릴 수 있는, 그리고 물론 두려움은 있지만 그 두려움에 굴하지 않고 낯선 곳으로 떠날 용기를 지닌 인간"이라고 표현한다. 오디세우스는 자기 앞에 놓인 수많은 위험과 난관을 알면서도 모험을 떠났다. 우리가 그를 영웅으로 인정하는 것은 우리 마음속에도 모험을 떠나고 싶은 욕망이 있기 때문이다. 해야 함을 알지만 할 수 없을 것 같은 일을 하는 사람을 우리는 떠받든다. 그리고 금의환향하는 모습에 환호한다.

오디세우스의 모험뿐만 아니라 모든 여행은 되돌아옴을 목적으로 한다. 여행은 되돌아올 때 의미가 있다. 돌아오지 않는 여행은 성장을 가져다줄 수 없다. 우리 삶이 태어난 곳으로 되돌아가듯 여행도 처음 시작한 곳에서 마무리할 때 가치를 가진다.

여행을 마치고 돌아온 사람은 변해 있다. 예전과 다른 존재가 된다. 시간이 지나고 때가 되면 다시 길을 떠난다. 그렇게 되돌아옴과 떠남은 반복된다. 그 사이에 존재는 성장을 거듭한다.

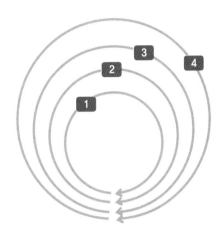

이 그림은 떠남과 되돌아옴이라는 삶의 과정을 나타낸 것이다. 첫 번째 여행을 통해서 우리는 자신의 영역을 발견하거나 기존의 영역을 넓힌다. 두 번째 여행을 통해서 그 영역은 더욱 확장되며 연속되는 여행이 더 넓은 삶의 길로 우리를 안내한다. 이렇게 확장되는 영역은 우리 삶의 기반이 된다.

떠남이 없다면 삶의 영역이 확장되는 기회도 사라진다. 제자리에 머물 수밖에 없다. 한곳에 오래 머물면 존재는 나약해지거나 작아진다. 자기라는 울타리에 갇힌다. 인생의 대가들이 인생을 여행에 비유하는 것이 이 때문이다. 대가들은 인생은 여행이며 늘 떠나야 한다고 강조한다. 심지어 인생 자체가 길이라고 말하기도 한다.

마흔이 넘으면 자식들이 문제를 일으키기 시작한다. 어릴 때는 보살펴줘야 하기 때문에 몸이 바쁘다. 열 살만 넘으면 부모 말에 토를 달고 저항하기 시작한다. 사회적으로 물의를 일으키는 아이들도 있다. 마흔의 부모는 자식들의 공부와 관계, 진로 등 다양한 문제로 골머리를 앓는다.

이 문제를 아이들의 입장에서 보면 달라진다. 아이들은 나름의 여행을 준비하고 있는 것이다. 그것도 자신의 인생에서 가장 중요한 여행이다. 그 여행이란 바로 부모를 떠나는 것, 자기 인생을 시작하는 것이다. 마흔의 부모는 여행 준비를 잘 하게끔 도와주는 것을 교육의 지표로 삼아야 한다. 기나긴 여행을 마치고 돌아오면 오래된 친구처럼 편안하게 옛이야기를 나눌 수 있을 것이다.

소중한 건 옆에 있었네

가수 조용필은 먼 여행을 하고 돌아온 후 소중한 것은 옆에 있다는 것을 발견했다고 노래했다. 그렇게 노래한 그였지만 마음에 울리는 트럼펫 소리를 듣고는 언제 그랬냐는 듯이 또 길을 나섰고 다시 돌아오기를 반복했을 것이다. 그리고 지금 그는 다시 말에 안장을 얹고 있을지도 모른다.

카프카의 말처럼 이 길에 예비 식량은 소용없다. 어차피 몇 끼 식량으로는 버티기 힘든 먼 길이다. 벌이할 능력과 자신감을 갖춰야한다. 그런데 벌이할 능력을 갖춘 사람들은 떠나기를 주저한다. 그러다간 지금의 능력도 잃어버리고 말 것이다. 떠남을 주저하는 사람은 작아지기를 선택한 사람이다.

다행히 우리는 떠나는 것에 익숙하다. 아침에 출근하는 사람들은 저녁이 되면 되돌아온다. 술에 만취한 상태에서도 어떻게든 집으로 돌아온다. 만취 상태에서는 집이 어딘지 기억도 나지 않는다. 그런데도 아침에 눈을 뜨면 어쨌든 집에 돌아와 있다. 돌아오지 않는 하루는 힘겹다. 밤샘작업을 싫어하는 이유도 돌아가야 한다는 의무감 때문일 수 있다. 하루를 마치고 돌아올 때 비로소 정리가 된다. 집은 하루 동안의 여행을 정리하는 아름다운 곳이다.

하루를 사는 여행은 익숙한 여행이다. 반복할수록 더욱 익숙해져 결국엔 여행 같다는 느낌조차 가질 수 없다. 일상이 반복될수록 우리는 갇히고 작아진다. 같은 곳, 같은 사람만을 만나는 여행은 여행이 아니다. 머무름이다. 머무름도 아름다울 수 있다. 하지만 길어지면 추해진다. 고인 물이 썩는 것처럼.

사람은
이야기로 산다

어느 시골 고등학교의 야간 자율학습 시간이었다. 밤 열 시를 넘
긴 늦은 시간인데 화장실이 급한 한 학생이 있었다. 늦은 밤이라
무서운 생각이 들어 옆 친구에게 함께 가자고 했지만 거절당했다.
오히려 '콩콩귀신'이 나타난다며 겁만 주었다.

　너무 급했던 학생은 용기를 내서 혼자 화장실에 갔다. 한창 볼일
을 보고 있는데 멀리서 '콩, 콩, 콩' 하는 소리가 들렸다. 게다가 그
소리는 점점 가까워지고 있었다. 이윽고 화장실 문이 열리는 소리
가 들리더니 기괴한 목소리로 "어디 숨었지?"라며 혼잣말하는 소
리가 들렸다. 친구가 말했던 콩콩귀신이 나타났다는 생각에 몸이

오싹해졌다. 그 학생은 두려움에 떨며 숨을 죽였다. 콩콩 소리는 점점 더 가까워졌고 귀신은 화장실 칸마다 열어보고는 "여기 없네!"라며 점점 다가왔다. 학생이 있는 옆 칸이 열리고 "여기 없네!"라는 말이 들렸을 때는 심장이 멎는 것 같았다. 드디어 귀신은 학생이 있는 칸 앞에 와서 문을 벌컥 열었다. 눈을 꼭 감고 있던 학생은 "여기 있네!"라는 말을 듣고는 실눈을 뜨고 앞을 바라보았다. 그러고는 곧장 기절하고 말았다. 두 다리가 없는 귀신이 머리를 땅에 박은 채 거꾸로 서 있었던 것이다. 귀신이 콩, 콩 소리를 낸 이유는 다리가 아닌 머리로 걸어왔기 때문이다.

아주 어릴 때 들었던 콩콩귀신 이야기를 기억나는 대로 되살려보았다. 당시 콩콩귀신은 내게 엄청난 충격과 두려움을 주었다. 다리가 없는 귀신이 거꾸로 서 있는 모습은 상상만 해도 오싹했다. 한동안 화장실에 갈 수가 없었다. 화장실만 가려고 하면 콩콩귀신이 생각났고 밤이 되기 전에 볼일을 보고 일찍 잠들려고 노력했다. 콩콩귀신 이야기는 아직도 기억할 만큼 선명하게 남아 있다.

이야기는 세상을 보는 눈이 된다

우리는 알게 모르게 많은 이야기를 듣고 보고 기억한다. 그렇게 얻은 이야기는 우리 마음속에 남아 우리가 세상을 바라보는 눈으로 작용한다. 무섭다거나 재미있다거나 해볼 만하다는 생각이

드는 것은 모두 이야기들의 작용이다. 멋지게 삶을 극복한 사람의 이야기가 가슴속에 남아 있다면 어려움 앞에서도 의지를 불태울 수 있다. 실패한 사람들의 우울한 이야기를 오랫동안 듣고 자란 사람이라면 자신도 그렇게 되리라는 생각 때문에 결국 그렇게 되어버릴지도 모른다. 어두운 곳은 무섭다는 생각, 회사는 힘들고 귀찮은 곳이라는 생각, 공부는 재미없고 지겹다는 생각 등은 모두 과거에 우리가 습득한 이야기들이 우리의 눈으로 작용하기 때문에 생기는 현상이다. 우리 안에는 이런 이야기들로 가득 차 있다.

이야기는 세상을 보는 눈이 되고, 우리는 그 눈으로 세상을 살핀다. 이야기는 세상을 보는 렌즈다. 강력한 하나의 이야기는 그 자체로 세계관이 되기도 한다. 이와 같은 여러 이야기가 모여 하나의 렌즈가 된다. 그리고 하나의 메시지로 굳어지면 신념과 가치관이 되기도 한다. 이렇게 살아야겠다는 결심을 하게 만들고 뭔가를 향해 움직이게 한다.

아마도 가장 강력한 이야기는 종교일 것이다. 예수나 부처, 마호메트는 우리 가슴에 강력한 이야기로 남아 세상을 바라보는 우리 눈에 영향을 미친다. 인터넷을 장식하는 전 세계의 뉴스거리는 많은 부분 이 세 사람의 이야기 때문에 생긴 것들이다. 이스라엘과 팔레스타인의 갈등만 봐도 우리가 영향을 받은 이야기를 발견할 수 있다.

조셉 캠벨은 이야기의 기능에 대해서 이렇게 이야기한다.

"옛이야기는 아주 오래도록 우리를 버티게 해주었다.
옛이야기는 우리의 외양과 정서적 태도를 다듬고, 우리 삶에
목표를 부여해왔으며, 우리 행위에 에너지를 공급해왔고,
고통을 성별해왔으며 우리 교육의 길잡이 노릇을 해왔다.
그래서 아침에 잠을 깨어도 우리는 우리의 정체가 무엇인지 알고,
아이들의 질문에 대답도 할 수 있었다. 이런 이야기가
있었기 때문에 우리는 온존할 수 있었다."

공부를 하는 건 이야기를 얻기 위해서다

책을 읽고 공부를 하는 중요한 목적 또한 이야기를 얻기 위한 것이다. 이때의 이야기는 아서왕이나 아킬레우스 같은 어떤 영웅의 탁월한 행동일 수도 있고, 평범하고 고단한 인생살이에 얽힌 것일 수도 있다. 혹은 깊은 의미를 담고 있는 한 줄의 문장이나 명언일 수도 있다. 하나의 문장이 이야기가 되고, 이야기는 문장으로 정리되어 우리 가슴에 남는다. 이런 이야기들이 생각의 기준을 제공하고 삶의 방식에서 구체적인 선택으로 드러난다.

《인문학 공부법》에서 책을 읽고 공부를 하는 목적 중 하나가 "새

로운 삶을 위한 문장을 얻는 것"이라고 했다. 공부를 통해서 문장을 얻고 문장을 통해 의미를 발견하는 재미가 공부의 재미라는 뜻이었다. 독자 몇 분이 이 말에 동의한다며 공동의 목적을 가진 사람을 만나 반갑다는 메일을 보내오기도 했다.

삶의 의미를 발견하고 지평을 열어주는 문장들을 좋아하는 것은 자기 삶을 제대로 살아보고 싶은 사람이라면 누구나 느끼는 감정임이 분명하다. 내가 들은 이야기들은 구체적인 삶의 지침이 되고 일상을 판단하고 선택하는 기준이 되어 결국 삶 전체를 변화시킨다.

대학 시절 가장 좋아했던 문장은 칼 마르크스의 것이었다.

"지금까지 철학자들은 세계를 해석했을 뿐이다.
그러나 중요한 것은 세계를 변혁하는 것이다."

대학생에게 걸맞은 문장이었던 듯하다. 당시 시대상황에도 맞아떨어졌던 덕분에 거리에서 보낸 시간이 참 많았다. 인간은 결코 시대를 떠날 수 없음을 확인하게 된 문장이다.

사회에 나오기 직전에는《숫타니파타》의 문장에 매료되었다.

"소리에 놀라지 않는 사자처럼,
그물에 걸리지 않는 바람처럼,
진흙에 더럽혀지지 않는 연꽃처럼,
무소의 뿔처럼 혼자서 가라."

　직장생활은 작은 스트레스들이 많기 마련이다. 먹고살아야 하는 큰 문제는 해결했지만 여전히 삶의 길에는 작은 걸림돌들이 존재했고 이런 문제들 앞에서 초연해져야 한다고 믿었던 듯하다. 한참 선불교에 빠진 것도 이런 이유 때문일 것이다. 먹고사는 문제가 해결되어도 인생의 중요한 문제들은 여전히 발목을 잡고 의문을 던져왔다. 그것을 풀고자 선불교 책들을 읽었고 덕분에 깨달음의 문제로 한참을 멈춰 있었다.

　큰 가슴을 가진 사자는 주위의 작은 소리에 놀라지 않는다. 형체가 없이 자유롭게 살아가는 바람에게 그물은 아무런 소용이 없다. 연꽃은 진흙 웅덩이 속에서도 자신의 올곧은 모습을 제대로 드러낸다. 자신의 마음이 건강하다면 혹은 집착이 없다면 어떤 것도 나를 건드리거나 괴롭힐 수 없다. 이런 마음으로 세상을 살아가려 했다.

그 후 본격적인 직장생활에 접어들었고 나만의 삶을 만들어가야겠다는 결심을 하게 되면서는 니체의 문장에 큰 영향을 받았다.

"인간은 자신을 뛰어넘어야 할 그 무엇이다."

인간은 어떻게 살아야 한다고 정해진 존재가 아니다. 따라서 자유롭다. 인간이 살아야 하는 이유는 살아 있기 때문이다. 살아 있는 인간은 오늘의 자신보다 더 나은 내일의 나를 꿈꾼다. 그 내일의 나가 어떤 존재인지 구체적으로 알 수는 없지만 어쨌든 오늘의 자신을 뛰어넘어야 한다고 믿는 것이 인간이다. 이것은 자기극복, 자기실현을 위한 문장이자 이야기이다.

그리고 얼마 전부터는 《바가바드 기타》의 문장으로 삶의 길을 걷고 있다.

"애착을 떠나 마땅히 해야 할 바를 행하라. 너의 모든 일을
나에게 맡기고, 네 생각을 가장 높은 자아에 모으고,
원망과 이기심에서 벗어나되, 흐트러지지 말고 나가 싸우라."

이런 문장들은 나에게 중요한 이야기로 기능했다. 이를 통해 삶을 견디고, 나누고, 다지고, 돌파하며 살아왔다. 그런 점에서 나는 문장과 이야기로 살아가는 사람이고, 문장과 이야기로 말하는 사람이다. 우리 자신과 인생은 이야기 자체 혹은 이야기의 그림자일 뿐이다.

▌이야기의 위기

캠벨은 이야기의 위기가 도래했다고 진단한다. 과학의 발달과 자본주의적 삶의 방식은 이야기의 존립 근거를 무너뜨렸고 지난 시절 이야기들이 담당했던 기능을 차츰차츰 무력화시켰다. 과학이 발달할수록 이야기의 기능은 약해질 수밖에 없다. 그렇다고 이야기의 힘이 사라져버린 것은 아니다. 오히려 이야기의 힘은 사회가 복잡하고 어려울 때 더욱 강하게 발휘되어야 한다. 힘겨울수록 이야기에 기댈 수 있고, 어려울수록 이야기가 극복의 의지를 주기 때문이다.

"나이를 먹으면 더 튼튼한 이야기가 필요하다"는 조셉 캠벨의 말처럼 우리에게 간절한 것은 밀고 나갈 용기를 주는 이야기다. 나와 똑같은 상황인데도 강한 의지로 현실을 이겨낸 사람들의 이야기, 나보다 못한 환경에서도 오직 하나만을 바라보며 살아낸 처절한 승리의 이야기…, 그런 이야기들이 우리에게 힘을 주고 삶을 살아보게 만든다.

사람이 힘들어지면 종교에 귀의하는 경우가 많은데 이것 또한 자신을 지원해줄 이야기가 필요해서다. 죽을 때가 되면 종교에 관심이 간다고 하는데, 이 역시 마찬가지다. 힘겨울 때면 힘을 주는 이야기가, 죽을 때는 죽음의 두려움을 받아들이도록 돕는 이야기가 필요하다. 한참 살아가야 할 사람들에게도 배움과 사랑과 싸움과 행복에 대한 이야기들이 절실하다. 우리가 책을 읽는 이유, 사람을 만나는 이유, 뭔가 배우려고 하는 이유가 모두 여기에 있다. 나는 어떤 이야기에 귀 기울일 것인가? 그 선택이 우리를 다른 삶으로 이끈다.

자신의 길을
자신의 속도로 걷는다

삶을 묘사하는 글이나 말 중에서 가장 돋보이고 매력적인 것은 역시 길에 대한 것이다. 인생의 대가들은 너나없이 삶을 길에 빗대어 말하곤 했다.

그중에서 가장 돋보이는 글의 주인공이 있으니 바로 프랑스의 철학자 피에르 쌍소다.

"나는 지금 어느 길 안에 서 있다. 이 길이 나를 어디로 데려갈는지, 그것은 나도 모른다. 아니, 어딘가로 데려가 주기는 할

길을 걷는다는 것

길을 선택하고 떠나고 걷는 것은 우리를 무엇인가로부터 자
유롭게 해준다. 한곳에 머무르는 것은 구속을 의미하고 장기적으
로는 위험을 초래하기도 한다. 사람이 길을 선택하고 떠난다는 것
은 결국 지금의 상황보다 나은 세계로 나아가겠다는 의지의 표현
이다. 결핍으로 고통받는 사람들이 떠나는 것이 결국 길이다.

"길을 걷고 있노라면, 그동안 매몰되어 있던 소망과 자유에 대한
꿈들이 다시 솟아난다. 부질없는 공상에 불과하다고
생각했던 가능성들이, 용기만 갖는다면
실제로 가능하리라는 것을 다시금 확신하게 된다."

길 자체는 방랑을 의미하지만 선택한 길을 걷는다는 것은 무엇
인가를 향해 가는 목적의식적인 활동이다. 대학을 졸업하는 것,

바라는 회사에 들어가는 것, 아름다운 연인을 만나는 것, 진실한 세상의 맛을 느껴보는 것, 원하는 것을 성취하는 것 등이 모두 길을 걷는 일이다. 이런 길을 걸어본 사람들은 길을 걷는다는 것 자체가 잊힌 자신만의 소망과 꿈이 회복되는 과정이라고 말한다. 길을 걷는 것이 길을 찾는 활동과 이어져 있기 때문이다.

인생에 대안이 없다거나 미래가 없다고 느껴진다면 무작정 길을 가볼 필요가 있다. 길을 가다 보면 생기는 것이지 무작정 죽치고 앉아 있다고 해서 혹은 이런저런 생각만 한다고 해서 생기는 것이 아니기 때문이다. 우리는 걷는 동안 자신의 가능성을 확대해나간다.

막다른 길 혹은 갈림길

인간의 역사는 자유의 역사라고 해도 과언이 아니다. 인간은 자신의 영역을 넓히고 보다 자유롭게 사는 데 온 삶을 걸었다. 그 과정 자체가 인간 탄생의 역사이기도 하다. 자유에 대한 갈망이 인간을 만들었다. 하지만 그렇게 해서 얻어낸 인간의 자유로운 영역과 시간들은 자유를 갈망하는 인간들에게 늘 패배감을 안겨주는 막다른 골목으로 안내하곤 했다.

"유급 휴가 제도와 함께 그들에게 양도되었던 많은 자유는,
노동자들로 하여금 마음껏 새로운 길들을 다닐 수 있게 해주었다.

하나의 길을 선택하면 다른 길은 포기해야만 한다. 이것이 길을
가는 사람의 숙명이다. 둘 다 얻을 수는 없다. 그래서 똑같은 길을
가는 사람이 없는 것이다. 생김새가 다르듯 인간은 누구나 다른
길, 자기만의 길을 간다. 그토록 고통스럽게 이겨낸 그 길의 끝은
또 다른 욕망 혹은 허무로 남겨지고 자유에 대한 갈망은 끝이 없
다. 다른 길이 더 좋았을 것 같다는 선택에 대한 후회도 뒤따른다.

지금은 역사상 가장 자유로운 시대, 선택의 폭이 엄청나게 넓어
진 시대다. 우리 선조들이 살았던 세상에 비해 열 배는 행복해야
한다. 하지만 우리는 그만큼 행복해지진 못한 듯하다. 오히려 확
대된 자유와 선택의 폭 때문에 고통받고 있다. 지나친 자유나 선
택의 폭은 혼란을 가중시키고 놓친 기회에 대한 애착을 강화시킨
다. 자유롭게 뭔가를 할 수 있다는 것 자체가 실패에 대한 책임을
개인의 능력이나 인격에 전가하는 기능을 한다. 능력만 있으면 뭐
든 할 수 있는 세상에서 과장이나 차장도 못 달았다면 사람들의 따
가운 눈총을 감당해야 한다. 할 수 있는 세상에서 실패했다면, 그

책임은 모두 자신의 몫이다. 자유와 선택의 폭이 커질수록 감당해야 할 영역도 커진다.

이런 세상에서는 특히 자신의 길을 선택할 수 있는 안목과 배짱이 절대로 필요하다. '그건 내가 갈 길이 아닙니다'라는 선명한 구분이 있다면 모든 책임을 지지 않아도 된다. 게다가 선택의 폭을 좁힐 수 있어서 집중력을 발휘하기도 훨씬 수월하다. 이럴 때 곁에 훈수를 두는 사람이 있다면 그의 말을 따르는 것도 괜찮을 것이다.

백화점에서 옷을 살 때는 늘 아내와 함께 간다. 옷 고르는 일을 좋아하지 않기 때문이다. 이런저런 옷을 보다 보면 도대체 뭘 골라야 할지 모르겠다는 심정이 된다. 이때 아내가 한마디 한다.

"이게 좋겠네. 이걸로 해요."

"그래, 그러지 뭐."

아내는 선택의 폭을 좁혀주는 것을 넘어서 아예 선택을 해준다. 내게는 멋진 일이다. 빠르고 신속하게 선택할 수 있다. 이제 그 옷을 최고라고 여기며 멋지게 입고 다니기만 하면 된다.

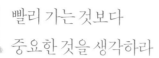

빨리 가는 것보다
중요한 것을 생각하라

"문제는 노력과 인내를 통해 내가 중요하다고
생각하는 것에 가까이 다가가는 것이다."

　삶의 길을 가는 데 중요한 것은 그 길을 통해 자신이 중요하다고
믿는 것에 다가가고 있다는 느낌이다. 이런 느낌이 사라질 때 길
을 잃거나 방황하게 된다. 그 느낌을 유지할 수 있고 계속해서 느
낄 수 있다면 길을 걷는 것 자체에 몰입할 수 있고 그것에서 보상
을 얻을 수도 있다. 현자들이 단순하면서도 선명한 삶을 살 수 있
었던 이유는 자신이 중요하다고 믿는 것을 위해 걷는다는 확신이
있었기 때문이다. 그 느낌이 있다면 일상은 정렬되고 마음은 안정
되며 삶이 나날이 깊어질 수 있다.

　길을 걷는 속도도 중요하다. 속도에 대해서 현자들은 똑같은 목
소리를 낸다. "느리게 느리게"라고.

"지나치게 빠른 속도의 여행은 우리를 순식간에 목적지로
데려가 준다. 그렇게 되면 우리는 출발 때와 마찬가지로

아무것도 얻은 것이 없게 된다."

젊은이들은 목적지로 빨리 가는 것에 환호한다. 느림이 곧 패배를 의미하는 현대 사회에서는 순식간에 결과를 내야 한다는 목소리가 넘쳐난다. 그런데도 현자들은 빨리 달려서는 안 된다고 한결같이 경고한다. 빠름은 삶에서 필요하고 중요하기도 하지만 그것 자체가 목적이 되어서는 안 되기 때문이다. 빠름만을 추구하는 삶은 장기적으로 추해진다. 삶의 속도는 가장 빨리 달리는 사람들을 기준으로 측정되는 경향이 있다. 느리게 가려면 용기가 필요하다. 자기 속도를 가진 사람은 용기 있는 사람들이다.

길을 가는 사람들은 늘 어떤 위험에 시달린다.

"길은 전혀 예기치 못했던 것을 우리 앞에 펼쳐 보일 수 있다.
그리고 어쩌나 영악한지, 우리가 제대로 그것에 응수를 하지 못할
경우엔 우리를 당황케 하고 조롱하기도 한다. 그때마다
우리는 계속해서 길을 가기 위해 깨어진 균형을 회복시켜야만 한다."

자신이 중요하다고 믿는 것을 향해 나아가는 사람들에게도 위협은 있는 법이다. 그들은 늘 신념과 자존감 그리고 실행력을 시험 받는데, 세상이 그들의 신념을 확인하는 방법으로 좌절과 시련을 이용하기 때문이다. 자신의 신념을 지키다가 피해를 보는 일은 흔히 볼 수 있다. 옳다고 생각하는 것을 지켜내는 일은 손해를 감수해야 하는 일이며 때로는 억울하게 비난을 받아도 견뎌야 하는 험난한 길이다.

그때마다 조금씩 세속적으로, 비양심적으로, 남들처럼 살고 싶은 마음이 간절해진다. 대부분 사람은 이렇게 보통 사람들이 되어가며 자신을 잃어버리고 대중으로 들어간다. 그렇게 중대한 위협에 무릎 꿇은 결과 세상에 잡아먹힌 인생으로 주저앉는다. 길 위의 위협 앞에서 자신의 생각을 지키고 견뎠다면, 더 큰 자부심과 용기를 얻고 영혼의 힘으로 자신의 중심에 더 가까이 갈 수 있었을 것이다.

피에르 쌍소는 이런 과정을 "길들은 언제나 위협받고 있다. 따라서 금만큼 더 귀중하다"고 표현한다.

"길은 그 자체로 충분하다고 생각한다.
하지만 우리의 감동과 노력, 그리고 육체가 진지하게 개입할 때 길이 비로소 완전해진다는 사실을 짚어 보고 싶다."

자신에게 가는 길
인생이 길이라면 그 길의 끝은 도대체 어디로 이어져 있는 것일까?

"자신에서 자신에게로 가는 가장 짧은 길은
다른 사람을 통해 가는 길이며, 우주를 통해 가는 길이다.
이럴 때 우리는 자신의 진실에 다가설 수 있다."

철학의 시작은 진리에 대한 탐색이었다. 그들은 세상의 진리를 알고 싶어했으며 그것이 존재한다고 믿었다. 그리고 진리가 있다면 그것을 어떤 일이 있더라도 지키고 따라야 한다고 생각했다. 그것이 진리가 존재하는 이유이기 때문이다.

우리 인생에도 진리가 있다면 그 진리를 믿고 따라야 한다. 그 진리를 탐색하는 것이 이 책의 목적이며 또한 내 삶의 목적이기도 하다. 대부분의 철학자, 현자들이 인정하는 진리 중 하나는 길은 자기 안에서 시작되고 결국 자신에게로 돌아간다는 것이다. 우리 안의 어떤 것이 길을 끌어들이고, 그 길을 가다 보니 처음 시작되었던 우리 안의 어떤 곳에 도착한다. 우리 안의 진실을 얻기 위해 우리를 끌어들이는 것들 - 이것을 사랑이라고 하자 - 을 따라나섰다가 길을 잃고 방황하며 믿음을 시험당하는 고역을 겪고는 되돌아온다.

> "길은 헤아릴 수 없이 많다. 이는 세상이 끊임없이
> 말을 걸면서 우리를 끌어당기기 때문이다."

우리가 사랑에 빠지는 것은 우리 안에 숨어 있는 신성함과 존엄함, 아름다움에 대한 갈망이 외부로 드러난 까닭이다. 누군가와 사랑에 빠졌다면 그 누군가의 뭔가가 내 마음의 어떤 것과 일치되었음을 의미한다. 무엇인가를 좋아하는 일은 우리 안의 아름다움을 그것을 통해서 드러내고 싶어할 때 나타나는 현상이다. 그런 점에서 사랑은 우리가 누구인지를 알려주는 중요한 징표가 된다. 우리는 사랑을 통해 길을 가고 자신에게 다가간다.

사람은 각자의 길을 가면서 인생의 진실, 자신이 깨달아야만 하

는 진실을 발견한다. 이 책에서 밝히고자 한 것이 그 진실이다. 결국 우리는 인생의 비밀을 푸는 진리를 얻기 위해 인생을 시작했고 길을 떠났고 되돌아왔다. 어찌 보면 아무것도 얻은 것이 없는 고통스럽고 허무한 길이었지만 그것이 또한 인생의 맛 아닐까?

조셉 캠벨은 "우리의 인생에 진정한 목적이 있다면 그것은 삶을 경험하는 것, 고통과 기쁨 모두를 경험하는 것이다"라고 말한다. 이 역시 진리를 얻기 위한 과정과 경험 자체가 곧 인생임을 강조한 것이다.

피에르 쌍소는 보다 허무적이면서도 긍정적인 자기만의 인생 진리를 이렇게 표현한다.

"나는 걷는다. 걸으면서 지평선에 점점 가까이 가고 있는 거라고 믿고 있지만, 절대로 지평선에 닿을 순 없을 것이다."

"오 신이시여, 길에 대한 이 갈망을 제발 내게서 거두어 가지 마소서!"

인생은 길에 대한 갈망, 그 외에 어떤 것도 아니다.

세상은 원래 그렇지만,
그럼에도 불구하고

"삶의 경이와 수수께끼의 지고하고도 신성한 상징에 대한
지식으로 나아가는 첫걸음은 삶의 괴물 같은 성격과
그런 특징에 있어서의 영광을 인식하는 데 있다. 즉 이것이
세상의 원래 모습이며 이는 지금이나 나중이나
결코 변화될 수 없다는 것을 깨닫는 것이다."

세상은 참 불공평하다. 어떤 사람은 유복한 집에서 태어나 부모
의 사랑을 듬뿍 받고 좋은 교육제도의 혜택을 받는다. 하지만 또

다른 사람은 가난한 집에서 태어나 부모의 사랑을 받을 틈도 없이 일찌감치 돈벌이에 나서야 한다. 사회에 나와서도 이런 불공평은 계속되고 가난한 사람의 살림살이는 펴질 기미가 보이지 않는다.

▌삶의 괴물 같은 성격

이런 불공평에 직면할 때면 삶에 대한 회의감이 들곤 한다. 이런 부조리한 곳에서 사는 것이 무슨 의미가 있을까? 쇼펜하우어는 "어쩔 도리가 없는 상황에서는 상황이 좋아질 것이라는 일말의 기대조차 갖지 말라"고 했지만 인생을 어떻게 그렇게 살 수 있을까?

조셉 캠벨은 우리가 겪고 있는 고통과 부조리, 불공평을 삶의 괴물 같은 성격이라고 부르면서 이런 모습은 역사가 발전한다고 해서 결코 좋아지지 않는다고 말한다. 그런 점에서 그는 "상황이 좋아질 것이라는 일말의 기대조차 갖지 말라"고 한 쇼펜하우어의 생각에 동의하는 듯하다. 그럼 우리는 어쩌란 말인가? 불공평한 삶에 짓눌려 평생을 고통과 좌절에 갇혀 살라는 말인가?

다행히 조셉 캠벨은 한발 더 나아간다. 괴물 같은 삶의 모습을 인식하고 받아들이라는 것은 첫 번째 메시지일 뿐이다. 삶의 경이로운 영역으로 나아가기 위해서는 부조리하고 불합리한 세상의 모습을 인정하고 그것이 더 개선되지 않을 것임을 수용해야 한다.

사회가 이렇게 성장하고 달에 깃발을 꽂을 만큼 과학이 발달했지만 여전히 우리 삶에는 경쟁과 비극과 불평등이 만연해 있다.

인간은 먹이사슬의 가장 높은 단계를 차지한 존재로 먹고살기 위해 동물과 식물을 죽인다. 먹고사는 문제만이 아니라 질병 치료와 생명 연장의 꿈을 실현한다는 명분으로 수많은 실험 동물의 목숨을 빼앗는다. 인간 사회 내에서도 종으로 횡으로 경쟁해야 한다. 평생 일하지 않으면 부조리한 세상에서나마 살아갈 수가 없다. 이런 기본적인 것만 봐도 인류의 상황은 전혀 개선되지 않았다. 아니, 개선될 수가 없다. 그것이 우주의 질서이기 때문이다.

▌모든 것은 자기만의 질서로 움직인다

가끔은 이런 생각이 든다. 이렇게 복잡한 구조를 가진 인간이 이렇게 복잡한 지구라는 세상에서 이렇게 복잡한 삶을 살아가는 것은 분명 신적인 혹은 초자연적인 존재의 법칙에 이끌리고 있기 때문이 아닐까 하는. 인간의 세포 하나하나에 우주의 질서가 담겨 있고, 창틀의 먼지 하나에도 말로 표현할 수 없는 엄청난 구조가 담겨 있다는 것만으로도 세상은 충분히 신적이다. 신의 존재를 인정하든 그렇지 않든 사물과 생명, 우주를 구성하는 요소들이 있으며 이 요소들이 자기만의 질서로 움직인다는 사실은 부인할 수 없다. 인간이 인지할 수 없는 거대한 에너지의 장이 있음이다.

인간의 역사를 돌아보면 자신의 상황을 개선하기 위해 끊임없이 투쟁해왔음을 알 수 있다. 삶의 조건을 개선하기 위해, 자신에게 유익하게 사용하기 위해 자원을 사용하고 건물을 짓고 사회적 관계를 새롭게 만들어왔다. 그 과정에서 인간은 점점 문명화되었고 생산력도 급속히 발전했다. 하지만 살기 위해서 먹어야 한다는 것, 한정된 자원을 얻기 위해 싸워야 한다는 것, 일을 하지 않으면 재화를 얻을 수 없다는 것 등의 기본적인 조건들은 결코 개선되지 않았다. 이 조건들은 어떤 혁명이 일어나더라도 개선되지 못할 것이다. 그것이 우주의 질서이기 때문이며, 인간 자체가 그 질서의 일부이기 때문이다.

인간의 상황을 지금보다 더 나아지게 할 방법을 안다고 주장했던 사람들이 있다. 조셉 캠벨은 이들이 우주의 질서를 깨닫지 못했다고 말한다. 그들에게는 고통도 없고, 슬픔도 없고, 시간도 없다. 그러하기에 삶도 없다. 그들이 말한바 나아지게 만드는 방법이란 다른 지역의 자원을 차지하고, 그들의 문화를 복속한 후 자기 문화를 이식하는 물리적인 것들이었다. 이런 방법으로는 깨달음을 얻을 수 없고, 깨달음이 없으면 세상에 참여할 수 없다. 지금의 불합리한 세상의 모습에서 세상의 원리를 발견하지 못하면, 어떤 시도를 하든 그것은 삶의 경이로 이어지지 못한다.

장자는 왜
아내가 죽었는데 노래를 불렀을까

"모든 사회는 악하고, 슬픔이 가득하고, 불공평하다.
그리고 앞으로도 영원히 그러할 것이다. 따라서 여러분이
진정으로 세상을 돕고 싶다면, 여러분이 반드시 가르쳐야 할 것은
어떻게 그 안에서 살아가느냐 하는 것이다. 있는 그대로의
삶에 관한 지식에서 비롯되는 즐거운 슬픔과 서러운 즐거움 속에서
살아가는 방법을 몸소 체득하지 못한 사람은 결코 그럴 수가 없다."

모든 사회는 불편하고 고통스럽다. 미래 또한 그럴 것이다. 그러니 그것을 받아들여라. 그런 후에야 그런 세상으로 들어갈 수 있

다. 그런 세상 속에서 살아가는 것, 모든 슬픔과 고통, 불공평 속에서도 자기 삶을 향해 나아가는 것이야말로 진정으로 살아가는 것이다.

세상은 슬프지만 슬프기 때문에 슬픔이 계속되지 않는다. 슬픔 뒤에는 즐거움이 따른다. 즐거움이 있는 한 영원한 슬픔이란 있을 수 없다. 슬픔이 있기에 영원한 즐거움 또한 있을 수 없다. 세상은 늘 쌍으로 존재하며 이런 쌍은 우리가 세상을 살아가는 중요한 토대를 세워준다. 그 속에서 살아갈 수 있는 공간과 시간을 제공한다.

장자는 일찍이 우리 삶이 즐거운 슬픔과 서러운 즐거움으로 이루어져 있다는 사실을 깨달았다. 그래서 그는 부인의 상(喪)을 당하고도 울지 않을 수 있었다. 그의 친구가 조문하러 와서 보니, 장자가 돗자리에 앉아 대야를 두드리며 노래를 부르고 있었다. 그 모습을 본 친구는 평생을 같이 살고 아이까지 낳은 아내가 죽었는데 어떻게 노래를 부를 수 있느냐고 따졌다. 그러자 장자는 이렇게 말했다.

"나라고 어찌 슬픈 느낌이 없었겠는가? 그런데 가만 생각해보니 아내의 삶은 없었던 것이었고, 삶이 없었을 뿐만 아니라 형체조차 없었던 것이며, 기운조차 없었던 것이었네. 흐리멍텅한 사이에 섞여 있었으나 그것이 변화하여 기운이 있게 되었고, 기운이 변화하여 형체가 되었고, 형체가 변화하여 삶이 되었네.
지금은 그 또한 변화하여 죽어간 것일세. 이는 춘하추동의
4계절이 순환하는 것과 다를 바 없지 않겠나. 아내는 하늘과
땅이라는 거대한 방안에서 편안히 잠들고 있는 것일세.
그런데도 내가 슬퍼하며 곡을 한다면 스스로 운명에
통달하지 못한 일이 될 것이라 여겨 곡을 그쳤던 것이네."

기쁨만 있는 세상 혹은 슬픔만 있는 세상은 존재할 수 없다. 기쁨과 슬픔은 인간의 마음이 만들어낸 작용이고, 그 마음이 없다면 인간일 수 없다. 인간인 이상 기쁨과 슬픔을 모두 가져야 한다. 유토피아는 인간이 만들어낸 가능성일 뿐이다. 하지만 유토피아의 존재 자체가 불가능한 것은 아니다. 우리 현실 속에서도 얼마든지 있을 수 있다. 고통과 슬픔을 배제한 유토피아는 존재할 수 없지만 고통과 슬픔이 함께하는 유토피아라면 가능하다. 아니, 고통과 슬픔으로 말미암아 존재할 수 있다.

불교에서는 수용성을 높이는 것이 삶의 순리를 얻는 길이며 행복에 이르는 방법이라 가르친다. 분별을 세우고 논리를 앞세우고 과학을 따지면 그것에 빠져 더 큰 것을 놓치기 쉽다. 불공평한 삶을 개선하는 것은 불가능하다. 불공평함이 우주의 질서이기 때문

이다. 풀은 땅속에 스며든 에너지를 먹고, 사슴은 그 풀을 먹고, 여우는 사슴을 먹고, 호랑이는 여우를 먹는다. 인간은 호랑이 가죽으로 옷을 만들어 입고, 죽어 땅속 미생물들이 살아갈 자원으로 분해된다. 이것이 우주의 질서다. 먹고 먹히는 관계, 불공평한 운명의 질서다.

모든 동식물은 이 질서 아래에서 살아간다. 거부할 수 없다. 거부는 곧 죽음이다. 거부조차 참여의 방법일 뿐이다. 조셉 캠벨이나 장자, 싯다르타는 이 질서를 거부하지 않았다. 인정하고 수용했다. 그리고 참여했다. 기쁜 마음으로. 그래야 삶의 환희 속으로 들어갈 수 있기 때문이다.

테레사 수녀도 이런 세상의 이치를 발견했고 몸으로 실천한 영웅이었다. 그녀가 남긴 글에서 그것을 확인할 수 있다.

"사람들은 때로 믿을 수 없고 앞뒤가 맞지 않고 자기중심적이다.
그럼에도 불구하고 그들을 용서하라.

당신이 친절을 베풀면 사람들은 당신에게 숨은
의도가 있다고 비난할 것이다.
그럼에도 불구하고 친절을 베풀라.

당신이 어떤 일에 성공하면 몇 명의 가짜 친구와 몇 명의
진짜 적을 갖게 될 것이다.
그럼에도 불구하고 성공하라.

당신이 정직하고 솔직하면 상처받기 쉬울 것이다.
그럼에도 불구하고 정직하고 솔직하라.

오늘 당신이 하는 좋은 일이 내일이면 잊혀질 것이다.
그럼에도 불구하고 좋은 일을 하라.

가장 위대한 생각을 갖고 있는 가장 위대한 사람일지라도
가장 작은 생각을 가진 작은 사람들의 총에 쓰러질 수 있다.
그럼에도 불구하고 위대한 생각을 하라.

사람들은 약자에게 동정을 베풀면서도 강자만을 따른다.
그럼에도 불구하고 소수의 약자를 위해 싸우라.

당신이 몇 년을 걸려 세운 것이 하룻밤 사이에 무너질 수도 있다.
그럼에도 불구하고 다시 일으켜 세우라.

당신이 마음의 평화와 행복을 발견하면 사람들은
질투를 느낄 것이다.
그럼에도 불구하고 평화롭고 행복하라."

그녀의 선택은 수용과 참여였다. 불합리한 세상의 질서를 수용하고 삶의 부조리 속으로 들어가는 것, 그리고 그곳에서 자기 삶을 꽃피워가는 것. 그녀의 태도는 우리 삶을 경이로움 속으로 이끌어준다. 그녀의 참여는 불합리한 세상을 개혁하기 위한 것이 아니었다. 불합리함 속에서도 살아가겠다는 것이었다. 불합리하고 불공평함을 알면서도 그 속으로 나아가야만 자신의 역할을 펼쳐낼 수 있음을 생생히 보여주었다.

그러다 보면 인생은 괜찮은 것이 될 수도 있을 것이다. '그럼에도 불구하고' 살아가야 하는 것이 생명의 질서이고, 그 질서 속에서 자신의 힘을 세상에 돌려줄 때 경이로운 삶의 문이 열린다.

조셉 캠벨은 세상의 슬픔과 경이로운 삶의 가능성에 대해 이렇게 정리한다.

"우리는 이 세상의 슬픔을 치유할 수는 없지만,
이 세상의 기쁨 안에서 살아가는 삶을 선택할 수는 있다."

죽음을 기억하라, Momento Mori

"Momento Mori는 죽음을 기억하라는 뜻의 라틴어다.
나는 이 짧은 금언을 되새길 때마다 참으로 많은 것을
생각하게 된다. 우리는 필연적으로 언젠가는 죽을 수밖에 없는
존재들이다. 만일 우리가 이 자명한 진리를 잊는다면
우리의 생활은 완전히 파괴될 수밖에 없다."

톨스토이는 자신의 책 여러 곳에서 'Momento Mori'라는 문구를 썼다. 단 한 번의 삶이기에 그 소중함을 잊지 말라는 의미이기

도 하고, 이 순간이 가장 중요한 순간이니 지금에 충실하라는 뜻
도 담겨 있다.

■ 오늘이 마지막 날이다

우리는 언젠가 죽는다. 누구도 영원히 살 수 없다. 그런데도
영원히 살 것처럼 오늘을 산다. 미래를 위해 현재를 희생하고, 내
일을 위해 오늘의 행복을 미룬다. 더 나은 삶을 위해서.

문제는 어제의 그 오늘이 반복된다는 것이다. 그러다가 원하는
것을 얻지 못하고 죽음을 맞이할지도 모른다. 그런 조바심이 더
열심히 더 빨리 달리게 하지만, 그렇다고 오늘 행복이 오는 것은
아니다. Momento Mori는 삶을 지연시키지 않고 현재에 존재할
수 있게 해준다.

> "오늘이 내 인생의 마지막 날이라면,
> 과연 오늘 내가 하려고 했던 것을 할 것인가?"

스티브 잡스가 매일 아침 거울을 보면서 자신에게 던졌다는 이
질문은 올바른 삶의 방향을 찾아가는 데 중요한 지침을 제공해준
다. 이런 질문은 오늘 진정한 선택을 할 수 있게 돕는다. 돈을 많

이 벌기 위한 일이 아니라 자신을 위한 일을 하게 하고, 내일의 행복이 아니라 지금의 행복을 얻게 한다. 잘못된 일 대신 제대로 된 일을 하도록 자아의 수준을 높여주고, 결정에 힘을 부여해서 강한 실행력을 끌어낸다.

스티브 잡스는 평생 이 질문을 통해서 자신이 길을 제대로 가고 있는지 점검했다. 이런 질문을 몇 번 한 후 아니라는 답변이 반복된다면, 길을 잘못 들었거나 해서는 안 될 일을 하고 있는 것이다. 즉시 방향을 바꾸어야 한다.

이때 죽음을 떠올린다면 진실한 삶으로 향하는 데 더는 머뭇거리지 않게 될 것이다.

"만약 어떤 사람이 삼십 분 후 자신이 죽게 된다는 사실을 알게 되었다고 가정하자. 그 삼십 분 동안 그는 과연 무엇을 할까? 어리석은 짓, 쓸데없는 짓, 범죄를 저지를까, 아니면 이 마지막 삼십 분 동안 지나간 삶과 앞으로 마주치게 될 미지의 세계를 궁구하게 될까. 많은 사람들이 이 어리석은 질문의 답을 알고 있다. 하지만 이것이 삼십 분이 아닌 오십 년 혹은 칠십 년이라고 가정했을 때 많은 사람들이 어리석은 대답을 선택하고 있다."

톨스토이도 같은 이야기를 한다. 곧 죽을 목숨이라면 정말 중요한 일을 할 것이다. 남의 눈치를 보지도 않을 것이고, 내일을 위해 돈을 모으지도 않을 것이다. 사랑을 고백하는 용기를 낼 수 있을 것이고, 좋아하는 일을 하며 하루를 자기 것으로 만들 것이다. 이것이 죽음의 힘이다. 죽음이 있기에 삶이 가치 있을 수 있고 언젠가는 죽을 목숨이기에 제대로 살아야 한다는 마음도 생긴다. 영원히 산다면 열심히 살 이유도, 자기답게 살 이유도 없다.

죽음은 낡은 삶을 대체한다. 부모는 자식을 낳고, 자식이 자라면 부모는 죽는다. 그 죽음으로 낡은 것은 사라진다. 낡은 것이 계속 남으려고 하면 부패한다. 부패한 삶은 지옥이다. 조셉 캠벨은 우리를 가장 자유롭게 하는 것은 죽음이라고 말한다. 죽음은 자유의 가장 큰 영역이다. 죽음을 통해 낡은 것이 사라지고 새로운 것이 대두된다. 캠벨의 말처럼 우리는 오직 죽음을 통해서만 삶을 극복할 수 있다.

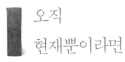
오직 현재뿐이라면

"하루하루를 내 인생의 마지막 날인 것처럼 살아라."

마르쿠스 아우렐리우스는 하루를 마지막 날인 것처럼 살라고 말한다. 그래야 순간에 충실할 수 있기 때문이다. 내가 살아갈 수 있는 시간은 오직 현재뿐이다. 또한 내가 잃어버릴 수 있는 것도 오직 현재뿐이다. 우리는 현재만 가질 수 있다. 그 현재를 놓치면 인생 전체를 놓친다.

이런 현재가 반복되면 하루가 되고 하루가 모이면 평생이 된다. 톨스토이는 "탄생에서 죽음에 이르는 인간의 삶은 아침에 일어나서 저녁에 잠자리에 드는 하루의 일과와 같다"고 했다. 한 페이지가 모여 한 권의 책이 되듯, 하루가 모여 일생이 된다. 그 하루를 어떻게 다루는지가 전체적인 삶의 모양을 결정한다.

오직 현재뿐이라고 생각하면 선택의 폭이 극도로 좁아진다. 선택할 것이 거의 없다. 지금 있는 이곳에서 모든 것을 해결해야 한다. 사랑하는 사람에게 선물을 준비할 여유도 없고, 회사를 옮길 수도 없으며 친구를 찾아갈 시간도 없다. 지금 이 자리에서 진정으로 살아 있어야 한다. 그런데 선택의 폭이 좁다는 점이 오히려 즉각적인 행동으로 행복의 통로를 만들도록 이끈다. 선택의 폭이 좁을수록 그 속에서 최선을 다하게 되어 있다. 삶의 만족도가 훨씬 높아진다.

사랑하는 사람에게 선물을 준비하는 대신 사랑한다고 진심으로 말할 수 있다. 회사를 옮기는 대신 지금 직장에서 행복을 발견할 수 있다. 친구를 만나는 대신 전화를 걸어 네가 있어 행복하다고 말해줄 수 있다. 그 순간 행복은 즉각적이다.

인생은 과정이다

독자들이 보내오는 메일 중에는 이직에 대한 고민이 많다. 이삼십대는 어떤 직장이 좋은지, 어떤 준비를 해야 하는지를 묻는 반면 마흔이 넘은 사람들은 갑갑함을 호소한다. 마흔이 넘으면 이직도 쉽지 않다. 일도 적성에 맞지 않고 연봉도 좋지 않은 상황에서 마냥 견디며 나이만 먹었다. 이직은 늘 꿈꾸지만 단지 생각일 뿐이다. 이삼십대 때는 실력을 키워서 이직할 것이라는 막연한 생각만으로 버텼지만 마흔이 넘으면 실력을 키우는 일마저 쉽지 않다. 눈이 피로해서 책 읽기도 쉽지 않고 정보를 취득하고 다루는 기술도 급격히 발전하기 때문에 손 빠른 젊은 친구들을 따라가기 버겁다. 자신감은 사라지고 갑갑한 나이만 남는다.

경제가 어려워지는 만큼 이직은 갈수록 더 힘들어질 가능성이 있다. 이직을 고민하는 사람이라면 왜 직장을 옮기려고 하는지 그 이유를 근본적으로 생각해볼 필요가 있다.

왜 이직을 하고자 하는가? 적성에 맞는 일을 찾기 위해서? 이직을 해도 적성에 맞는 일을 찾는다는 보장은 없다. 더 높은 연봉을 위해서? 더 높은 연봉을 받기도 쉽지 않겠지만 그렇다 해도 더 많은 일과 실적 스트레스로 고생해야 할 것이다. 마음에 맞는 상사와 일해보기 위해서? 세상에 마음에 맞는 상사는 없다. 이런저런 이유가 있겠지만 어느 곳을 가든 달라질 것은 없을 것이다. 이직의 문제는 대부분 내 마음에 있다. 장소나 사람을 바꾼다고 해결되지 않는다.

지금 내가 서 있는 이곳에서 일의 보람과 즐거움과 행복을 찾지 않으면 만족은 어디에서도 얻을 수 없다. 지금 행복할 수 있는데 다른 곳에 행복이 있다는 생각으로 평생을 허방만 딛다 말 이유는 없는 것이다. 이런 생각을 하면 내가 존재하는 곳과 나의 하루가 중요해진다. 현재가 아름답게 느껴지고 살 만한 공간이 된다. 간단하다. 내일 죽을지도 모르니 오늘 행복하자고 생각해버리면 된다. 그러면 이상하게 행복해진다. 주위 사람들이 다르게 보이고 세상이 환해진다.

인생은 결과가 아니라 과정이다. 예부터 우리나라 사람들은 과정을 중요시해왔다. 서구의 영향으로 결과를 중요시하는 문화가 널리 퍼졌지만 원래 삶 자체를 즐길 줄 아는 민족이었다. 한국인은 현실주의자들이다. '나 죽으면 끝이니 아등바등 살 필요가 없다'는 것이 현재를 즐기는 철학이다. 일을 해도 엄청난 속도로 빨리 끝낸다. 사람을 만나도 진하게 만난다. 술을 마셔도 끝장을 본다. '노세 노세 젊어서 노세'가 우리의 슬로건이다.

아쉽게도 이런 정신이 사라지고 있다. 사회가 개별화되면서 인간관계가 소원해지고 삶이 오직 개인의 책임으로 전가되었기 때문이다. 삶의 결과에 대한 책임이 자기에게 돌아오자 시간을 아껴서 노력하고 미래를 위해 투자하게 되었다. 그런 까닭에 현재의 행복을 점점 잃어버리고 있다. 미래를 위해 노력하지 말자는 이야기가 아니다. 좋은 결과를 위한 노력인 만큼 그것을 이루는 과정도 좋아야 한다는 말이다. 오히려 과정의 행복이 더 중요하다. 어차피 죽으면 소용없는 일 아닌가.

방법은 죽음을 인식하는 것이다. 성공을 저승까지 가져갈 수는 없다. 이승에서 행복하려면 결과보다는 과정이 행복해야 한다. 과정이 행복하려면 현재 행복해야 한다. 현재 행복하려면 언젠가는 죽을 존재라는 사실을 기억하면 된다. 현재가 다르게 보이고 행복해질 수 있다. 그것이 생명의 의무이자 삶의 본질이다.

이에 대해 괴테는 이렇게 말한다.

"우리는 언젠가 반드시 죽는다. 모두들 그 사실을 이미 알고 있다. 하지만 자신이 어떻게 죽을 것이며 언제, 어떤 이유로 죽을지에 대해서는 모른다. 삶은 이와 같은 앎을 용납하지 않는다. 삶에는 목숨이 붙어 있는 한 살아가는 일에 전념해야 할 의무가 있기 때문이다."

지금 하라

인생의 끝에는 죽음이 있다. 우리가 죽음에 대해서 생각하고 잊지 않으려는 이유는 더 잘 살아보기 위해서다. 토마스 만은 "질병과 죽음에 대한 모든 흥미는 삶에 대한 흥미를 달리 표현한 것에 불과하다"고 말한다. 우리가 죽음에 대해 궁금해하고 죽음을 잊지 않으려는 이유는 삶을 더 잘 살고 싶기 때문이다. 잘 살려면 죽음을 잊어서는 안 된다. 죽음을 떠올리면 현재를 알차게 살 수 있다.

지금 뭔가를 하자. 지금밖에 시간이 없다. 내가 가진 시간은 지금이 전부다. 나중에 하겠다고 생각하겠지만 그 나중은 오지 않을 수도 있다. 게다가 나중에 하겠다는 일들은 거의 실천되지 않는다. 그러니 지금 해야 한다.

지금 하자. 그것이 최고의 인생을 사는 비결이다.

길을 찾는 이들에게

독자입니다. 직장생활의 어려움을 잘 공감해주시고 비전을 찾아
주시는 점 감사드립니다. 저는 인간관계, 특히 상사와의 관계가 늘
고민입니다. 얼마 전 읽은 글 중에 '마음이 영 안 맞는 사람과는 같
이 일하지 말고 인사권자에게 얘기해서라도 마음에 맞는 사람들과
일하라'는 부분이 있었는데 무척 인상 깊었습니다. 그런데 다른 책
들을 보면 큰 어려움을 참고 견디는 것이 큰 성장을 가져올 수 있
다고 하면서 힘든 사람과도 함께 일할 수 있어야 한다고 말합니다.
그래야 단련되고 극복된다고 합니다. 어떤 방식으로 사는 게 더 나
을까요?

문제는 상황과 목적에 있다고 봅니다. 다른 사람들도 그 상사를 잘 견뎌낸
다면 나도 견딜 수 있겠지요. 반면 대부분 사람이 견디기 힘든 사람이라면
나 또한 그럴 겁니다.
하지만 상대의 성향에 따라서 나와 맞을 수도 있고 그렇지 않을 수도 있습
니다. 그건 운에 가깝지요. 마음이 맞지 않는 사람과 일하지 말라는 것은
사람을 견뎌내느라 힘들어하기보다는 그 에너지를 제대로 된 곳에 사용
할 수 있도록 새로운 사람, 새로운 부서에서 일하는 것이 좋다는 의미입니
다. 이건 어느 정도 감으로 판단해야 하는 일이기도 합니다.

어려운 관계를 견뎌내는 정도에 따라 성장의 정도가 달라지는 것은 사실입니다. 그렇지만 마냥 견디기만 해서는 아무것도 나아지지 않습니다. 찢긴 마음만 남을 수도 있습니다. 견디는 것도 목적과 결과가 선명하게 눈에 보이고 지금 가는 길이 그것을 향해 있을 때 의미가 있습니다. 그런 방향성 없이 견디기만 하는 삶은 굉장히 소모적입니다.

먼저 지금의 상황이 어떤 방향을 향해 가고 있는지 보십시오. 내가 원하고 목적하는 방향으로 가고 있는지를 살펴보라는 뜻입니다. 그리고 상황을 견뎌내는 것이 그 방향과 결과에 도움이 되는지 판단해보십시오.

그게 아니라면 빨리 방향을 전환하세요.

하지만 만약 도움이 될 것으로 보인다면 그저 견딜 것이 아니라 상황을 활용해야 합니다. 상사든 동료든 더 적극적으로 대해서 목적지에 도달하는 데 도움을 받을 수 있는 존재로 만들 필요가 있습니다. 무조건 참거나 맞춰줄 것이 아니라 내 방식으로 끌고 가야 한다는 말입니다. 내 목적에 맞는 일을 하고 있다고 생각하고 상사의 도움을 얻어야 한다는 결심을 하면 달라질 수 있습니다. 내 목적이 상사와의 관계보다 더 중요해집니다. 더 큰 것을 위해 작은 일들을 활용할 수 있습니다.

에필로그

한 번뿐인 인생을 제대로 살기 위한 긴 여행을 정리해보자. 인문학 대가들의 이야기를 정리하기는 쉽지 않지만 그들의 메시지 중에서 뼈대가 될 만한 것들을 살펴보면 큰 줄기를 잡을 수 있다.

1. 고난과 역경에 직면할 때 자신을 발견할 수 있다. 피하지 마라.

   사람은 고난과 역경을 만났을 때 자기 삶의 방향을 알 수 있고 자신의 참모습도 발견할 수 있다. 고난과 역경은 우리의 기질을 잠깨운다. 일상의 역할을 소명으로 받아들이고 의무와 책임감으로 무장한다. 주어진 역할과 의무는 내가 누구인지를 알려주며 자기 길이 무엇인지 발견하도록 돕는다.

2. 생존을 위해 열심히 일하고, 나머지 시간은 공부하고 인격을 도야하는 데 투자하라.

인간은 먹고살기 위해 일을 해야 한다. 일하고 노력해야 생명을 보존할 수 있다는 것은 모든 생명체의 숙명이다. 성숙한 인간은 세상의 질서를 이해하고 받아들인다. 그러고 남는 시간과 에너지는 인격을 갈고닦는 데 투자한다. 사람의 생존은 돈이 결정하지만 가치는 인격에 의해 결정된다.

3. 생활을 단순하고 규칙적으로 만들어라. 원칙과 규율을 정하고 중용을 지키며 절제된 삶을 살아라.

생활이 복잡한 이유는 삶이 방향 없이 흔들리기 때문이다. 방향이 있는 삶은 무엇을 해야 하는지 명확하기 때문에 단순하다. 일상이 반복된다. 반복되는 일상에서 원칙이 지켜지고 중용이 이루어진다. 그 일상의 방향이 자신에게로 가는 길이다.

4. 타인의 시선을 의식하지 말고 군중으로부터 멀리 떨어져라.

남의 눈을 의식하면 자신의 길을 갈 수 없다. 사회가 요구하는 것을 따르면 나는 죽는다. 정신을 혼란스럽게 만드는 군중으로부터 멀어지는 것이 해답이다. 외로울 것이다. 그래도 가야 한다. 인간은 각자의 길이 있고 그 길은 혼자만 갈 수 있다.

5. 죽음을 기억하고 세상을 아름답게 만드는 데 기여하라.

우리는 언젠가 죽는다. 죽음을 기억하는 것은 오늘 진실한 삶을 살 힘을 준다. 자기만의 이익과 개인의 미래만 걱정하는 좁은 울타리를 부수고 세상으로 나오는 것, 그 자체가 새로운 삶을 창조하는 힘이 된다. 기존의 것에 저항하고 용기 있는 선택을 통해 진짜 삶을 추구하자.

인문학 대가들이 제시하는 삶의 메시지는 익숙하게 들리지만 실행하기는 어려울 수 있다. 그래서 철학과 노력이 필요하다. 어차피 인생에 공짜는 없다. 대가들로부터 삶의 큰 방향을 얻었다면 그에 맞게 자기만의 구체적인 생활 방식을 구축하는 일이 남는다. 그 일은 각자의 방향과 삶의 모양에 따라 스스로 해나가야 한다.

이미 방향을 얻었으니 일상에서 방법을 찾아가는 일은 크게 어렵지 않을 것이다. 중요한 것은 끈을 놓치지 않는 것이다. 끈을 놓으면 세상에 휘말려 든다. 그러면 끝이다. 인생은 잡았던 끈을 놓치지 않고 원하는 방향으로 오랫동안 걸어갈 수 있느냐 아니냐에 달려 있다. 누가 뭐래도 끈을 놓치지 말자. 끈을.

A. 쇼펜하우어 지음, 권기철 옮김, 《세상을 보는 방법》, 동서문화사

A. 쇼펜하우어 지음, 박현석 옮김, 《쇼펜하우어 인생론》, 나래북

A. 쇼펜하우어 지음, 이동진 옮김, 《사랑은 없다》, 해누리

E.F. 슈마허 외 지음, 이덕임 옮김, 《자발적 가난》, 그물코

공자 지음, 김형찬 옮김, 《논어》, 홍익출판사

김정운 지음, 《남자의 물건》, 21세기북스

랄프 왈도 에머슨 지음, 박윤정 편역, 《스스로 행복한 사람》, 글레마

레프 톨스토이 지음, 권희정 · 김은경 옮김, 《톨스토이 단편선》, 인디북

레프 톨스토이 지음, 김욱 옮김, 《톨스토이, 길》, 지훈

레프 톨스토이 지음, 이강은 옮김, 《이반 일리치의 죽음》, 창비

레프 톨스토이 지음, 이상원 옮김, 《살아갈 날들을 위한 공부》, 조화로운삶

레프 톨스토이 지음, 채수동 옮김, 《인생이란 무엇인가》, 동서문화사

레프 톨스토이 지음, 함현규 옮김, 《자아의 발견: 톨스토이 인생론》, 빛과 향기

루키우스 안나이우스 세네카 지음, 김천운 옮김, 《세네카 인생론》, 동서문화사

린위탕 지음, 안동민 옮김, 《생활의 발견》, 문예출판사

맹자 지음, 박경환 옮김, 《맹자》, 홍익출판사

미셸 드 몽테뉴 지음, 전희직 옮김, 《몽테뉴 수상록》, 혜원

바스 카스트 지음, 정인회 옮김, 《선택의 조건》, 한국경제신문

사라 베이크웰 지음, 김유신 옮김, 《어떻게 살 것인가》, 책읽는수요일

스캇 펙 지음, 신승철 · 이종만 옮김, 《아직도 가야 할 길》, 열음사

스테판 에셀 지음, 임희근 옮김, 《분노하라》, 돌베개

스텐 나돌니 지음, 장혜경 옮김, 《느림의 발견》 1~2, 들녘

시라토리 하루히코 엮음, 박재현 옮김, 《니체의 말》, 삼호 미디어

안광복 지음, 《소크라테스의 변명, 진리를 위해 죽다》, 사계절

안광복 지음, 《처음 읽는 서양철학사》, 웅진지식하우스

안상헌 지음, 《어떻게 일할 것인가》, 책비

앤드류 커크 지음, 유강은 옮김, 《세계를 뒤흔든 시민 불복종》, 그린비

엄정식 지음, 《소크라테스, 인생에 답하다》, 소울메이트

에리히 프롬, 차경아 옮김, 《소유냐 존재냐》, 까치

엘리자베스 퀴블러 로스 · 데이비드 케슬러 지음, 류시화 옮김, 《인생수업》, 이레

왕멍 지음, 임국웅 옮김, 《나는 학생이다》, 들녘

요한 볼프강 폰 괴테 지음, 가나모리 시게나리 · 나가오 다케시 엮음, 박재현 옮김, 《초역 괴테의 말》, 삼호미디어

요한 볼프강 폰 괴테 지음, 이인웅 옮김, 《파우스트》, 문학동네

요한 볼프강 폰 괴테 지음, 이혁재 옮김, 《괴테, 청춘에 답하다》, 예인

윌리엄 파워스 지음, 임현경 옮김, 《속도에서 깊이로》, 21세기북스

윤광준 지음, 《소리의 황홀》, 효형출판

장자 지음, 김학주 옮김, 《장자》, 연암서가

조셉 캠벨 지음, 박중서 옮기, 《신화와 인생》, 갈라파고스

조셉 캠벨 · 빌 모이어스 대담, 이윤기 옮김, 《신화의 힘》, 이끌리오

찰스 핸디 지음, 강혜정 옮김, 《텅 빈 레인코트》, 21세기북스

찰스 핸디 지음, 노혜숙 옮김, 《정신의 빈곤》, 21세기북스

프란츠 카프카 지음, 이주동 옮김, 《카프카 전집》 2, 〈꿈 같은 삶의 기록〉, 솔

프리드리히 니체 지음, 안성찬, 홍사현 옮김, 《니체 전집》 12, 책세상

프리드리히 니체 지음, 이동진 옮김, 《어떻게 살 것인가》, 해누리

프리드리히 니체 지음, 정동호 옮김, 《차라투스트라는 이렇게 말했다》, 책세상

프리드리히 니체 지음, 함현규 옮김, 《신과 인간: 니체 인생론》, 빛과향기

피에르 쌍소 지음, 김주경 외 옮김, 《느리게 산다는 것의 의미》 1~4, 동문선
한형조 지음, 《붓다의 치명적인 농담》, 문학동네
헨리 데이빗 소로우 지음, 강승영 옮김, 《시민의 불복종》, 은행나무